한국어 조사 · 어미 결합형 명사 연구

이 책은 2022年中山大學高校基本科研業務費青年教師團隊項目
(項目批準號 22qntd5301)의 지원을 받음.

한국어 조사·어미
결합형 명사 연구

왕사우 王思宇

역락

머리말

이 책은 한국어 조사·어미 결합형 명사를 다룬다. 명사 형성 체계를 다룬 기존 논의에서는 합성 명사와 파생 명사를 위주로 연구를 진행하여 왔다. 그러나 한국어의 명사에는 합성 명사나 파생 명사로 분류하기 어려운 조사·어미 결합형 명사가 상당수를 차지한다. 조사와 어미는 교착어로서의 한국어의 특성을 보여 주는 문법 요소로, 명사 또는 명사구나 어간에 결합하여 구를 구성하는 것이 일반적이다. 그런데 이러한 조사와 어미가 단어 형성에 참여하는 것은 매우 흥미로운 점이다. 이 책은 이러한 점에 착안하여 한국어의 조사·어미 결합형 명사를 집중적으로 조명하고자 하는 것이다.

이 책에서는 한국어의 조사·어미 결합형 명사의 개념과 범위를 밝히고, 그 유형과 명사 형성 체계 내에서의 위치 등을 살펴보았다. 단어 형성에 참여하는 조사나 어미의 종류에 따라 그 유형을 나누면, 조사 결합형 명사는 '관형격 조사 결합형 명사', '처소격 조사 결합형 명사', '보조사 결합형 명사'로, 어미 결합형 명사는 '전성어미 결합형 명사', '연결어미 결합형 명사', '종결어미 결합형 명사'로 구분할 수 있다. 이 책은 이러한 한국어 조사·어미 결합형 명사의 실현 양상을 살펴보았는데, 특히 단어의 형성적 측면에 초점을 두었다는 점에 의의가 있다. 조사·어미 결합형 명사의 형성법적 측면과 관련하여서는 명사 형성에 참여하는 요소의 특성, 핵의 위치에 따른 조사·어미 결합형 명사의 특성, 조사·어미 결합형 명사의 유형론적 특성 등의 세 가지 연구를 진행하였다. 또

조사·어미 결합형 명사의 의미적 특성을 해당 명사를 구성하는 요소와 단어 전체의 의미 사이의 상관성을 바탕으로 의미적으로 투명한 경우, 반투명한 경우, 불투명한 경우로 나누어 논의를 진행하였다. 이 책은 기존 논의에서 관심을 두지 못하였던 조사·어미 결합형 명사를 본격적으로 고찰하고 그 특성을 세분화하여 살펴보아 단어 형성론 연구의 저변을 넓혔다는 점에서 의의를 가진다.

이 책은 필자가 이화여자대학교 대학원에 제출했던 박사학위논문을 토대로 엮었다. 연구의 진행 과정에서 많은 분들의 도움을 받았다. 지도교수 최형용 선생님께서 형태론의 길로 인도해 주셨고, 부족한 제자에게 학술연구에 대한 날카롭고 엄격한 태도로 아낌없는 조언을 해 주셨다. 이화여자대학교 국어국문학과의 박창원 선생님, 전혜영 선생님, 임동훈 선생님께서도 지식 전수의 차원을 넘어 학술에 대한 올바른 정신을 몸소 보여 주셨다. 또 대학원 전공으로 어학과 문학 중 어느 것을 선택할지 고민하던 때, 한재영 선생님께서 필자를 어학의 길로 이끌어 주시고 많은 격려를 해 주셨다. 박사학위논문의 심사위원이신 오규환 선생님과 정한데로 선생님께서도 많은 조언을 해 주셨다. 필자가 미처 생각지 못한 문제점을 두 분께서 하나하나 알려주시며 연구의 깊이를 더해 주셨다. 그리고 박사학위논문을 쓰고 수정하는 동안 선배인 김혜지 선생님과 동학인 신연수 선생님 역시 아낌없는 조언과 많은 도움을 주었다. 이 외에도 외로운 유학 생활에서 필자의 곁에서 부족한 점을 채워 준 많은 선후배, 동학들이 있었기 때문에 박사학위논문을 무사히 마무리할 수 있었다. 한국에 계신 모든 분께 이 자리를 빌려 감사의 인사를 전하고자 한다. 여태껏 받은 모든 은혜를 새기며, 훌륭하지는 못하더라도 바른 태도로 잘 보답하며 학술의 길을 걷고자 한다. 비록 몸은 지금 한국에 없지만 마음속으로 이 아름다운 추억을 언제나 간직할 것이다.

끝으로 한국 유학에 대한 필자의 강한 의지를 이해해 주고 응원해 주신 가족에게도 감사의 말씀을 전하고 싶다. 학업으로 오랫동안 타지 생활을 한 필자 덕에 늘 걱정이 많으셨던 부모님께는 송구한 마음과 감사한 마음을 늘 가지고 있다. 또 필자가 한국에 가기 전에는 그저 어린 중학생이었던 남동생은 귀국하니 어느덧 대학생이 되어 있었는데, 꽤 긴 시간 동안 부모님의 곁에서 필자의 빈자리까지 함께 채워 준 남동생에게도 고마운 마음을 전하고 싶다. 그리고 당시 남자친구였던 지금의 남편은 장거리 연애를 하는 와중에도 늘 필자의 고민을 경청해 주고 격려를 아끼지 않았다. 남편은 필자의 유학 생활 후반부에 아예 한국으로 와 2년 넘게 박사후 연구원으로 일하며 곁을 지켜주었다. 한국 생활이 낯선 남편의 어려움이 대단히 컸을 텐데, 그럼에도 불구하고 필자의 곁을 지켜 주어 든든한 위로가 되었다. 이 세세한 사랑들이 어려움을 극복케 하고, 오늘의 나를 만들었다고 생각한다.

시간은 물 흐르듯이 빨리 지나간다. 졸업한 지 벌써 3년이 넘었다. 2019년 6월 말까지 박사학위논문을 쓰는 데에 여념이 없었다. 졸업 후 귀국하여 중산대학교에 취직하였고, 지금은 중산대학교 주해 캠퍼스의 새 건물인 해금 6호에 앉아 있다. 바닷가에 있는 캠퍼스라서 경치가 참 아름답다. 연구실에서 한국 유학 시절을 추억하며 나의 앞날을 기대한다.

2023년 1월
지은이 씀

차 례

1장

총론

_총론

1.1. 연구의 목적과 필요성

한국어 문법 연구에서는 아직 해결되지 못한 문제가 많다. 이 책의 관심사가 되는 '단어 형성' 분야의 연구에서도 이러한 사정은 마찬가지인데,[1] '스승의 날'과 같이 어떤 단위의 형태론적 지위가 명사인지 명사구인지 단정 짓기 어려운 것이 그 대표적인 예이다. 원래 구는 통사론의 연구 대상으로, 단어는 형태론의 연구 대상으로 서로 구분될 수 있다고 간주되어 왔지만 '스승의 날'처럼 구와 단어의 경계에 놓인 단어들의 존재가 늘 문제가 되어 왔다. 이러한 문제는 조사나 어미가 단어의 형성에 참여했다는 데에 기인하는 것으로 보이는데, 이러한 단위의 체계에 대해

---

[1]   Chung-kon Shi(2015)에서는 이와 관련하여 "한국어 단어 형성의 과정은 무엇인가? 한국어 어휘부에서의 기제가 무엇인가? 단어 형성에서 다른 성분과의 관계는 무엇인가? 단어는 공시적으로 형성될 수 있는 것인가? 한국어 단어 형성의 종류는 몇 가지인가? 한국어 단어 형성의 가장 좋은 접근법이 무엇인가?" 등의 문제를 언급하였다.

관심을 기울이게 된 것은 비교적 최근의 일이다. 다시 말하자면 조사·
어미 결합형 단어와 관련하여서는 여전히 논쟁의 여지가 남아 있는 것이다.

주지하는 바와 같이 그동안 명사의 형성을 다루어 온 논의들은 주로
합성어와 파생어만을 대상으로 삼아 왔다. 그러나 한국어에는 단순히 합
성과 파생으로만은 설명할 수 없는, 통사적인 요소인 조사나 어미가 단
어 형성에 참여하는 경우가 있다. '꿩의다리'처럼 조사가 단어 내부에
개입하는 '조사 결합형 명사', '섞어찌개'와 같이 어미가 단어 내부에 개
입하는 '어미 결합형 명사'가 바로 본서의 관심사이다. 이처럼 조사나
어미가 단어 형성에 참여하는 명사가 적지 않은데, 이는 (1)과 (2)의 예
를 통해서 확인할 수 있다.

> (1) 조사 결합형 명사
> 　가. 꿩의다리, 범의귀, 도둑놈의갈고리, 남의눈, 힘의장
> 　나. 귀에지, 눈에놀이, 옥에 티,[2] 귀엣말, 몸엣것, 소금엣밥, 배안엣짓
> 　다. 나도국수나무, 나도냉이, 나도밤나무, 예도옛날, 예도옛적
>
> (2) 어미 결합형 명사
> 　가. 갈림길, 깎기끌, 누름틀, 울림소리
> 　나. 빈말, 참을성, 가는귀, 작은집, 큰형, 작은아버지
> 　다. 살아생이별, 살아생전, 섞어찌개, 을러방망이, 꺾어쟁이, 잘라뱅이
> 　라. 섰다판, 먹자골목, 먹자판, 묻지마테러, 일하기싫어병

(1)은 관형격 조사 '의', 처소격 조사 '에'와 보조사 '도'가 명사 형성에
참여하는 예들이고, (2)는 명사형 어미 '-(으)ㅁ, -기', 관형사형 어미 '-(으)

2　　　이 책에서는 '옥에 티'처럼 단어가 아니지만 단어성이 강한 것도 넓은 의미에서
　　　의 단어로 보고자 한다. 이에 대해 2장의 '단어성' 부분에서 자세하게 설명할 것
　　　이다.

ㄴ, -(으)ㄹ', 연결어미 '-아/어', 종결어미 '-다, -자, -지마, -어' 등이 명사 형성에 참여하는 예들이다. 이러한 단어들은 그 형태론적 지위가 무엇인가 하는 문제와 더불어 그 형성 방식을 합성으로 볼 것인가 파생으로 볼 것인가 하는 문제도 함께 가지고 있다. 본래는 통사적인 요소인 조사나 어미가 단어의 형성에 개입하는 것은 매우 부자연스럽게 보이지만 다르게 말하자면 이것은 한국어의 교착어적인 성격을 보여주는 것이기도 한다. 한국어는 교착어로서 조사와 어미가 풍부한 언어이기 때문이다.[3] 또한 조사, 어미는 교착어에서 주로 보이는 것이기 때문에 유럽 제반의 언어에서는 찾아보기 힘들고 그 때문에 이들이 단어 형성에 참여하는 일도 거의 없다. 이러한 유럽 언어의 영향을 받아 조사나 어미가 단어 형성에 참여하는 것은 주변부에 속한 것으로 보거나 단어 형성에 참여하는 조사나 어미를 접미사로 간주하는 견해도 있다. 다시 말하자면 한국어의 단어 형성 방식을 유럽 언어를 기반으로 한 이론에 따라 합성이나 파생으로만 보려고 한 것이다. 그러나 이 책은 조사, 어미가 단어 형성에 참여하는 경우도 합성, 파생과 대등하는 지위에 놓고 논의하고자 한다.

한편, 한국어의 단어에서는 명사가 가장 큰 비중을 차지하고 있다.[4] 이 책은 그러한 명사 중에서도 조사나 어미가 단어 형성에 참여하는 '조

---

3 조사, 어미를 '교착소(agglutinative element)'라고 설정하는 논의(임홍빈 1997)도 있고 북한처럼 조사, 어미를 '토'라고 부르는 경우도 있으나 '교착소' 혹은 '토'라는 용어로 같이 묶어도 그 부류를 다시 조사, 어미로 나누어야 되는 점을 비롯해서 둘러싼 문제가 많기 때문에 이 책에서는 역시 전통적인 시각에 따라 이를 조사와 어미로 칭한다.

4 2019년 5월 14일 기준으로 웹으로 제공된 『표준국어대사전』에 등재된 표제어는 총 434,241개인데, 이 중에서 명사는 268,195개로 61.76%의 비중을 차지하고 있다.

사·어미 결합형 명사'를 대상으로 하여 그동안 자세히 살펴보지 않았던 그들의 형성법에 대해 깊이 있게 연구하는 것을 목적으로 하므로 기존의 연구들과는 다른 의의를 갖는다고 할 수 있다. 물론 최형용(2003가)에서 이미 조사·어미 결합형 단어를 살펴본 바 있지만 그것이 명사에 국한된 것이 아니고, 조사와 어미가 단어 형성에 참여한 양상을 확인하고 있다는 점에서 이 책과는 논의의 내용에서 차이를 보인다고 할 수 있다. 조사·어미 결합형 명사를 보다 세밀하게 다루는 이 책의 논의는 선행 연구들을 보완할 수 있을 것으로 생각된다. 조사나 어미가 단어 형성에 참여하는 전반적인 양상을 확인하는 것도 의미 있는 작업이지만 조사, 어미가 결합하여 형성된 단어의 특성을 개별 품사별로 살펴보는 것이 필요하다. 최형용(2003가)에서는 조사·어미 결합형 단어를 품사에 상관없이 폭넓게 살펴보았고, 崔炯龍·劉婉瑩(2016)에서는 조사·어미 결합형 부사에 초점을 두어 논의를 진행한 바 있다.[5] 한편, 어미가 결합한 명사에 주목한 연구의 경우에는 그 대상이 대부분 '-(으)ㅁ', '-기' 결합형에만 국한되어 있는데, 이 책에서 확인한 바에 따르면 '-(으)ㅁ', '-기' 외에도 여러 종류의 어미가 결합한 명사 그리고 '의'나 '에' 이외의 조사가 결합한 것으로 보이는 명사들이 있다. 이 책에서는 이러한 명사들의 형성에 참여한 조사와 어미의 종류를 세분화하여 살펴봄으로써 조사·어미 결합형 명사에 대한 논의의 폭을 보다 더 넓힐 수 있을 것으로 생각된다. 이들은 한국어의 명사 중에서도 상당한 비율을 차지하며,[6] 정한

---

5   기존 논의에서 조사·어미 결합형 단어를 개별 품사에 대하여 진행한 논의는 崔炯龍·劉婉瑩(2016)만 찾을 수 있다. 이 논의는 조사·어미 결합형 부사에 초점을 두어 한국어와 일본어를 대조한 것이다.

6   3, 4장에서 제시할 예를 통해서 확인할 수 있다.

데로(2015)의 연구를 통해서 이러한 방식으로 형성된 신어나 임시어도 상당수 있음을 확인할 수 있다.[7] 따라서 이러한 조어법에 대하여 관심을 가질 필요가 있다.

이 책은 조사나 어미가 결합한 명사의 형성 방식을 살펴보고 더 나아가 명사에만 초점을 두어 그것이 한국어의 명사 체계 내에서 어떤 지위를 가지는지, 그것들이 의미론적으로 어떤 특성을 보이는지에 대하여 연구하고자 한다.

1.2. 선행 연구 검토

이 책의 연구 대상이 되는 조사·어미 결합형 명사는 이른바 통사적 결합어로 별개의 범주로 다루어지기도 하였고, 단어의 형성 또는 단어 체계 등과 관련하여 논의되기도 하였다. 본 절에서는 명사 형성법, 통사적 결합어에 대해 다룬 선행 연구들을 살펴보고 이들 논의와 관련하여 제기되는 문제점들을 확인하는 작업을 통해 이 책의 의의를 다시 한 번 되새겨 보고자 한다.

---

7 정한데로(2015)에 따르면 말터 자료에서는 통사론적 구성의 단어화와 관련한 구성(즉 이 책에서 말하는 '조사·어미 결합형 명사')이 총 391개 확인되었다. 정한데로(2015)에서 지적한 바와 같이 말터 자료에서 가장 높은 빈도수를 보인 임시어 구성은 [N+N] 합성 명사이고, '통사론적 구성의 단어화'는 그 뒤를 이어 두 번째로 높은 빈도수를 보였다.

1.2.1. 명사 형성법과 관련된 선행 연구

조사·어미 결합형 명사를 대상으로 논의를 진행한 연구들 중에서는 '갈림길'류 명사에 초점을 둔 것이 대부분이며, 이외의 명사들에 대한 논의는 많지 않다. 우선 여기에서는 명사이 형성을 인급한 논의를 살펴 보도록 한다.

김창섭(1996)은 명사를 크게 합성 명사와 파생 명사로 나눠서 다루었 다. 그리고 합성 명사는 다시 '명사(-ㅅ)+명사(예: 고추잠자리)', '어근(-ㅅ)+ 명사(예: 보슬비)', '동사·형용사의 관형형+명사(예: 건널목)', '관형사+명사 (예: 첫사랑)', '동사·형용사의 어간+명사(예: 접칼)' 등과 같은 유형으로 나 눴다. 또한 파생 명사에 대해서는 동사나 형용사로부터 파생된 것들을 위주로 '-(으)ㅁ, -이, -기, -개' 등과 같은 생산성[8]이 높은 접미사를 중심 으로 살펴보았다. 김창섭(1996)은 '믿음, 싸움; 달리기, 걷기' 등을 파생 명사로 보고 '[갈림]길, [느림]뱅이; [보기]신경, [깎기]끌' 등과 같은 단 어에서 보이는 '갈림, 느림; 보기, 깎기'를 언제나 더 큰 단어 내부에만 나타나는 파생형식(잠재어)으로 보았다.[9]

---

8   생산성에 대해서는 접사를 중심으로 접근하는 관점도 있고 단어를 형성하는 능력 의 정도성(즉 단어를 얼마나 활발하게 형성할 수 있는가를 나타내는 정도)으로 접근하는 관점도 있다. 김창섭(1996)은 후자에 해당한다. 이 책 역시 후자의 생 산성 개념을 채택하고자 한다.

9   한편 김창섭(1996: 40-41)에서는 단어 형성론적 관점에서 합성 명사를 통사적 합성 명사와 형태적 합성 명사로 나누고, 통사론적 구성의 단어화에 의한 합성 명사를 '통사적 합성 명사' 그리고 어휘부의 합성어 형성 규칙에 의한 것을 '형태 적 합성 명사'라고 규정하였다(김인균 2005 참조). 김인균(2005)에서는 합성 명 사의 구조와 관련된 선행 연구를 정리한 바 있다. '통사적 합성어, 비통사적 합성 어'는, 허웅(1975/1983: 116)에서는 용언의 어간이 직접 결합된 것만을 비통사적 합성어라 하여 그 외의 통사적 합성어를 매우 넓게 파악하고 있고, 이익섭·임홍 빈(1983: 123)에서는 구에서도 나타나는 결합 방식을 가진 것만을 통사적 합성 어라고 하였으며, 김광해·김동식(1993: 13-14), 김일병(2000: 55-56)에서는 음

황화상(2001)에서는 명사의 형성을 보다 상세하게 논의하였다. 복합어(complex word)[10]는 그것을 형성하는(혹은 구성하는) 요소의 형태 범주에 따라 크게 파생어(derived word)와 합성어(compound word)로 구분되고, 파생어와 합성어는 다시 통사 범주에 따라 명사, 동사(형용사 포함), 부사 등으로 구분된다. 각 유형의 복합어는 선·후행 요소의 형태 범주와 통사 범주에 따라 다시 세분되는데, 복합 명사를 중심으로 단순화하여 그 가운데 파생 명사를 $[X_{Aff}+N_{Root}]$(예: 첫사랑)과 $[X_{Root}(+Y)+N_{Aff}]$(예: 참을성)으로 나누며 합성 명사를 $[N_{Root}(+Y)+N_{Root}]$(예: 산사람)과 $[V_{Root}(+Y)+N_{Root}]$(예: 큰집)으로 세분해서 제시하였다. 황화상(2001)에서는 이들 유형을 두 형성 요소 사이에 접사(Y)가 삽입되는 형태를 중심으로 구체적으로 논의하였다. 이는 이 책에서 연구하는 조사·어미 결합형 명사와 일맥상통한다. 황화상(2001)은 전통적인 분류 방법과 다르게 파생 명사, 합성 명사 내부에 다시 조사, 어미가 단어 형성에 참여하는 현상을 세분화하여 논의했다. 그런데 황화상(2001)은 조사, 어미가 단어 형성에 참여하는 경우를 주목하여 그 유형을 다시 부류화하였지만 기왕의 연구와

운 현상이나 성분의 성격, 그리고 그 결합 관계가 일반적인 통사 구조에서 나타나는 것만을 통사적 합성어로 규정하였다. 이러한 논의들은 그 합성어가 형태부에서 만들어졌는지 통사부에서 만들어졌는지에 대한 어형성 측면은 고려하지 않고 단지 '(비)통사적'의 개념을, 구성 성분의 결합 방식이 구를 이룰 때의 방식과 동일한지 여부 곧 통사론적 관점에서 해석한 접근 방법들이다. 같은 입장에서 채현식(2000: 82)은 통사부에서 통사 규칙에 의해 결합된 [N1+N2]$_{NP}$ 구성이 어휘화되어 형성된 합성 명사를 '통사적 합성 명사'로, 어휘부에서 어휘부의 조어 기제에 의해 형성된 명사를 '형태적 합성 명사'로 본다. 그리고 송원용(2002가: 127-128)은 위의 두 제안을 받아들여 단지 용어만 각각 '통사부 합성 명사'와 '어휘부 합성 명사'로 바꾸어 명명한다(김인균 2005).

10   복합어와 합성어의 명칭에 있어서 학자마다 다르게 사용하고 있다. 이 책은 용어의 통일을 위해 'complex word'를 복합어로 칭하고 'compound word'를 합성어로 부를 것이다.

마찬가지로 조사·어미 결합형 단어를 파생, 합성으로 설명하고자 하
였다.

　최형용(2003가, 2016)은 조사, 어미가 단어 형성에 참여하는 현상을 다
루고 기왕의 논의에서 더 나아가 '통사적 결합어' 개념을 제시하여 이를
합성어, 파생어와 대등한 것으로 보았다. 그러나 최형용(2003가)는 조
사·어미 결합형 단어 전체를 품사와 상관없이 포괄적으로 다룬 연구라
는 점에서 이 책과는 성격을 달리한다. 최형용(2003가)에서는 조사와 어
미가 결합한 단어의 형성을 단어를 '조사가 포함된 통사적 구성의 단어
화', '어미가 포함된 통사적 구성의 단어화'로 나누어 논의하였다.

　한편, 최규일(2009)에서는 단어의 형성 중에서도 명사의 형성을 언급
한 바가 있다. 최규일(2009)에서는 먼저 합성 명사를 'N+N형', 'UN+N
형', 'N+DrN형', 'UN+AfN형' 등의 유형으로 나눠서 제시하였다.[11] 그러
나 최규일(2009)는 파생어의 경우 파생 명사를 별도로 논의하지 않고 품
사와 상관없이 접두 파생어와 접미 파생어로 나누고 파생 접미사를 열
거하였다. 이 책의 논의 대상에 해당하는 '기름기'의 '-기', '걸음'의 '-(으)

11　최규일(2009: 76)에 따르면 'N, UN, Vs, D, Ad, Af, DrN' 등은 각각 'Noun,
　　Unnoun, Verbstem, Defenities(관형사), Adverb, Affix, Derivational
　　Noun(파생명사)' 등을 뜻한다.

(가). N+N형	ㄱ. N+N→N	논밭, 손발, 젖어미
	ㄴ. N+N+N→N	장국밥, 콩나물국, 가위바위보
(나). UN+N형	ㄱ. D+N→N	쥘손, 한숨, 든부자
	ㄴ. Vs+N→N	꺾쇠, 날짐승, 솟을대문
	ㄷ. Ad+N→N	휘파람, 맞절
(다). N+DrN형	ㄱ. N+Vs+Af	눈웃음, 재떨이, 맛보기
	ㄴ. N+Vs	씨도리, 활부리 cf. 활비비
(라). UN+AfN형	ㄱ. Vs+Vs+Af	높낮이, 어녹이
	ㄴ. Ad+Vs+Af	막걸리, 되내기

　최규일(2009)에서는 다음과 같이 제시했다.

ㅁ'을 전통적인 방식대로 접미사로 처리하였다.

사실상 대부분의 연구에서 이처럼 제시하고 있다. 이들은 단어를 일차적으로 합성어와 파생어로 나누고, 합성어를 논할 때 품사별로 논하고, 파생어는 품사별로 하지 않고 접사의 분포에 따라 접두 파생어와 접미 파생어로 나눠서 논하는 것이다. 이렇게 분류하는 것은 균형이 맞지 않다고 볼 수 있다.[12]

고영근·구본관(2018)은 단어 형성 방식을 전통적인 방식에 따라 합성과 파생으로 나눈다. 다시 말해 이 책에서 다루는 '웃음, 부끄러움; 던지기, 빠르기' 등의 '-(으)ㅁ, -기' 결합형 명사는 고영근·구본관(2018)의 입장에서는 파생 명사가 된다. 한편, 고영근·구본관(2018)에서는 합성 명사의 유형을 '명사+명사(예: 논밭), 명사+ㅅ+명사(예: 촛불), 명사+파생 명사(혹은 명사형)(예: 말다툼), 용언의 관형사형+명사(예: 건널목), 용언의 명사형+명사(예: 갈림길), 용언의 연결형+명사(예: 섞어찌개, 살아생전), 용언 어간+명사(예: 덮밥), 관형사+명사(예: 새해), 부사+명사(예: 뾰족구두), 불규칙적 어간+명사(예: 보슬비), 부사+부사(예: 잘못)' 등으로 제시했다. 여기서 '말다툼, 몸가짐' 등의 단어에 대해 주목할 필요가 있는데, 고영근·구본관(2018)은 '웃음, 부끄러움; 던지기, 빠르기' 등을 파생 명사로 보고 '말다툼, 몸가짐'과 같은 단어 그리고 '줄넘기, 글짓기' 등을 합성어로 본다는 것이다. 권재일(2012), 이익섭·채완(1999) 등도 모두 합성 명사의 형성 체계를 이와 비슷하게 나누고 있다.[13]

이상에서 밑줄 친 부분은 이 책의 연구 대상에 해당하는 예이다.

12 이처럼 단어의 체계를 합성어와 파생어의 두 부류로 크게 나누고 다시 합성어를 명사, 동사, 형용사 등으로, 파생어를 접두 파생어와 접미 파생어로 분류하는 일은 영어의 논의에서 많이 보인다.

13 고영근·구본관(2018: 199)에서는 '꿩의밥, 닭의똥, 건널목, 길짐승, 젊은이' 등

김승곤(2018)은 품사별로 단어의 형성 체계를 제시하지 않았지만 조어법이라는 큰 범주를 파생법과 합성법으로 나누고 파생법을 다시 접두사에 의한 파생법과 접미사에 의한 파생법으로 나눠서 서술하였다. 이 두 가지의 파생법 아래에서 파생 명사를 품사별로 나누어 논의하였다. 한편, 합성법은 통어직 합성어와 비통어적 합성어로 나눠서 논의했다. 합성 명사의 형성은 '통어적 합성어' 아래의 '통어적 합성체언'과 '비통어적 합성어' 아래의 '비통어적 합성명사'에 해당한다. 따라서 김승곤(2018)의 조어법 체계 안에서 명사의 형성은 <그림 1>, <그림 2>와 같이 정리할 수 있다.

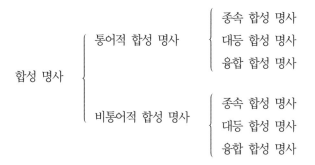

〈그림 1〉 김승곤(2018)의 합성 명사 체계

의 단어를 설명하면서 이들의 직접구성성분에 단어 이상인 것이 포함되어 있지만 이것이 접두사나 접미사는 아니므로 이 단어들을 파생어로 보기 어렵고, 굳이 파생어와 합성어로 구분하자면 합성어에 가까운 것으로 언급했다.

파생 명사

접두사에 의한 파생 명사

1. 명사에 접두사가 와서 파생된 명사
2. 파생 명사에 접두사가 와서 파생된 명사
3. 합성 명사에 접두사가 와서 파생된 명사
4. 접미사에 의한 파생명사에 접두사가 와서 파생된 명사
5. 합성 명사에 접미사가 와서 파생된 명사에 다시 접두사가 와서 파생된 명사

접미사에 의한 파생 명사

1. 명사에 접미사가 와서 파생된 명사
2. 동사 또는 형용사 어근에 접미사가 와서 파생된 명사
3. 관형법에 접미사가 와서 파생된 명사
4. 구속어근에 접미사가 와서 파생된 명사
5. 파생 명사에 접미사가 와서 파생된 명사
6. 사잇소리가 붙은 관형어 다음에 접미사가 와서 파생된 명사
7. 관형사에 접미사가 와서 파생된 명사
8. 부사에 접미사가 와서 파생된 명사
9. 합성 명사에 접미사가 와서 파생된 명사

〈그림 2〉 김승곤(2018)의 파생 명사 체계

김승곤(2018)에 따르면 '살기, 죽기, 먹기; 믿음, 웃음, 걸음, 울음' 등은

'동사 또는 형용사 어근에 접미사가 와서 파생된 명사'에 해당하고, '덴둥이, 흰둥이, 센둥이; 앉은뱅이, 누운뱅이' 등은 '관형법에 접미사가 와서 파생된 명사'에 해당하는 것이다. 또한 김승곤(2018)에서는 '노름꾼, 웃음꾼; 게으름뱅이, 웃음보, 울음보, 구김새, 꾸밈새, 머금새, 웃음쟁이, 울음쟁이; 버림치' 등의 명사를 '파생 명사에 접미사가 와서 파생된 명사'로 본다. 한편 '가는눈, 견딜힘; 건넌방; 갈려가기, 밀어내기' 등을 통어적 합성 명사 아래의 '종속 합성 명사'로 보고, '아들딸, 아래위' 등은 '대등적 합성 명사', '꽃등, 뜬구름' 등은 비유에 의한 것으로 보아 융합 합성 명사[14]로 귀속시켰다. 김승곤(2018)도 조사·어미 결합형 명사를 다루었지만 이들을 기존의 합성어, 파생의 틀에 맞추어 다루고 있는 것을 확인할 수 있다.[15]

이상에서 살펴본 대부분의 연구는 '명사 형성법'이라는 큰 틀 안에서 조사·어미 결합형 명사를 다루었는데, 합성어나 파생어의 범위에서 그것들을 살펴보았다는 점에서 한계를 가진다. 황화상(2001)은 명사 형성법을 세분화하고 조사·어미 결합형 명사를 따로 논의하였다는 점에서는 이전 논의들과 차이를 보이지만 복합 명사만을 대상으로 자세하게 다루는 논의가 아니라는 점에서 제한적이다. 최형용(2003가, 2016)은 기왕의

---

14 융합 합성어는 전체의 의미가 구성 요소의 의미에서 벗어나 새로운 의미를 얻게 된 합성어이다. '세월, 산수, 갈등' 등이 이에 속한다(고영근·구본관 2018). 종속 합성어나 대등 합성어 모두 단일어화를 겪어 융합 합성어로 변할 수 있다(시정곤 1989). 예를 들어 대등 합성어 구성이 아닌 '까치둥지'는 '부스스하게 흐트러진 머리'라는 의미를 가져 융합 합성어로서 기능한다. 또한 '범꼬리'도 역시 종속 합성어적 구성으로 융합 합성어가 된 경우이다. 그 의미는 '마디풀과의 여러해살이 풀'로서 '범꼬리'와 외형적 유사성을 띠기 때문에 '까치둥지'처럼 비유 관계에 놓여 있는 융합 합성어의 예가 된다. 예시들은 최형용(2016)을 참조한 것이다.

15 명사 형성법과 관련된 자세한 논의는 5장에서 이루어질 것이다.

논의들과는 달리 조사·어미 결합형 단어의 지위를 합성어나 파생어와 대등한 것으로 보았다는 점에서는 특기할 만하지만 그것을 품사별로 자세히 살펴본 것은 아니라는 점에서 이 책과는 차이를 보인다. 이 책은 명사 형성법의 틀 안에서 조사·어미 결합형 단어를 품사별로 세분하여 보다 구체적이고 체계적으로 다룬다는 점에서 의의를 가진다.

1.2.2. 조사·어미 결합어와 관련된 선행 연구

조사·어미 결합어와 관련된 연구는 조사·어미 결합어의 형성과 이들이 단어 체계 내의 위치의 두 가지 측면을 위주로 살펴보고자 한다.

황화상(2012)는 조사에 대하여 전반적으로 다루면서 그 속에서 조사 결합어의 형성을 논의하였다. 황화상(2012)에서는 조사 결합어의 형성을 다룬 그동안의 연구를 '통사적 구성의 단어화(어휘화)',[16] '파생', '합성' 등의 세 가지 관점으로 정리하고,[17] 조사 결합어는 통사적 구성의 단어화에 의해 만들어진 것도 있고 어휘부에서 단어 형성의 과정을 거쳐 직접적으로 만들어진 것도 있다고 주장하였다.[18]

16 　'단어화'는 '단어가 아닌 요소가 단어로 변하는 현상'으로 학자에 따라서는 '어휘화'라는 용어를 쓰기도 한다. 예를 들어 노명희(2013)에서의 '어휘화'는 단어가 아닌 요소가 주요 범주로서의 단어 지위를 얻게 되는 경우로 정의하였다. 그러나 김창섭(1996)처럼 두 용어를 구분하여 사용하는 논의도 있다. 결론부터 말하자면 이 책에서는 '단어화'란 용어를 쓰기로 한다. 이와 관련된 논의는 2장에서 자세하게 다룰 것이다.

17 　황화상(2012)은 조사 결합어의 형성에 대한 견해를 다음과 같이 정리하였다.
　　가. 통사적 구성의 단어화: 구본관(1992, 1998), 김창섭(1996), 최형용(2003가)
　　나. 파생: 허웅(1966), 고영근(1972, 1989), 이양혜(2000)
　　다. 합성: 김창섭(1996)
　　이 논의들은 조사 결합어뿐만 아니라 어미 결합어도 같이 다루었다.

18 　후술하겠지만 이 책은 '조사 결합형 명사, 어미 결합형 명사'의 형성에 대해 황화상(2012)에 가까운 견해를 취하고 있다. 그러나 황화상(2012)에서는 조사 결합어

한편 조사·어미 결합형 단어의 형성 과정을 통사적 구성의 단어화(어휘화)로 보는 견해는 구본관(1992, 1998), 김창섭(1996), 최형용(2003가, 2016), 이상욱(2004), 오규환(2008, 2016), 정한데로(2018나) 등이 있다.

구본관(1992)는 '작은형, 큰집'의 예들도 통사적인 구성은 어휘회되어 등재소가 된다는 것으로 본다. 그러나 구본관(1992)는 조사·어미 결합형 명사의 형성 방법을 합성이라 하면서도 어휘화를 언급하고 있다. '이렇게, 그렇고, 그런양으로, 갈수록, 여태까지, 마음대로, 아마도, 브터, 비르서, 마초아' 등 예에 대해서는 구본관(1992)는 합성이라 하지만 구본관(1998)은 구본관(1992)을 인용할 때 이에 대해 어휘화(혹은 단어화)라고 하였다.[19] 그러나 합성과 어휘화는 명확히 다른 단어 형성 방식이다. 합성은 어근과 어근이 결합하여 새로운 단어를 형성하는 방식인 데 반해 어휘화(혹은 단어화)는 구 구성이 어휘로 전환되는 것이기 때문이다. 이러한 점을 고려하였을 때 구본관(1992, 1998)은 합성과 어휘화(혹은 단어화)의 개념

만을 대상으로 하고 있으며 어미 결합어는 언급하지 않았다.

[19] 구본관(1992)는 '이렇게', '그렇고', '갈수록'의 '-게', '-고', '-ㄹ수록'이나 '브터', '비르서', '마초아'의 '-아/어'를 파생 접미사로 보는 구조주의의 논의에 반대하면서 이런 요소들은 파생 접미사로 볼 수 없고, 따라서 이들 단어의 구성법을 파생법으로 볼 수 없음을 주장한 바 있다. '이렇게'와 같은 단어는 통사구성이 어휘화하여 이루어진 것으로 보인다(구본관 1998). 한편, 구본관(1992: 74)는 단어(등재소)의 형성 방법을 다음과 같이 규칙적 단어 형성 방법과 불규칙적 단어 형성 방법으로 나누었다.

　가. 규칙적 단어 형성 방법(공시적, 비공시적): 합성, 파생

　나. 불규칙적 단어 형성 방법: 합성(통사적 구성의 어휘화), 파생(내적파생, 영접사 파생), 유추, 역형성

밑줄 친 부분에서 볼 수 있듯이 구본관(1992)는 합성이라 하면서도 어휘화(이 책의 '단어화'와 같은 개념이기 때문에 이를 '단어화'로 통일한다)를 언급하고 있다. 어휘화를 불규칙적인 합성으로 보고 있음을 알 수 있다. 실제로는 합성과 단어화는 다른 방법이다. 합성은 어근과 어근이 결합하여 형성하는 방식이고 단어화는 구 구성이 어휘로 전환하는 것이다. 다시 말하면 구본관(1992)는 형성의 차원을 중요시하려고 하지만 결국은 합성과 단어화를 구별하지 않는 문제가 있다.

을 구별하여 쓰지 않는다는 것을 확인할 수 있다.[20]

김창섭(1996)은 '스승의 날'과 같은 조사 결합형 명사에 대하여 '처음부터 구 구조를 가진 채 하나의 어휘 항목이 되도록 만들어졌다.'라고 설명하여 이러한 단어들의 형성 방식을 '구의 공시적 단어화'로 간주하였다.

최형용(2003가, 2016)[21]에서는 '뜻밖에, 진짜로, 너무나, 마음대로, 좀처럼' 등을 '조사가 포함된 통사적 구성의 단어화', '갈수록, 오래도록, 왜냐하면, 되게, 왠지' 등을 '어미가 포함된 통사적 구성의 단어화'로 논의를 하였다.[22]

이와 비슷한 견해를 이상욱(2004), 오규환(2008)에서도 찾아볼 수 있다. 이상욱(2004)는 '통사적 구성의 단어화'를 공시적인 단어 형성 원리로 수용하게 되면 '동일한 구조의 통사적 구가 늘 먼저 존재해야 할 필요는 없다.'라고 설명하고 있다. 오규환(2008)은 이러한 견해에 대하여 명사형

---

20 구본관(2002)에서는 이들을 모두 '어휘화'로 통일한다. 구본관(2002)의 조어법의 체계는 다음과 같다.
　가. 어휘부에서의 단어(혹은 등재소) 형성: 합성, 파생, 단어형성 전용 요소에 의한 형성, 기타(역형성, 내적 파생, 영변화 파생 등)
　나. 어휘부 밖에서의 단어(혹은 등재소) 형성: 통사 구성의 (통시적) 단어화, 통사 구성의 (공시적) 단어화, 기타(외래 요소의 차용 등)
　이상에서 볼 수 있듯이 구본관(2002)는 '단어화'를 '합성'과 구별하여 쓰이고 있다.

21 최형용(2003가)에서 통사적 결합어를 설정하였고 최형용(2016)에서는 이에 대해 더 자세한 설명을 붙였다.

22 전통적으로는 이 단어들을 주로 '분석'과 '형성'의 두 가지 방향에서 처리해 왔다. '분석'의 관점에서는 이들의 조사와 어미를 파생 접미사로 처리하여 결과적으로 이 단어들을 파생어로 간주해 왔다. 그러나 '형성'의 관점에서는 조사나 어미가 전형적으로 단어 형성에 참여하는 존재가 아니기 때문에 합성도 아니고 파생도 아닌 예외적인 단어 형성으로 처리할 수 있다(崔炯龍·劉婉瑩 2016). 최형용(2003가)에서는 이들은 합성도 파생도 아닌 단어화에 의해 형성된다고 주장을 하였다.

어미 결합어('-(으)ㅁ, -기' 결합에)의 형성 원리를 설명하는 데에 전적으로 동의한다는 입장을 취한다. 한편 오규환(2008)에서는 어미 결합어가 주요 논의 대상이 아니지만 최형용(2003가)의 논의를 받아들인다. 다만 오규환(2008)은 '누름질', '치기배' 등 접사가 결합된 단어를 어미 결합어로 보기보다는 파생어로 처리하는 것이 더 합리적이라는 주장을 제시하였다.

정한데로(2018나)는 종래의 통사적 결합어에 해당하는 단어들의 형성을 합성으로 보는 것은 한계가 있다고 하면서, 이들 단어를 '통사적 구성의 단어화' 과정을 겪은 것으로 보았다. 또한 '통사적 구성의 단어화'는 통시적 접근과 공시적 접근이 모두 가능한데, 이 논의에서는 신어와 임시어 등의 자료를 근거로 공시적 접근의 설명력을 강조하였다.

이와는 달리 조사·어미 결합형 단어의 형성 방식을 파생으로 보는 논의로는 고영근(1989/1999), 이양혜(2000) 등이 있다. 고영근(1989/1999)은 '백주(白晝)에, 아마도, 삶, 갈수록' 등 단어에서 보이는 조사나 어미는 접사로 전환된 것으로 본다. 이때의 조사나 어미는 일반적인 조사, 어미와 그 양상이 같으나 특정 어근과 통합되어 문법성(grammatical value)을 상실함으로써 새로운 단어를 파생하는 데 참여했다고 판정되면 접사화했다고 보아야 할 것이라고 지적하였다. 이양혜(2000)는 중간 기능의 접사를 설정하였다. '-에', '-로' 등과 같은 형태소의 기능을 격조사의 기능, 파생 접미사의 기능, 중간 기능의 접사[23] 등의 세 가지로 분류하였다. '-게',

---

23 '중간 기능의 접사'는 '-에'의 경우를 '동시에'를 예로 들면 다음과 같이 두 문장
    이 가능하다.
      가. 집이 내려앉은 것은 폭음과 동시에였다.
      나. 모두들 웃음을 터뜨린 것은 동시에였다.
                                                    (이양혜 2000)

'-도록', '-아/어', '-니' 등의 형태소에도 마찬가지로 연결어미의 기능, 파생 접미사의 기능, 중간 기능의 접사 등 세 가지가 있다고 하였다. 그 중 조사 결합어에 나타나는 '-에', '-로', 어미 결합어에 나타나는 '-게', '-도록', '-아/어', '-니' 등을 파생 접미사화한 것으로 본다.

한편 조사·어미 결합형 단어의 형성을 합성으로 보는 견해로는 앞에서 언급한 김창섭(1996)이 있다. 김창섭(1996)[24]은 이 책에서 연구하는 '갈림길, 볶음밥, 보기신경, 붙이기일가(一家)' 등과 같은 단어의 형성을 합성으로 본다. 또한 '나도밤나무, 나도바람꽃' 등에서 보이는 '나도'는 '대명사+조사'의 구조를 가지는 구에서 유래한 것이지만 'X와 비슷한 종류의'라는 특수화된 뜻을 가진 채 '나도+X'의 합성 명사를 형성하는 독자적인 요소로 발달한 것이라고 하였다. '나도'를 단어 형성 전용 요소로 보는 것은 '나도밤나무' 등의 단어의 형성을 일반적인 합성 명사의 형성과 같다고 보는 것이다. 따라서 김창섭(1996)에서는 조사 결합형 단어인 '스승의 날'류와 '나도밤나무'류의 형성에 대해 전자는 구의 공시적 단어화로 보고 후자를 합성으로 본다는 것이다. 이러한 입장에 따르면 '갈림길, 볶음밥' 등의 명사형 어미 결합형 단어도 합성으로 본다. 즉 조사·어미 결합형 단어 중 일부는 단어화에 의해 만들어진 것이고 일부는 합성법에 의해 만들어진다는 것이다.

~(나)의 '동시에'는 파생 부사의 성질이 강하지만 (가)의 '동시에'에서 나타나고 있는 '-에'는 부분적으로 굴곡 기능에서 파생 기능으로 변화되고 있는 접사의 중간 기능을 보유하고 있다고 보고, 이양혜(2000)는 이러한 '-에'에 '중간 기능의 접사'란 명칭을 붙였다.

24 김창섭(1996)은 조사·어미 결합어를 주로 연구 대상으로 한 연구가 아니기 때문에 조사·어미 결합어에 해당하는 단어들에 대해 같은 형성 방식으로 설명하지 않았다. 따라서 어떤 단어는 합성으로 설명하고 어떤 단어는 단어화로 설명하였다.

허웅(1966)은 조사·어미 결합어 중의 일부는 합성에 의해 형성된 것이고 일부는 파생에 의해 형성된 것이라고 본다. 허웅(1966)에 따르면 '쥘손, 한숨, 들것, 들보, 늘그니(늙은이), 저므니(젊은이)', '드르니' 등은 합성법에 의해 만들어지고, '모도, ㄱ초, 고초, 진실로, 간대로, 날로' 등은 파생법에 의해 만들어진 단어이다. 전자의 예는 모두 어미 결합어에 해당하고 후자의 예는 어미 결합어에 해당하는 것도 있고 조사 결합어에 해당하는 것도 있다. 즉 조사 결합어는 모두 파생에 의해 만들어진 것이고 어미 결합어의 일부는 합성에 의해, 일부는 파생에 의해 만들어진다는 것이다. 이는 이들 단어는 기존의 단어 형성 방식으로써 설명하려는 시도인 것으로 보인다.[25]

조사·어미 결합어가 단어 체계 내에서 어떠한 지위를 가지는지에 대해서도 이견이 존재하는데, 조사나 어미 결합형 단어를 합성어나 파생어의 범주 내에서 설명하고자 하는 견해도 있는 반면 합성이나 파생어와 대등한 지위의 별개의 부류에 귀속시키는 견해도 있다.

앞부분에서도 언급한 바와 같이 허웅(1966)은 '쥘손', '한숨', '들것', '들보' 등을 합성어로 보고 '모도, ㄱ초, 고초, 진실로, 간대로, 날로' 등을 파생어로 간주한다. 즉, 허웅(1966)에서는 조사 결합어와 어미 결합어를 합성어나 파생어 부류에 귀속시키고 기왕의 논의에서 설정한 단어 체계에 조사·어미 결합어를 맞추려고 한 것을 확인할 수 있다.

고영근(1989, 1999)과 이양혜(2000)는 이들 단어를 파생어로 본다. 김창

---

25   또한 허웅(1966)에서는 "합성어를 만드는 방법을 합성법, 파생어를 만드는 방법을 파생법이라 하고, 이 두 가지를 아울러서 조어법이라 한다. 기존한 언어 요소를 이용하여 새로운 낱말을 만들어 내는 방법이란 뜻이다."라고 설명을 하였다. 즉 한국어에서 조사, 어미가 단어 형성에 참여하는 형식을 파생이나 합성과 다르다는 의식이 없었던 것이다.

섭(1996)은 이들 조사 결합어, 어미 결합어를 합성어로 본다. 김창섭(1996)
은 '스승의 날'처럼 구와 같은 형식을 갖는 단어는 단어화의 결과로 보
지만 분석을 중요시하여 이들은 단어 체계 내에서 모두 합성어의 부류
로 귀속시킨다는 것이다. 구본관(1992)는 '이렇게', '그렇고', '갈수록' 등
의 예들은 '어간과 어미', '체언과 조사'가 결합한 통사적인 구성으로 본
다. 이렇게 본다면 이들은 파생어가 아니라 합성어라 할 수 있을 것이라
고 하였다. 또한 구본관(2005)는 '어린이, 작은집, 뜬소문, 갈림길, 볶음
밥, 보기신경' 등의 어미 결합어형 명사가 어휘화에 의해 형성된 것이고
이들은 모두 합성어로 볼 수 있다고 하였다. 그러나 앞에서 살펴본 바와
같이 구본관(1992)에서는 이러한 단어들이 단어화의 과정을 거쳐 형성된
다고 보았는데, 형성 방식 자체는 단어화로 설명하면서 단어 체계와 관
련하여서는 별도의 범주를 설정하지 않고 합성어로 간주한 것은 분석의
차원을 중시한 것으로 보여 서로 괴리가 있다.

최형용(2003가)는 기존의 논의들과는 달리 조사·어미 결합어의 상위
범주인 통사적 결합어를 설정하여 이것이 파생어 및 합성어와 대등한
것으로 제시하였다. 황화상(2012), 오규환(2016)도 최형용(2003가)의 조사
결합어의 설정을 따르고 있다.[2627]

이상욱(2004)는 명사형 어미 결합형만을 대상으로 다루고 이들의 형성
을 통사론적 구성의 단어화로 보고 결합 원리를 기준으로 '통사론적 구
성의 단어'란 부류를 설정하였다. 이러한 '통사론적 구성의 단어'를 합성

---

26   오규환(2008, 2016)은 이들 가운데도 합성어(예: 남의눈, 눈엣가시)나 파생어
      (예: 갈림길, 젊은이)로 보는 것이 있지만 이것은 오규환(2008, 2016)의 통사적
      결합어의 범위가 최형용(2003가, 2016)과의 다름에서 비롯된 것이다.
27   후술하겠지만 이 책에서는 최형용(2003가, 2016)의 통사적 결합어의 범위를 받
      아들이는데 최형용(2003가, 2016)보다 더 세분화하고자 한다.

어, 파생어의 상위 부류인 '비통사론적 구성의 단어'와 대등한 것이며, 이를 통해 최형용(2003가)와는 그 층위를 달리 상정한 것을 확인할 수 있다.

정한데로(2018나)는 기존 연구에서 통사적 합성어(예: 어린이, 건널목, 끼어들다, 갈고닦다), 비통사적 합성어(예: 덮밥, 접칼, 오가다, 검붉다)로 다루어 온 단어들을 통사적 복합어, 형대직 복합어로 명명하였다. 전자는 이 책에서 말하는 조사·어미 결합형 단어이고, 후자는 파생어와 합성어를 포함하는 상위 개념이다.[28]

앞서 살펴본 선행 연구들의 내용을 통해 조사·어미 결합어의 형성 및 단어 체계 내의 위치에 대한 견해를 다음의 표로 정리할 수 있다.[29]

〈표 1〉 조사·어미 결합어의 형성 및 단어 체계 내의 위치

논의	형성 방법	단어 체계 내의 위치	일치 여부
허웅(1966)	파생, 합성	파생어, 합성어	일치
고영근(1972, 1989)	파생	파생어	일치
구본관(1992, 1998)	단어화(합성)	합성어	일부 일치
김창섭(1996)	단어화	합성어	일부 일치
이양혜(2000)	파생	파생어	일치
황화상(2001)	접사 삽입	접사 삽입 복합 명사	일치
최형용(2003가, 2016)	단어화	통사적 결합어	일치

---

28   정한데로(2018나)는 단어 체계를 다음과 같이 분류했다.

단어 ⎰ 단일어
     ⎱ 복합어 ⎰ 형태적 복합어 ⎰ 파생어
                              ⎱ 합성어
              ⎱ 통사적 복합어

29   그리고 표의 오른쪽에 이들 논의에서 단어의 형성 방법과 해당 단어가 단어 체계 내에서 차지해야 하는 위치의 일치 여부를 덧붙인다.

이상욱(2004) (명사형 어미 결합형)	단어화	통사론적 구성의 단어	일치
오규환(2008, 2016)	단어화	통사적 결합어	일치
정한데로(2018나)	단어화	통사적 복합어	일치

<표 1>에서도 확인할 수 있듯이 2000년대 이후의 연구들에서는 조사·어미 결합어의 형성 방식이나 이들이 단어 체계 내에서 차지하는 지위를 합성어 또는 파생어와는 별도로 설정하고자 한 것으로 보인다. 반면에 구본관(1992)와 김창섭(1996)은 조사·어미 결합어의 형성 과정 자체는 일반적인 합성어와 다른 것으로 인식하였으나 결국에는 그들을 합성어로 분류하였다는 것이 차이이다.[30]

구본관(1992)부터 대부분의 논의는 단어 형성의 차원과 분석의 차원을 분리하여 판단하기 시작했다. 그러나 연구 목적에서도 밝힌 바와 같이 조사·어미 결합어는 그것이 결합한 조사 혹은 어미가 무엇인가에 따라 그 유형을 세분할 수 있는 한편 각각의 단어 형성 방식도 달리 설명할 여지가 있다. 이 책은 선행 연구들에서 미처 깊이 있게 다루지 못한 부분에 주목하여 조사·어미 결합형 명사들의 양상과 그 형성 방식을 자세하게 살펴본 다음 형성의 차원을 고려하여 이들이 명사 체계 내에서 차지하는 위치와 의미적 특성에 대하여 논의하고자 한다.

---

30 최형용(2003가, 2016), 오규환(2008, 2016), 황화상(2012) 등을 제외하면 대부분의 논의들이 단어 형성의 측면에서 조사·어미 결합어를 연구할 때 기존의 단어 형성 방식(합성이나 파생)에 맞추려는 경향을 보이거나 기존의 합성어나 파생어와의 차이를 인식하지만 결국 단어 체계 내에 합성이나 파생어의 부류에 넣었다는 것이다. 따라서 단어 체계 내의 위치를 단어의 형성 방법과는 일치하지 못한 경우도 많다. 이는 이들 논의의 가장 큰 문제이다. 또한 이들 논의도 관점이 다양해서 일관적이지 못한다고 할 수 있다.

1.3. 본서의 구성

이상에서는 이 책의 연구 목적과 필요성을 밝히고, 선행 연구의 내용을 살펴 이 책의 의의를 확인하였다. 본서의 내용은 다음과 같이 진행된다.

2장에서는 이 책의 내용 전개를 위한 기본적인 이론을 살펴보고자 한다. 연구를 위한 이론으로서 어휘적 단어의 개념, 단어 형성 기제로서의 규칙과 유추에 대하여 살펴보고, 이 책에서 다루고자 하는 단어 내에서 나타나는 조사나 어미의 지위, 조사 또는 어미 결합형 명사의 개념과 종류를 확인한다. 또한 조사 · 어미 결합형 명사의 형성에 대한 다양한 접근법 등을 소개하고 본서의 입장을 제시하고자 한다.

3장에서는 조사 결합형 명사를 살펴본다. 이들은 조사의 종류에 따라 격조사 결합형 명사와 보조사 결합형 명사로 나눌 수 있으며, 격조사 결합형 명사는 다시 관형격조사 '의' 결합형 명사와 처소격 조사 '에' 결합형 명사로 나눌 수 있다. 그러나 이 책의 연구 내용에 해당하는 보조사 결합형 명사에 비해 격조사 결합형 명사의 수가 상당히 많다는 점을 고려하여 격조사 결합형 명사와 보조사 결합형 명사의 두 개의 큰 부류로 나누지 않고 관형격 조사 '의' 결합형 명사, 처소격 조사 '에' 결합형 명사와 보조사 '도' 결합형 명사의 차례로 검토할 것이다.[31]

4장에서는 어미 결합형 명사를 대상으로 논의하고자 한다. 주지하는 바와 같이 어미는 어말어미와 선어말어미로 나눌 수 있으며, 어말어미는 다시 종결어미와 비종결어미로 나뉘며 비종결어미는 전성어미와 연결어

31　한국어의 보조사 결합형 단어는 '도' 결합형만 있는 것이 아니지만, 보조사 결합형 명사 가운데 '도' 결합형만 확인할 수 있기 때문에 이 책에서는 보조사 결합형 명사의 경우는 '도' 결합형 명사만 연구 대상으로 삼는다.

미로 나뉜다. 이에 따라 어미 결합형 명사도 이러한 층위에 맞추어 분류해야 하나 선어말어미 결합형 명사는 극히 소수에 불과하여 따로 다룰 만한 성격의 것이 되지 못하고, 종결어미 결합형 명사 역시 그 수가 비종결어미 결합형 명사에 비해서는 적은 편이다. 이러한 사정을 고려하여 4장에서는 어미 결합형 명사를 전성어미 결합형 명사(명사형 어미 결합형 명사와 관형사형 어미 결합형 명사), 연결어미 결합형 명사, 종결어미 결합형 명사 등의 셋으로 나누어 논의를 전개할 것이다. 이러한 체계 속에서 조사·어미 결합형 명사의 양상과 각각의 구체적인 형성 방법을 논의한다.

5장에서는 조사·어미 결합형 명사의 특성을 살펴보고자 한다. 먼저 조사·어미 결합형 명사가 파생 명사, 합성 명사와의 다름을 확인하고, 이들 조사·어미 결합형 명사가 파생 명사나 합성 명사에 속하는 부류가 아니라 단어 형성 체계 내에서 독립적인 지위를 차지하고 있음을 밝힐 것이다. 그 다음으로 더 나아가 조사·어미 결합형 명사의 의미적 특성을 살펴본다.

마지막으로 6장에서 이 책의 주요 내용을 정리하고 향후의 연구 과제를 제시하도록 한다.

2장

기본적 논의

＿기본적 논의

2.1. 논의를 위한 이론적 기초

2.1.1. 어휘적 단어의 개념 및 범위

형태론 연구에서 지속적으로 문제가 되어 온 것 중의 하나는 단어의 정의이다. 그동안 이에 대한 논의가 많이 이루어졌으나, 뚜렷한 결론이 내려지지는 못하였다. 이러한 흐름 속에서 단어의 개념을 해체하려는 논의가 생겨났다.

최형용(2013)은 기존 논의를 참고하여 단어의 개념을 해체하고, 단어를 음운론적 단어, 어휘적 단어, 문법적 단어 등 층위별로 나누었다.

(1) 가. 음운론적 단어: 기식군(breath group)을 중심으로 단어를 정의
하는 것으로, 한국어에서는 대체로 어절이 그 단위가 될 수 있다
(철수가, 밥을 빨리, 먹었다).
나. 어휘적 단어: 특히 단어 형성의 결과물들에 한하여 단어의 자격
을 제한하는 것이다. 따라서 조사와 어미 등은 배제된다(철수, 밥,

빨리, 먹-).

　다. 문법적 단어2: 통사론적으로 구 이상과 결합하는 것들에 단어 자
　　　격을 부여하는 것으로 조사와 어미 등도 모두 단어의 대접을 받
　　　는다(-가, -을, -었-, -다).[1]

　이상은 최형용(2013)에서 '철수가 밥을 빨리 먹었다.'라는 문장을 통해
각 층위의 단어 개념을 구별한 것이다. 최형용(2016: 76-78)에서도 어휘적
단어를 설정하는 가장 큰 이유는 어휘적 단어가 단어 형성의 직접적인
대상이 되기 때문이라고 하였다.

　여기서 주목할 점은 어휘적 단어의 범위를 단어 형성의 결과물로 제
한하였다는 것이다. 이러한 관점에서 다음 (2)와 같은 조사 또는 어미
결합체들은 단어에 해당한다. 이 결합체들은 내부에 통사적 어미를 포함
하고 있으나, 각 형식들이 어휘적 단어 형성 과정을 경험하였다고 볼 수
있기 때문이다(허철구 외 2014).

　(2) 가. 공짜로, 꿈에도, 너희들, 동시에, 때로는, 멋대로, 이로부터, 혹시나
　　　나. 갈수록, 곱게곱게, 벼락치듯, 아무러면, 어찌하여, 오래도록
　　　　　　　　　　　　　　　　　　　　　　　　　　최형용(2003가: 33)

　또한 어휘적 단어는 모두 음운론적 단어이지만 음운론적 단어가 모두
어휘적 단어인 것은 아니다. 다만 (2)와 같이 조사나 어미가 결합한 형
태들의 경우, 형성 당시에는 어휘적 단어가 아니었을지라도 음운론적 단

1　　　최형용(2013)은 박진호(1994), Dixon & Aikhenvald(2002)와의 '문법적 단어'
　　　용어를 구별하기 위해 '문법적 단어2'로 명명하고 후자의 문법적 단어를 '문법적
　　　단어1'로 명명했다. '문법적 단어1(혹은 통사원자)'는 '철수가 밥을 빨리 먹었다'
　　　라는 문장에서 '철수, -가, 밥, -을, 빨리, 먹-, -었-, -다'를 가리키는 것이다.

어에서 어휘적 단어로 단어화될 가능성이 있다. 이 책은 이러한 점에 주
목하고자 한다.

한편 이 외에도 단어에 대한 매우 다양한 시각이 존재한다. 사전에 저
장된 등재소 단위를 단어로 보거나 특정 통사 환경에서 실시간으로 사
용 가능할 경우 이 형식들을 단어로 보기도 한다(허철구 외 2014). 한정한
(2009)에서는 어휘적 단어의 조건을 다음과 같이 제시하였다.

> (3) 한국어 어휘적 단어의 조건
> 　가. 사전에 장기 저장되어 있다.
> 　나. 외워야 한다.
> 　다. 통사부의 기본 단위로 쓰인다.
> 　라. 특정 통사 환경에서 실시간으로 사용 가능하다.
> 　마. 통사적으로 복합적인 구성과 결합 가능하다.
> 　바. 내부 성분이 다른 통사 성분(예: 부사, 관형사)의 수식을 받아 확
> 　　　장될 수 없다.
> 　사. 특정 통사 환경에서의 실현을 전제하지 않는, 비명시적이고 추상
> 　　　적인 하위범주화 틀을 가진다.
> 　아. 매우 생산적이라 결합 제약이 거의 없다.

한정한(2010)은 체언형 관용구(예: '낙동강 오리알', '제눈에 안경', '가난이 원수'
등)와 용언형 관용구(예: '티끌 모아 태산')가 이 조건들을 만족시킴을 논증하
고 이들을 어휘적 단어로 간주하였다.[2]

또한 구본관(1992)에서는 속담과 같은 관용적인 문장도 어휘화(단어화)

한정한(2009)에서 어휘적 단어의 목록은 명사, 관형사, 부사, 격조사, 접속 조사,
동사, 서법, 양태, 부정, 시제, 상, 종결어미, 경어법, 인용어미, 연결어미, 전성어
미, 감탄사, 관용어, 기능 동사 구성, 어휘적 연어, 문법적 연어, 임시 숙어 구성
등을 모두 포함한 것이다.

가 가능하므로 단어로 볼 수 있다고 하였다. 다만 전체 조어 현상에서 이러한 통사적 구성의 어휘화(단어화)는 예외적이고 불규칙한 조어 방식이라고 지적하였다. 구본관(1992)에서는 조어법 체계를 제시하면서 '단어'라는 용어 뒤에 모두 '혹은 등재소'라고 표시하였다. 이는 조어법을 연구할 때 단어 개념을 넓게 볼 필요가 있음을 나타낸다. 또한 김승호(1992)에서는 어휘화를 논의하면서 관용 표현이나 속담 등도 어휘적 단어로 간주할 수 있다는 관점을 제시하였다.

구본관 외(2015: 108)는 다양한 측면에서의 단어 명칭을 정리한 바 있다.

(4) 가. 소리의 측면:
　　ㄱ. 음성적 단어(phonetic word): 소리가 나는 방식의 관점에서 확인할 수 있는 단위. 예를 들어 '휴지에 의해 분리되는 언어 단위'는 이러한 관점에서의 정의이다. 음성적 단어는 음운적 단위어와 구별이 어렵다.
　　ㄴ. 음운적 단어(phonological word): 강세나 음운 규칙의 적용 범위를 통해 확인할 수 있는 단위. 예를 들어 어떤 언어에서 한 단어는 강세를 하나만 갖는다는 점에 착안하여 단어를 정의한다면 이를 음운적 단어라고 할 수 있다.
　　ㄷ. 정서법적 단어: 띄어 쓴 빈칸 사이의 글자 연쇄 단위. 정서법이 소리를 표기하는 것이므로 띄어쓰기 단위를 단어로 보는 것도 소리의 측면과 관련된다.
　나. 의미의 측면:
　　ㄱ. 의미적 단어(semantic word): 단일한 의미를 가지는 단위.
　　ㄴ. 어휘적/사전적 단어(lexical word): 사전에 올리는 단위. 어휘소, 등재소 등도 이 관점의 단어 정의와 통한다.
　다. 소리와 의미를 연결하는 구조의 측면:
　　ㄱ. 형태적 단어(morphological word): 자립성을 가진 단위 중에서 가장 작은 단위.
　　ㄴ. 통사적 단어(syntactic word): 통사 구성에 참여하는 단위.

이른바 통사 원자가 이 단위와 유사하다. 이에 따르면 한국어
의 조사나 어미 모두 단어이다.

　단어 형성을 연구할 때 (4가)와 같은 소리 측면에서의 단어를 기준으
로 하는 것은 타당하지 않다. 띄어쓰기의 단위나 발음상의 무리는 단어
형성의 측면에서 필요한 개념이 아니기 때문이다. 한편 (4나)와 (4다)는
단어 형성의 측면에서 유용한 개념인데, 전자는 넓은 의미에서의 단어이
고 후자는 비교적 좁은 의미에서의 단어라고 할 수 있다. 그러나 (4다)
의 'ㄱ'은 이 책에서 연구하는 '반의반, 듣는힘' 등의 조사·어미 결합형
명사를 모두 포괄하지 못한다. 조사·어미 결합형 명사는 자립성을 가
진 단위 중에서 가장 작은 단위가 아니기 때문이다. (4다)의 'ㄴ'에서
'통사 구성에 참여하는 단위'라는 해석에는 일반적인 구 형식의 명칭도
포함되어야 할 듯하다. 예컨대 '바람과 함께 사라지다'라는 영화 이름은
통사 구성(예: '어제 바람과 함께 사라지다를 봤어.')에 참여할 수 있으나 이 책에
서는 이를 단어로 보지 않는다. 따라서 (4다)도 이 책의 조사·어미 결
합형 명사의 형성을 연구하는 데에 적합한 단어 개념이 아니다.
　한편, Di Sciullo & Williams(1987)에서는 '통사론적 단어(syntactic
words)'의 개념을 제시한 바 있다. 통사론적 단어는 구에서 재분석된 단
어(reanalyze a phrase as a word)로, 이 책의 연구 대상인 조사·어미 결합
어와 매우 흡사하다. 대부분의 조사·어미 결합어는 구와 같은 구조를
가지기 때문이다. 그러나 연결어미 결합형 명사와 종결어미 결합형 명사
의 경우, 대응하는 통사적 구성이 없다. 따라서 Di Sciullo & Williams
(1987)의 '통사론적 단어'는 이 책의 연구 대상을 포괄하는 개념이라고
보기 어렵다.

사실상 이 책에서 연구하는 단어들은 구와 같은 형식을 갖는 것들이 많다. 논의에 따라서는 이러한 구를 단어로 보지 않는 경우도 있다. 여기서 미리 밝히고자 하는 것은 이 책에서 채택하는 단어 개념이 넓은 의미에서의 어휘적 단어라는 것이다. 따라서 이 책에서는 전문용어[3]나 관용 표현[4] 등도 논의에 포함하여 다루고자 한다. 넓은 의미에서의 단어를 연구 대상으로 설정하면 한국어의 단어 형성법을 더 폭넓게 연구할 수 있다. 따라서 이 책에서는 단어 형성의 측면에서 이러한 넓은 의미의 어휘적 단어 개념을 취하고자 한다. 이들은 온전한 단어와 형식적인 차이가 있지만 구보다는 단어에 더 가깝다고 볼 수 있기 때문이다. 다음 절에서 이들 단어의 단어성에 대해 더 자세하게 논의를 전개할 것이다.

2.1.2. 단어성

이상에서는 단어의 다양한 정의를 살펴보고 단어를 넓게 보면 고유 명칭,[5] 전문용어, 관용 표현도 단어의 범주로 귀속시킬 수 있다고 하였다. 그런데 한 구성이 단어인지 구인지를 판단할 때 띄어쓰기를 하는지

---

3   최형용(2010)은 '전문어'는 '일반어'('일반어'가 일상적인 언어생활에 사용되는 언어라면 전문어는 전문 분야에서 사용되는 언어를 가리키는 말이 된다)의 대립어로 사용되고 '전문용어'를 포함하는 상위 개념이라고 지적하였으나 이 책은 용어의 문제에 주목하고자 하는 것이 일차적인 목적이 아니므로 용어의 문제는 제쳐 두고 일단 이들을 모두 '전문용어'라고 부를 것이다.

4   이를 흔히 '관용어' 또는 '관용구'라고도 하는데 합성어에 내심합성어와 외심합성어가 있듯이 구도 '내심적인' 구와 '외심적인' 구가 있다면 그 '외심적인' 구는 바로 '관용구'이다. 이 책에서는 용어의 문제를 관심사로 두지 않기 때문에 관용 표현이란 용어를 사용하겠다.

5   '스승의 날'과 같은 구성은 고유명으로 칭하기도 하지만, 전문용어도 고유명이기 때문에 이 책에서는 '철의 삼각지' 등과 같은 전문용어와 '스승의 날'과 같은 구성을 구별하기 위해서 '고유 명칭'이라는 용어를 사용하고자 한다.

에 의지하는 경우가 있다. 예를 들면 '어린이날', '보기신경'은 단어로 보지만 '스승의 날', '옥에 티'는 구라고 보는 것이다. 그 이유는 후자의 경우 띄어쓰기를 하기 때문이다. 그러나 띄어쓰기는 표기법일 뿐이라는 점에서 단지 띄어쓰기를 한다는 이유로 '스승의 날', '옥에 티'를 단어에서 제외시키는 것은 타당하지 않다. 본 절에서는 고유 명칭, 전문용어, 관용 표현에 해당하는 조사·어미 결합형 구성의 단어성에 대해 검토하고자 한다. 특히 관형격 조사 '의' 결합형 명사의 경우 기존의 논의에서 단어로 처리하지 않은 예가 많다. 따라서 이러한 구성들의 단어성을 확인할 필요가 있다.[6]

'단어성(wordhood)'이란 'the quality of being a word' 정도로 설명할 수 있다.[7] 즉 단어의 성질을 가지는 것이라고 이해할 수 있다. 그런데 단어에 대해 정의 내리기가 어려워 '단어성'이 어떤 성질을 포함하는지를 밝히는 것 역시 쉽지 않다. 한편, 박진호(1999: 329)는 단어라는 개념과 관련된 속성들을 다음과 같이 열거하였다.

> (5) 가. 홀로 발화될 수 있는 최소의 단위이다(Bloomfield 1933).
> 나. 문자언어에서 띄어쓰기의 단위가 된다.
> 다. 그 내부에는 휴지를 둘 수 없고 그 앞이나 뒤에만 잠재적 휴지를 둘 수 있다(Hockett 1958).
> 라. 두음법칙, 음절말 자음군단순화 규칙, 음절말 평폐쇄음화 규칙 등의 적용 영역이 된다.

---

6   본 절의 내용은 왕사우(2016)을 대폭 참조한 것이다.
7   기존의 연구에서도 '단어성'이라는 용어를 많이 사용하여 왔으나, 이에 대한 구체적인 설명은 이루어지지 않았다. 또한 이 용어는 어학 용어 사전을 포함한 대부분의 사전에도 실려 있지 않다. 단지 인터넷 위키피디아에서 'the quality of being a word'라고 해석하고 있을 뿐인데, 위키피디아에서도 그 출처가 제시되지는 않았다.

마. 중세국어에서 '거성불연삼(去聲不連三)'이라는 성조 율동 규칙의
　적용 영역이 된다.

바. 중세 문헌어에서 연철의 단위가 된다.

사. 통사론의 최소 단위이자 형태론의 최대 단위이다.

아. 통사부에서는 그 내부구조를 참조할 수 없다. 즉 이른바 어휘 고
　도 제약이 적용되는 단위이다.

자. 조응의 섬(anaphoric island)이 된다. 즉 단어의 내부에 있는 요
　소와 밖에 있는 요소가 조응 관계를 맺을 수는 없다.

차. 어휘부의 등재 단위가 된다.

　본 절에서 다루는 단어성 문제는 '의' 결합형 명사와 '에' 결합형 명사
와 밀접한 관련이 있기 때문에 구 구조와 구별하는 시각에서 이들의 단
어성을 검토하고자 한다.[8] 기존 연구에서 한국어 관형격 조사 결합형 혹
은 처소격 조사 결합형 구성을 대상으로 단어와 구를 구별하는 문제에
대해 집중적으로 논의한 경우는 없었으나, 합성어와 구의 구별과 관련된
논의는 많이 이루어진 바 있다. Haspelmath & Sims(2010)에서는 기존
의 논의들을 정리하여 합성 명사와 구의 차이를 다음과 같이 제시했다.

〈표 2〉 Haspelmath & Sims(2010)에서 정리한 합성 명사와 구의 차이

	합성어	구
의미론적	의존소 명사가 대개 총칭적이다. 핵이 대용적 대명사로 대치되지 못 한다.[9]	의존소 명사가 지시적일 수 있다. 핵이 대용적 대명사로 대치될 수 있다.

8　　영어에서도 '명사+명사', '형용사+명사' 구성의 합성어와 구의 구별이 어렵다.
　　Benjamin Elson & Velma Pickett(1988)에서도 언급했듯이 'greenhouse,
　　White House, redcap' 등과 같은 단어의 경우, 단어의 강세 준거, 불가분립성,
　　굴절과 분포 등의 방법으로 합성어와 구를 분별할 수 있다. 한국어에서도 특히
　　명사와 관련된 이른바 '통사적 합성어'와 구의 분별이 어렵다.

음운론적	응집성(Cohesion)이 더 크다.	응집성이 더 작다.
형태론적	응집성이 더 크다.	응집성이 없다.
통사론적	분리할 수 없다. 의존소 명사를 확장할 수 없다. 등위 접속 생략이 불가능하다.	분리할 수 있다. 의존소 명사를 확장할 수 있다. 등위 접속 생략이 가능하다.

이상욱(2007)에서도 한국어의 단어 형성론에서 통사적 구와의 구별이 문제 되었던 합성어는 그 내부에 조사, 어미가 포함되어 있어 인구어를 대상으로 정의된 합성어의 외연과는 차이가 있다고 하였다. 기존 논의에서 이러한 유형의 단어들은 대개 파생이나 통시적 어휘화에 의해 설명되어 왔으나, 이들과 동일한 내부 구조를 가진 언어 단위 중에는 파생이나 통시적 어휘화로 설명될 수 없는 예가 있어 통사적 구와의 구별 문제와 아울러 그 형성 원리에 대한 천착이 요구된다는 것이다.

위에서 말했듯이 단어성 검토에서는 단어와 구의 구별을 중점적으로 다룰 필요가 있다. 왕사우(2016)에서는 해당 구성의 단어성을 확인할 때 두 차례의 검토 과정을 거쳤다. 1차 검토는 Haspelmath & Sims(2010)에서 제시된 '단어의 성질'을 기준으로 하여 진행되었고, 이후 '단어의 형식'과 '사전 등재'를 고려하여 2차 검토를 하였다. 검토의 기준은 다음의 표에서 제시하고 있다.

---

9   Haspelmath & Sims(2010)에서 제시한 등위 접속 생략(coordination ellipsis)이란 등위 접속된 구에서 동일한 두 요소 중 하나가 수의적으로 생략될 수 있다는 것이다. 반면에, 합성어의 구성 성분은 일반적으로 이와 같이 생략될 수 없다. 이 논의에서는 다음과 같은 예를 들어 등위 접속 생략을 설명하였다.
　　a. My aunt has one gold watch and three silver ones.
　　b. *My aunt knows one goldsmith and three silver ones.

〈표 3〉 왕사우(2016)의 단어성 검토 기준

가. 단어의 형식		
단어의 성질	의미론적	나. 의존소 명사가 총칭적이다.
		다. 핵이 대용적 대명사로 대치되지 못한다.
	음운론적	라. 음운론적 응집성이 일반적인 구보다 더 크다.
	형태론적	마. 형태론적 응집성이 일반적인 구보다 더 크다.
	통사론적	바. 구성 요소를 분리할 수 없다.
		사. 의존소 명사를 확장할 수 없다.
		아. 등위 접속 생략이 불가능하다.
자. 사전 등재		

　　왕사우(2016)에서는 이상의 표[10]에서 제시된 속성들을 주요 기준으로 하고 박진호(1999: 329)에서 제시한 전통적 단어 개념 속에 포함된 속성들을 참고하여 한국어 '의' 결합형 구성의 단어성을 검토하였다. 검토 대상이 된 단어는 '스승의 날', '철의 삼각지', '그림의 떡' 등이다. 왕사우(2017)에서는 이에 이어서 유형론적 관점에서 다른 언어의 '명사+genitive marker+명사' 형식의 구성의 단어성도 확인하였다. 왕사우(2016)의 분석 결과는 다음과 같이 정리할 수 있다.

---

[10]　　〈표 3〉은 왕사우(2016)에서 제시한 단어성 검토 기준으로, Haspelmath & Sims(2010)에서 정리한 것에 '단어 형식'과 '사전 등재'의 두 항목을 더 추가한 것이다. 표에서 볼 수 있듯이 이들 기준 가운데 의미론적 기준, 형태론적 기준, 통사론적 기준은 서로 비중이 다르며, 학자에 따라서는 (다), (바), (사) 등을 형태론적 기준으로 보기도 한다. 이 기준들은 완벽하다고 보기는 어렵지만 단어성을 보다 객관적으로 검토할 수 있다는 점에서 의의가 있다.

〈표 4〉 단어성 검토의 실제

속성 \ 단어		스승의 날	철의 삼각지	그림의 떡
단어의 형식		-	-	-
단어의 성질	의존소 명사가 총칭적이다.	+	+	+
	핵이 대용적 대명사로 대치되지 못한다.	+	+	+
	일반적인 구보다 음운론적 응집성이 더 크다.	-	-	-
	일반적인 구보다 형태론적 응집성이 더 크다.	+	+	+
	구성 요소를 분리할 수 없다.	+	+	+
	의존소 명사를 확장할 수 없다.	+	+	-
	등위 접속 생략이 불가능하다.	+	+	+
사전 등재		+	+	+

　　〈표 4〉에서 볼 수 있듯이 고유 명칭으로서의 '스승의 날'과 전문용어로서의 '철의 삼각지'는 단어성이 높다. 관용 표현으로서의 '그림의 떡'은 '스승의 날'과 '철의 삼각지'보다 단어성이 낮다고 할 수 있다. '스승의 날'을 예로 들면, 이는 띄어쓰기를 하기 때문에 전형적인 단어의 형식과 다르다. 또한 '스승'이라는 의존소 명사가 총칭적이다. '철수의 컵'이라는 일반적인 구의 경우 의존소 명사인 '철수'는 특정한 사람을 지칭한다. 또한 '스승의 날'은 핵이 대용적 대명사로 대치되지 못한다는 점에서도 단어의 성질을 만족한다. 음운적 응집성은 일반적인 구와 다름이 없는 것으로 보이나, '스승의 좋은 날'처럼 분리할 수 없으며 형태론적 응집성이 크다. '그 스승의 날'과 같이 의존소 명사를 확장할 수 없다. [[스승의 날]과 [경찰의 날]]을 [[스승과 경찰]의 날]로 바꾸어 표현할 수 없다는 점에서 등위접속의 생략이 불가능함을 볼 수 있다. 그리고 '스승의 날'은 사전에 등재된 단어이다. 이상의 분석을 종합하면 '스승의 날'

은 일반적인 구보다 단어성이 더 높다. 여기에서는 <표 4>와 같은 방식으로 속담에 해당하는 '옥에 티'의 단어성을 검토해 보고자 한다.

먼저 형식 측면에서 '옥에 티'는 전형적인 단어의 형식이 아니다. 다음으로 '의존소 명사'인 '옥'은 지시적(referential)인 것이 아니라 총칭적인 것이라고 할 수 있다. 또한 핵이 대용적 대명사로 대치되지 못한다는 점도 만족한다. 응집성의 경우 음운적인 응집성은 일반적인 구와 같으나, 형태적 응집성은 일반적인 구보다 더 긴밀한 것으로 보인다. 왜냐하면 '옥에 티'가 문장에서 명사의 역할을 담당하는 경우도 있기 때문이다. 예컨대 '그녀의 얼굴에 있는 상처는 옥에 티다.'라는 문장에서 '옥에 티'는 '나무랄 데 없이 훌륭하거나 좋은 것에 있는 사소한 흠을 이르는 말(『표준국어대사전』 참조)'로서 명사처럼 쓰인다. 한편 '옥에 티'는 분리 가능성이라는 단어의 속성은 만족하지 않는다. '옥에 있는 티', '옥에는 티나 있지', '옥에도 티가 있다' 등과 같이 구성 요소를 분리할 수 있기 때문이다. 또한 의존소 명사의 확장 가능성을 보면 '[[이 옥]에 티], [[예쁜 옥]에 티]'와 같이 의존소 명사가 확장된 경우에도 의미를 이해하는 데 어려움이 없다. '등위 접속의 생략'을 보면 '[[옥에 티]와 [금에 티]]'를 '[[옥과 금]에 티]'와 같이 표현할 수 있을 듯하다.[11] 마지막으로 '옥에 티'는 사전 등재어이다. 따라서 이상을 종합하여 '옥에 티'와 '그림의 떡'을 대조해 보면 다음과 같다.

---

[11]   '옥에 티'에서 유추되어 형성된 것으로 보이는 '금에 티'라는 표현도 찾아볼 수 있다. 예컨대 '골드바, 수수료가 '금에 티''라는 뉴스의 제목이 있다.
이는 http://moneys.mt.co.kr/news/mwView.php?no=2015020415 168063722에서 확인할 수 있다.

〈표 5〉 '그림의 떡'과 '옥에 티'의 단어성 검토

속성	단어	그림의 떡	옥에 티
단어의 형식		-	-
단어의 성질	의존소 명사가 총칭적이다.	+	+
	핵이 대용적 대명사로 대치되지 못한다.	+	+
	일반적인 구보다 음운론적 응집성이 더 크다.	-	-
	일반적인 구보다 형태론적 응집성이 더 크다.	+	+
	분리할 수 없다.	+	-
	의존소 명사를 확장할 수 없다.	-	-
	등위 접속 생략이 불가능하다.	+	-
사전 등재		+	+

이상의 분석을 통해서 알 수 있듯이 '옥에 티'는 '그림의 떡'보다는 구성 성분의 결합이 느슨하다. 그러나 '옥에 티' 역시 단어의 성질을 가지고 있다고 볼 수 있다. 이처럼 고유 명칭, 전문용어, 관용 표현, 형식이 짧은 속담 등은 전형적인 단어라고 보기는 어려우나 단어성을 어느 정도 갖는다. 따라서 이 책에서는 이들을 넓은 의미에서의 단어로 보고자 한다. 이는 앞 절에서 언급한 어휘적 단어의 정의와도 일맥상통한다.

문금현(2009)에서는 관용 표현이 단어로 발전해 나갈 가능성에 대해 언급하였다. Lyons(1977: 534-550)은 합성어를 구의 화석화로 파악하고 단어화 과정 속에서 의미적 특수화를 갖는다고 인식하였으며, 심재기(1986: 40)도 처음의 생성 과정에 있어서는 이들 구성이 분명히 통사적 결합의 어구였다가 조사가 탈락되면서 서서히 합성명사화한다고 보았다(문금현 2009). 이에 비추어 보면 '그림의 떡', '옥에 티' 등도 비록 지금은 전형적인 단어가 아니지만 앞으로 전형적인 단어로 발전할 가능성이 있다. 그리고 이 책에서는 '그림의 떡', '옥에 티' 등 '의' 결합형과 '에' 결합형의 관용 표현만을 단어의 범위에 포함시키고자 한다. 즉 이 책은 조사가 결

합한 일부 관용 표현만을 단어로 보며, 모든 관용 표현을 단어라고 보는
것은 아니다. 따라서 이하에 나올 관용 표현, 전문용어, 고유 명칭, 속담
등은 모두 '의/에' 결합형으로 한정된다.[12]

한편 송원용(2005)에서는 유추에 대한 논의를 하면서 다음과 같은 예
를 제시하였다.

> (6) 가. 구(句)형: 마누라 죽이기, 운수 좋은 날, 강원도의 힘
>   나. 문장형: 번지 점프를 하다, 바람과 함께 사라지다

송원용(2005)는 (6가)를 구형 고유명사로 보고 (6나)를 문장형 고유명
사로 보았다. 이들은 <표 5>에서 제시한 '그림의 떡'이나 '옥에 티'보다
구성 성분 간의 결합이 더 느슨해 보인다. 따라서 이들을 단어성의 순서
로 제시하면 다음과 같이 표시할 수 있다.

> (7) 스승의 날   옥에   운수 좋은 날
>   철의 삼각지 > 그림의 떡 >   티   > 바람과 함께 사라지다

이 책에서는 '스승의 날, 철의 삼각지, 그림의 떡, 옥에 티' 등 구성 요
소가 비교적 긴밀하게 연결되는 경우를 넓은 의미에서의 단어로 보고자
한다. 그러나 (7)의 가장 오른쪽에 제시된 '운수 좋은 날', '바람과 함께

---

12   정한데로(2015)에서는 관용 표현, 속담 등을 어휘부의 저장 단위로서 등재소로
      보았고, 오규환(2016)에서는 '어휘 단위'의 하위 부류인 '어휘적 단어(단일어, 복
      합어 등)', '어휘적 구성(관용 표현, 복합 구성, 임시 표현 등)'을 설정하였다. 이
      두 논의는 모두 관용 표현을 전형적인 단어와 별도의 부류로 간주한다. 그러나
      이 책은 '의/에' 결합형 관용 표현, 속담 등도 넓은 의미에서의 단어로 본다. 이
      들은 어느 정도의 단어성을 가지며, 앞으로 전형적인 단어로 발달할 가능성이 있
      기 때문이다.

사리지다' 등은 수시로 만들어질 수 있고 '운수 좋은 그날'처럼 개입 역시 가능하다는 점에서 이러한 구성은 단어로 보지 않는다. 이처럼 기존 연구에서 고유 명칭, 전문용어, 관용 표현, 속담 등으로 다루어 온 구성을 이 책에서는 단어로 간주할 것이다. 이러한 예들은 주로 '의' 결합형 명사, '에' 결합형 명사, 명사형 어미 결합형 명사에서 나타나며, 그중 '의' 결합형 명사에서 비교적 많은 예를 찾아볼 수 있다. 다른 조사 · 어미 결합형 명사에서는 거의 발견되지 않는다.

2.1.3. 통사적 요소와 접사

본 절에서는 단어 형성에 참여하는 조사나 어미의 지위에 대해서 논의하고자 한다. 조사, 어미는 문장 형성에 참여하기 때문에 통사적 요소임이 확실하다. 그런데 이들 단위가 단어 형성에 참여하는 경우에도 통사적 요소라고 볼 수 있는가는 또 다른 문제이다. 통사적 요소가 단어 형성에 참여한다는 것은 논란의 여지가 있기 때문이다. 단어 형성의 관점에서 조사, 어미의 지위를 어떻게 설정할 것인가에 대한 기존 연구의 입장은 두 가지로 나뉜다. 본 절은 정한데로(2018나)를 참고하여 단어 형성에서의 조사와 어미를 접미사로 보는 관점과 조사, 어미 즉 통사적 요소로 보는 관점으로 나눠서 살펴보고자 한다.

먼저 단어 형성에 참여하는 조사, 어미를 접사라고 주장하는 연구는 김영석 · 이상억(1992), 황화상(2001, 2002, 2009, 2012), 김인택(2003) 등이 있다. 김영석 · 이상억(1992)는 어미가 최종 단어의 직접구성요소가 아닌 경우에도 접사로 본다. 이 논의에서는 어미가 간접적으로 결합하여 파생어를 형성한다고 보았다. 김영석 · 이상억(1992)에서는 "접미사는 보통 어기에 직접적, 일회적으로 결합된다. 그러나 파생어 중에 간접적인 결합을 하여, 관형사형을 매개로 '앉은뱅이'(cf. 직접적 결합: 가난뱅이), 명사형을 매개로 '달음질'(cf. 가위질), '귀염성'(cf. 인사성), 보조적 연결어미를 매개로 '말라깽이'(cf. 부지깽이) 등이 생겨났다."라고 하였다.

황화상(2001: 166-167, 2002: 699)는 파생 접사와 어미(굴절 접사)의 구분 없이 어휘부(사전)에 등재된 '접사'가 단어 형성과 통사론적 구성을 위해 각각 '어휘적 접사'(8가, 나)와 '통사적 접사'(8가', 나')의 상이한 방식으로 형성에 참여한다고 보았다. 이에 따르면 (8가, 나)의 '-ㄴ, -어'는 '형태 연결 규칙'(황화상 2001: 173-186)에 따라 어근 '작-'과 '집', '뛰-'와 '가'를 각각 연결하는 '개재 접사(삽입 접사)'로 기능한다(정한데로 2018나).

> (8) 가. 작은집: 작-(어근)+-ㄴ(어휘적 접사)+집(어근)
>   가'. 작은 집: 작-(어근)+-ㄴ(통사적 접사) 집(어근)
>   나. 뛰어가: 뛰-(어근)+-어(어휘적 접사)+가-(어근)
>   나'. 뛰어 가: 뛰-(어근)+-어(통사적 접사) 가-(어근)

황화상(2012)에서 황화상(2001)에서 더 나아가 "복합어를 형성하는(혹은 구성하는) 두 요소 사이에는 관형사화 접사 '-은, -는, -을', 명사화 접사 '-음, -이, -기, -개', 부사화 접사 '-어', 조사 '-의, -에, -로' 등 다양한 형태 유형의 접사가 개재하는데, 이들 개재 접사의 형태론적 기능이 단일하지는 않다."라고 서술한 바 있다. 즉 황화상(2012)는 이 책에서 다루는 유형의 단어들에 존재하는 조사나 어미를 모두 삽입 접사로 본 것이다.

김인택(2003) 역시 '작은집', '뛰어가'의 '-ㄴ, -어'를 접사로 분석하는 관점을 취한다. 다만 황화상(2001)과 달리 '-ㄴ'은 '관형사화 접사'로, '-어'는 '부사화 접사'로 보았다. 또한 이들 단어는 '파생' 후 '합성'의 두 단계 과정을 거쳐 만들어졌다고 하였다. 이 논의에서는 '뜬눈'을 예로 들어 '뜬' 구성 내의 '-ㄴ'은 통사론적 구성의 '뜬'과 달리 서술성이 없다는 점, '뜬눈'은 합성어이므로 형태부에서 형성된 것으로 보아야 한다는 점 (김인택 2003: 12-13) 등을 강조하였다(정한데로 2018나).

다음으로, 단어 형성에 참여하는 조사, 어미 역시 통사적 요소로서의 조사, 어미라고 보는 연구로는 최형용(2003가), 허철구(2015), 정한데로 (2018나) 등이 있다.

최형용(2003가: 33)에서는 한국어 통사적 결합어에 초점을 두어 형식과 의미가 동일한 대상을 두고 한 쪽에서는 조사나 어미로 처리하고 다른 쪽에서는 접미사로 처리한다면 그 둘 사이의 제약을 구별하여 제시하는 것부터가 쉽지 않을 것이라는 문제점을 제시한 바 있다. 또한 '공짜로, 꿈에도, 갈수록' 등의 예에서 이들이 단어로 사용되는 경우와 통사적 구성으로 사용되는 경우를 변별해 내는 것 역시 문제가 될 수 있다. 따라서 이러한 예들의 경우, 조사나 어미가 선행 요소와 결합하여 그 구성이 굳어져 하나의 단어를 형성시켰다고 파악하는 것이 지금으로서는 가장 올바른 해결 방법이라고 하였다.[13] 최형용(2003가: 34, 각주12)에서는 "조사와 어미 및 파생 접미사 모두를 '접미사'로 묶어 처리하는 경우도 있을 수 있지만 이것은 통사론과 단어 형성의 층위를 혼동하게 되는 치명적 결함을 가지게 된다. 다만 조사와 어미이던 것이 자신의 본래 영역에 대한 쓰임을 잃어버리고 단어의 형성에만 관여하게 된다면 이것은 접미사로 다룰 수 있다. '-앙/엉-'이 이에 대한 예가 된다."라고 지적하였다.

---

13 최형용(2003가: 34)는 조사나 어미를 문법적 단어로 본다. 이때의 '문법적'은 그들이 구 이상을 적용 영역으로 삼는다는 것과도 밀접한 연관을 가진다. 예를 들어 '네 마음대로'는 '[[네 마음]대로]'의 구조를 가진다. 이 논의에서는 어떠한 것이든 자신의 세력을 단어를 넘어서까지 미치는 것은 새로운 단어를 형성하는 파생 접미사의 자격을 가질 수 없다고 하였다.

허철구(2015)는 단어 형성에 참여하는 어미를 통사적 요소로서의 어미라고 보았다. 또한 [X[어미]Y]의 틀에 내재된 어미는 그 유형의 단어들이 통사적 구성으로부터 단어화한 결과가 화자의 인식에 의하여 분석된 결과라고 하였다.

정한데로(2018나)에서는 '어린이, 건널목, 끼어늘-, 갈고닦-' 등 단어 내부의 '-ㄴ, -ㄹ, -어, -고' 등은 접사보다는 어미로 파악하는 것이 타당하다고 보았다. 또한 이 논의에서는 앞서 언급한 황화상(2001)에 대해 몇 가지 해결해야 할 문제를 제기하였다. 정한데로(2018나)에 따르면, '끓는점, 녹는점, 듣는힘, 맺는말, 받는이, 미는끌, 지새는달; 늙으신네, 어르신네, 젊으신네; 섰다판' 등처럼 선어말어미가 관여한 것으로 볼 만한 '-는, -(으)신-, -었-'의 형식도 접사 목록에 추가되어야 하는지, '물이못나게, 떡을할, 닭의똥, 눈엣가시, 너도밤나무'에서 관찰되는 '-이, -을, -의, -엣, -도'처럼 조사의 형태를 띤 것 모두 어휘적 접사의 체계 내에서 다루어야 할 것인지 논의될 필요가 있다. 또한 각 개재 접사의 기능이 '형태 연결'에 있다면 해당 접사가 수의적으로 나타나는 '접문(=접이문), 묵밭(=묵은밭), 묵장(=묵은장)'(황화상 2001: 174)에 관한 해석 문제, 한국어 문법 체계 내 개재 접사 및 통사적 접사의 지위 문제 등도 고민해 볼 만하다고 지적하였다. 정한데로(2018나)는 황화상(2002), 김인택(2003) 등에서 주장하는 접사로서의 '-ㄴ, -어'가 동일한 형태의 어미와 선명한 차이를 드러내지 않는다는 점에서, 그리고 이들을 접사로 기술하면 전체 문법 체계에 미치는 부담이 적지 않다는 점에서 이들을 '어미'로 파악하였다. 특히, 선어말어미나 종결어미가 참여한 구성들까지 함께 설명할 수 있다는 점에서 '어미'로 접근하는 방식이 훨씬 타당하다고 보았다.

한편 채현식(2003가)에서는 '누름틀'과 같은 단어의 형성을 예로 들어

이때 '누름'의 '-(으)ㅁ'은 독립된 파생어를 형성하기 위해 도입된 것이 아니라는 점에서 파생접사로 보기도 어렵다고 하였다. 채현식(2003가)에 서는 이를 어근 형성 전용 요소로 보았다.

이러한 문제는 이 책에서 다루는 조사 · 어미 결합형 명사를 통하여 해결될 수 있을 듯하다. 이 책의 연구 대상 가운데 대부분이 조사나 어 미가 최종 단어의 직접구성요소가 아닌 경우이다. 예컨대 '나도밤나무' 와 '먹자골목'에서의 '도'와 '-자'는 분석의 입장에서든 형성의 입장에서 든 접미사라고 할 수 없다. 이러한 점에서 단어 형성에 참여하는 조사나 어미가 접사라는 견해에 대해 문제 제기를 할 수 있다. 즉 이 책에서 다 루는 예들을 고려하면 이들 조사나 어미를 접사로 처리하기 어렵다. 또 한 이들은 단어 형성에 참여하는 경우보다 통사적 요소로서 사용되는 경우가 더 일반적이다. 따라서 이 책에서는 단어 형성에 참여하는 조사 나 어미 역시 통사적 요소인 조사, 어미로 보고자 한다.[14]

2.2. 조사 · 어미 결합형 명사의 개념과 범위

2.2.1. 조사 · 어미 결합형 명사의 개념 및 종류

단어 형성의 관점에서 한국어의 단어를 분류하면, '밤낮, 돌다리'와 같 은 합성어와 '길이, 지우개'와 같은 파생어가 있다. 그런데 이때 '남의눈, 눈엣가시, 치기배, 먹자판, 뜻밖에, 대체로'와 같은 단어의 형성을 합성

---

14   특히 명사형 어미 '-(으)ㅁ', '-기'의 경우, 기존 연구에서는 이를 접미사로 보는 견해가 주를 이룬다. 이와 관련하여서는 4장 전성어미 결합형 명사 부분에서 더 구체적으로 논의하겠다.

으로 보느냐 파생으로 보느냐의 문제가 생길 수 있다. 서론에서 언급한 바와 같이 그동안 이들은 합성어나 파생어 중 하나로 처리되어 왔다. 그런데 최근에 이들을 합성어나 파생어가 아닌 통사적 결합어(조사 결합어와 어미 결합어)라는 부류를 따로 설정하여 설명한 논의가 있다.

조사 결합어와 어미 결합어에 대한 연구가 이루어지기 시작한 것은 비교적 최근의 일이다. 이 용어는 최형용(2003가)에서 본격적으로 도입되었다.[15] 최형용(2003가)는 통사적 요소인 조사나 어미가 단어 형성에 참여하여 만들어진 단어를 통사적 결합어로 명명하였다. 통사적 결합어는 조사 결합어와 어미 결합어 등 두 개의 하위 부류로 나뉜다. 최형용(2003가)에서는 조사가 어휘적 단어의 중간에 오든(예: '별의별, 나도밤나무' 등) 끝에 오든(예: '정말로, 멋대로' 등) 모두 조사 결합어로, 어미가 어휘적 단어의 중간에 오든('어린이, 갈고닦다' 등) 끝에 오든(예: '갈수록, 가다가' 등) 모두 어미 결합어로 간주한다고 하였다.

오규환(2008)은 조사 결합형 단어를 대상으로 논의를 진행하였다. 1장에서도 언급했듯이 오규환(2008)의 조사 결합어는 최형용(2003가)와 차이를 보인다. 오규환(2008)에서는 조사 결합어를 다음과 같이 정의한다.

(9) 조사 결합어는 'X+조사' 구성이 온전한 단어로 쓰이는 국어 단어의 하위 부류이다. 단 여기서의 단어는 통사원자(syntactic atom)를 뜻한다.

---

15   이는 첫째, '형성'의 관점에서 조사나 어미를 접미사로 처리하는 것은 여러 가지 측면에서 문제가 있을 수 있기 때문이다. 무엇보다 접미사라면 그것이 결합하는 어근에 일정한 제약을 가져야 하는데, 그러한 제약을 찾기가 어려워 예측성을 가지지 못한다. 둘째, 한국어에는 조사나 어미가 결합한 것이 어휘적 단어로서 사전에 등재된 경우가 적지 않다는 점이다. 이는 이들 단어를 단순히 예외로 다루기 어렵다는 것을 보여 주기에 충분하다(崔炯龍·劉婉瑩 2016). 한편, 이양혜(2000)은 "'-에' 결합어, '-로' 결합어"라고 표현을 하였으며, '조사 결합어', '어미 결합어'라는 용어는 쓰지 않았다.

오규환(2008)은 '물이못나게', '남의눈', '눈엣가시'의 유형의 단어들처럼 조사가 단어의 비핵 위치에 보이는 단어들을 조사 결합어로 규정하지 않고, 핵의 지위가 조사인 경우에 한정하여 조사 결합어라는 개념을 사용하였다. 오규환(2008)에서 밝힌 바와 같이 최형용(2003가)의 '조사 결합어'는 '격조사 결합어'와 '보조사 결합어'를 포함하지만 오규환(2008)의 '조사 결합어'는 최형용(2003가)의 조사 결합어 중에서 '격조사 결합어'에 해당한다. 또한 어미 결합어의 경우, '누름질', '치기배' 등의 단어는 어미 결합어보다는 파생어로 처리하는 것이 더 합리적이라는 이유로 조사나 어미가 최종 단어의 직접구성요소가 아닌 경우에는 통사적 결합어로 보지 않았다. 즉 최형용(2003가)의 조사 결합어는 조사가 최종 단어의 직접구성요소가 아닌 경우도 포함하나, 오규환(2008)의 조사 결합어는 조사가 핵인 경우만 포함한다.

이처럼 오규환(2008, 2016)은 최형용(2003가, 2016)의 통사적 결합어 개념을 받아들이지만 두 논의는 이 책에서 연구하는 조사·어미 결합형 명사에 대한 관점이 차이가 있다. 오규환(2008)은 '남의눈', '눈엣가시' 등의 '조사 결합형 단어'와 '갈림길', '젊은이' 등의 '어미 결합형 단어'는 통사적 결합어로 규정하지 않는다. 즉 이 논의에서는 조사, 어미가 전체 단어의 핵 위치에 보이는 단어들만 통사적 결합어로 본다. 최형용(2003가, 2016)이 넓은 의미의 통사적 결합어 개념을 취한다면, 오규환(2008)은 좁은 의미의 통사적 결합어를 취하고 있다.

이 책은 여러 가지 품사의 조사·어미 결합형 단어 중에서 명사를 주요 연구 대상으로 한다. 조사 결합형 명사와 어미 결합형 명사는 조사나 어미가 명사 형성에 참여하는 것이다[16] 왕사우(2018가)에서 제시했듯이 조사·어미 결합형 명사는 조사, 어미가 최종 단어의 직접구성요소인 경우도 있으며 그렇지 않은 경우도 있다. 대부분의 조사·어미 결합형 명사는 후자에 해당하나 명사형 어미 결합형 명사, 종결어미 결합형 명사 가운데 일부는 전자에 해당한다. 한국어는 오른쪽 핵(right-headed) 언어이기 때문에 조사·어미 결합형 명사의 오른쪽 요소는 명사, 의존명사 혹은 접미사인 경우가 대부분이다. 조사 결합형 명사와 어미 결합형 명사의 예를 일부만 제시하면 다음과 같다.[17][18]

> (10) 조사 결합형 명사
> 　가. 꿩의다리, 범의귀, 도둑놈의갈고리, 남의눈, 힘의장
> 　나. 귀에지, 눈에놀이, 옥에 티, 귀엣말, 몸엣것, 소금엣밥, 배안엣짓
> 　다. 나도국수나무, 나도냉이, 나도밤나무, 예도옛날, 예도옛적
>
> (11) 어미 결합형 명사
> 　가. 갈림길, 깎기끌, 누름틀, 울림소리
> 　나. 빈말, 참을성, 가는귀, 작은집, 큰형, 작은아버지
> 　다. 살아생이별, 살아생전, 섞어찌개, 을러방망이, 꺾어쟁이, 잘라뱅이
> 　라. 섰다판, 먹자골목, 먹자판, 묻지마테러, 일하기싫어병

　(10)은 조사가 단어 형성에 참여한 단어들이다. (10가)의 '꿩의다리,

16　이러한 단어를 '조사 결합형 합성 명사'로 부르는 견해가 있지만(황화상 2012), 이 책에서는 이 명칭에 대해 일단 유보적인 입장을 취한다. '조사 결합형 명사', '어미 결합형 명사'는 합성 명사가 아닐 수도 있다. 예컨대 '어린이', '느림뱅이'와 같은 단어의 경우, '-이', '-뱅이'를 파생 접사로 보면 합성어가 아니고 파생어로 처리할 수 있기 때문이다.

17　조사 결합형 명사 중에서 조사가 최종 단어의 직접구성요소인 경우는 없다. 어미 결합형 명사(주로 명사형 어미 결합형 명사와 종결어미 결합형 명사)는 어미가 최종 단어의 직접구성요소인 경우도 있고 직접구성요소가 아닌 경우도 있다. 이에 대해서는 4장에서 구체적으로 논의하고자 한다.

18　(10)과 (11)은 이 책 1장의 (1), (2)와 동일한 예이지만 논의의 편의를 위해 다시 가져온 것이다.

꿩의밥, 범의귀' 등은 관형격 조사 '의' 결합형 명사이고 (10나)의 '귀에
지, 옥에 티, 귀엣말, 웃음엣말, 몸엣것' 등은 처소격 조사 '에' 결합형 명
사인데 '귀엣말, 웃음엣말, 몸엣것'의 경우는 'ㅅ'이 더 붙어 있다. 이에
대해서는 3장에서 자세하게 논의할 것이다. (10다)의 '나도국수나무, 나
도밤나무, 예도옛날, 예도옛적' 등은 보조사 '도' 결합형 명사이다.[19]

(11)은 어미가 단어 형성에 참여한 단어들이다. (11가)의 '갈림길, 깎기
끌, 누름틀, 울림소리' 등은 명사형 어미 결합형 명사들이고, (11나)의
'빈말, 참을성, 가는귀, 작은집, 큰형, 작은아버지' 등은 관형사형 어미
결합형 명사들이다. (11다)의 '살아생전, 섞어찌개, 꺾어쟁이, 잘라뱅이'
등은 연결어미 결합형 명사들이고, (11라)의 '섰다판, 먹자골목, 묻지마
테러, 일하기싫어병' 등은 종결어미 결합형 명사이다. 그중 '묻지마테러,
일하기싫어병' 등은 신어이다.

실제로는 이들 예시 외에 '무시로객주',[20] '집으로족'[21]과 같은 '(으)로'

---

19 조사, 어미의 용어 사용에 있어서 염두에 두어야 할 부분이 있다. 임동훈(2005)
에 따르면 격조사는 주로 문법격 조사와 의미격 조사로 나뉘는데 '의'는 문법격
조사에, '에'는 의미격 조사에 속한다. 의미 관계를 중요시하면 '의'를 속격이나
소유격 조사로 부르고 문법적 기능을 중요시하면 관형격 조사라 한다. '에'도 문
법적 기능을 중심으로 격을 정의하는 이론에서는 부사격 조사에 해당한다. 그러
나 '에'의 주요 기능은 부사어라는 문법적 기능보다 표시하는 의미 관계에 있다
는 점에서 부사격 조사라는 용어를 사용하는 이론에서도 처소격이라는 용어를 함
께 사용하고 있다. 한편, 처소격이 표시하는 의미 관계는 주로 처소나 범위인데,
이는 확장되어 시간적·공간적 범위, 지향점, 원인 등의 의미 관계를 표시하기도
한다. 이상을 고려하여 이 책은 문법격 조사에 속하는 '의'를 문법적 기능을 중시
하는 입장에서 '관형격 조사'라고 하고 의미격 조사에 속하는 '에'를 그 의미적
기능에 주목하여 '처소격 조사'라고 한다. 이에 따라 이 책에서는 인용한 논의에
나타난 '의'나 '에'와 관련된 부분도 모두 이러한 입장에 따라 관형격 조사와 처
소격 조사라는 용어로 명명할 것이다.
20 『표준국어대사전』에서 제시된 '무시로객주'에 대한 뜻풀이는 「『명사』, 주로 쓰는
세간을 거래하는 객줏집」이다.
21 '나홀로방'이나 '집으로족'도 부사나 부사어에 다른 말이 결합된 형태인데 종결어

결합형 명사,[22] '이래서야정국(政局)'[23]과 같은 '야' 결합형 명사, '짓고땡'과 같은 '-고' 결합형 명사도 발견된다. 그러나 지금까지 확인할 수 있는 단어의 수가 몇 개밖에 없어서 따로 다루기가 힘들기 때문에 이 책은 일단 (10)과 (11)처럼 체계적으로 다룰 수 있는 유형을 중심으로 논의를 진행하고자 한다. 다만 그 수가 적기는 하나 (10), (11)에서 제시된 유형 외에 다른 유형도 존재한다는 것을 염두에 둘 필요가 있다.

2.2.2. 조사·어미 결합형 명사의 형성

2.2.2.1. 조사·어미 결합형 명사에 대한 접근법

단어의 내부 구조를 연구할 때에는 분석과 형성의 두 가지 접근 방법이 있다. 구조주의 형태론에서는 분석을 중시하고, 생성 형태론에서는

미 어근과 마찬가지로 한국어에서 자연스럽지 않은 조어 형식이다(김용선 2008). 오민석(2011)에서는 '나홀로'가 선행요소로 자리한, '나홀로가구, 나홀로방, 나홀로소송, 나홀로자가용, 나홀로족, 나홀로티켓' 등과 같이 복합구성의 선행요소들이 단어형성요소가 되는 예들도 적지 않다고 지적한 바 있다.

22 황화상(2012: 145-146)에 따르면 '에'와 '로'의 경우는 단어 끝에 결합하는 예가 상대적으로 많기는 하지만 단어의 중간에 결합하는 것도 적지 않다. 그리고 '(으)로' 결합어 가운데에는 '무시로객주'와 같이 단어를 형성하는 예도 발견된다. '(으)로'를 포함하는 조사 결합어의 예는 다음과 같이 제시할 수 있다.
　　가. 무시로, 대체로, 억지로, 실지로, 예사로, 생으로, 의외로
　　나. 무시로객주, 뒤로홅기, 외로뒤기, 앞으로나란히, 뒤로돌아, 우로봐
　　(가)는 이 책의 논의 대상에 포함되지 않는다. (나)는 이 책에서 논의하는 조사 결합형 명사에 속하지만 '무시로객주'를 제외한 단어들은 '에' 결합형의 '앞에총', '제자리에서'와 같이 발화의 단어화로 볼 수 있다. 이에 대해서는 후술 논의에서 구체적으로 다루고자 한다.

23 '이래서야정국(政局)'은 <2004 신어>에서 확인된 예이다. 이는 정치 분야의 전문용어로서 "정치, 경제, 사회의 전반적인 상황이 못마땅하여 '이래서야'라는 말이 자주 나오고 있는 상황"을 비유적으로 이르는 말이다. '이래서야정국'의 해석은 네이버 『국어사전』과 손뢰(2015)를 참조한 것이다.

형성을 중시한다. 분석의 차원에서는 단어를 단일어(simple words)와 복합어(complex words)로 분류하고 복합어를 다시 파생어(derivative words)와 합성어(compound words)로 분류한다. 단일어는 구성 요소가 하나여서 형태론적으로 더 이상 분석할 수 없는 단어이며, 복합어는 구성 요소가 둘 이상이어서 형태론적으로 분석할 수 있는 단어이다. 그리고 복합어는 다시 직접구성요소가 모두 어근인 합성어와 직접구성요소 가운데 어느 하나가 접사인 파생어로 나뉜다(황화상 2011). 이러한 단어 분류 체계는 아주 일반적이고 광범위하게 사용되어 왔다. 허웅(1966), 남기심·고영근(2011), 황화상(2011) 등 여러 논의에서 이 단어 체계를 따르고 있다. 이러한 조사·어미 결합형 명사를 합성어의 부류로 귀속시키는 것은, 이들이 [조사 결합형+어근], [어미 결합형+어근]으로 분석될 수 있기 때문인 것으로 보인다.

형태론에서 단어의 내부 구조에 접근하는 방식에는 분석 외에 형성이 있다. 단어가 형성된 이후에 재구조화 등이 일어날 수 있으므로 분석과 형성의 구조가 꼭 동일한 것은 아니다. 분석의 관점에서는 단순하게 분류되는 것처럼 보이는 단어들이 형성의 관점에서는 복잡한 면모를 지닐 수도 있다(허철구 외 2014).

허철구 외(2014)에서는 '고기잡이'의 예를 들어 분석의 단점을 설명했다. '고기잡이'의 경우 분석의 관점에서는 다음 (가)와 같이 분석될 수 있고[24] 형성의 관점에서는 (나), (다)의 두 가지 방식이 다 가능하다.

---

24   '고래잡이, 멸치잡이, 새우잡이, 꽃게잡이' 등과 같이 'X-잡이'의 단어들이 많아지면서 공시적으로 '-잡이'가 한 단위로 분석되는 것이다(허철구 외 2014).

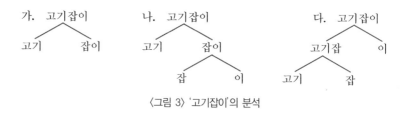

〈그림 3〉 '고기잡이'의 분석

그리고 '대체로'를 예로 들면 분석의 관점에서는 이를 '대체+로'로 분석하며, '로'가 어근이 아니므로 접사로 보아 단어 전체를 파생어로 본다. 하지만 형성의 관점에서는 '대체(명사)+로(조사)'가 결합한 통사 구성이 단어화가 된 것으로 보아 파생어로 다루지 않게 된다(구본관 외 2015).

또한 구본관(1992)에서 지적했듯이 조사·어미 결합어의 조사나 어미를 파생 접미사의 범주에 넣은 것은 결합을 고려하지 않고 분석을 중시한 구조주의적 사고방식 때문인 듯하다. 즉, 이러한 처리는 각각의 조사나 어미가 파생 접미사로서 단어를 형성하는 기능을 갖고 있는지가 고려되지 못한 것이다.

따라서 분석의 관점에서는 문제로 삼지 않는 것이 형성의 관점에서는 논쟁거리가 될 수도 있다. 아울러 분석의 관점에서 해결하지 못한 문제는 형성의 차원에서 해결 방안을 모색할 수도 있다. 한편, 오규환(2016)도 둘 이상의 어근이 형태론적으로 결합하여 형성된 단어를 합성어로, 어근과 접사가 형태론적으로 결합하여 형성된 단어를 파생어로 인정하기 위하여서는 '단어 형성 과정'과 '단어의 분석'이 동일한 차원에서 기술되어야 한다고 하였다.

조사 결합형 명사인 '남의눈'을 예로 들면, 분석의 차원에서 일차적으로 [복합 어근+어근]으로 분석할 수 있고 이 복합 어근을 다시 [어근+의]로 분석할 수 있다. 이때 '의'의 지위가 무엇인지에 대해서도 문제가 제기될 수 있는 것이다. 어근이나 접사는 단어 형성의 전용 요소로서 작용을 하는데, 조사의 경우는 단어 형성에만 참여하는 것이 아니기 때문에 단어 형성에 참여할 때 작용하는 조사의 지위가 무엇이고 이런 식으로 만들어진 단어들이 과연 합성어나 파생어와 같은지를 연구해 볼 필요가 있다. 따라서 이 책은 분석을 중시하는 기존 연구들과 달리 이들 조사·어미 결합형 명사가 어떤 과정을 거쳐서 단어로 자리 잡았는지, 즉 어떻게 형성되었는지에 대해 관심을 기울이고자 한다. 다시 말하면 단어 형성 연구에서는 '조어법'이라는 이름 그대로 '단어가 어떻게 만들어지는지'를 중요시하여야 한다.[25] 이에 이 책에서는 분석의 차원에서 해결하지 못한 문제를 형성의 차원에서 검토할 것이다.[26]

---

25   '조어법'은 영어의 'word formation'을 번역한 것이다. 이선웅(2012: 92)에 'word formation'과 관련된 논의가 있다.

    "'word formation'에 대한 한국어 번역어로 '조어'를 많이 써 왔으나 근래에는 '단어형성'을 더 많이 쓰는 경향을 보이고 있다. 두 용어에는 각각 장단점이 있는 것으로 보인다. '단어형성'은 명사성이 높고 '형성'이라는 말이 결과론적 명명이므로 유추적 사고에 따른 새 단어의 생성을 가리킬 때에도 적절한 반면, '단어'라는 말이 문법 단위를 한정하여 인식시키는 단점을 갖고 있다. 반대로 '조어'에서의 '어'는 반드시 단어일 필요가 없으므로 단어형성 중의 한 과정을 지칭할 수 있다는 장점이 있다. 가령 '갈림길'에서 '갈림'은 단어 전용 요소로서 '갈라-+-ㅁ'으로 조어된 후 어근의 자격으로 '갈림길'이라는 단어를 만든 것이라고 설명할 때, '조어'라는 말을 자연스럽게 쓸 수 있으나 '단어형성'이라는 말은 다소 어울리지 않아 보인다. 실제 통사부의 입력형으로서 '단어'라는 용어를 사용한다면 '갈림'이라는 말은 단어에 해당하지 않기 때문이다. 그러나 '조어'는 말의 명시성이 다소 떨어지는 것이 흠이다. 일반적으로 '단어형성'을 쓰고 '조어'를 인정하되, '조어'는 위와 같은 특수한 경우에 더욱 적절하게 쓰는 것이 온당하다고 여겨진다." (이선웅 2012: 92)

    따라서 조어란 단어를 만드는 과정이고 단어 형성의 측면을 중요시하는 명사 조어법은 명사를 분석하는 것이 아니고 어떻게 형성되는지에 주안점을 둔 것이다.

26   언어학의 연구 방법론은 크게 해석론적 접근법(semasiological approach)과 표현론적 접근법(onomasiological approach)으로 나눌 수 있다. 전자의 방법론은 '하나의 형태가 어떠한 의미나 기능을 가지고 있는지를 탐구하는 방법론'인 반면에 후자의 방법론은 '하나의 개념이나 의미가 어떠한 방법을 통하여 실현되

2.2.2.2. 조사·어미 결합형 구성의 단어화 및 유추

단어의 형성을 중요시하는 생성 형태론에서부터 복합어에 대한 단어화가 논의되기 시작했다(허철구 외 2014). 이 책의 연구 대상인 조사·어미 결합형 명사는 구의 형식과 같은 것이 많고 이들의 형성은 주로 단어화(혹은 어휘화)로 설명된다. 따라서 먼저 단어화의 개념에 대해 언급할 필요가 있다. 단어화는 흔히 어휘화라는 용어와 혼용되기 쉽다. 김창섭(1996)은 이 두 용어를 다음과 같이 구별하였다.

> (12) 가. 어휘화: 언어 체계상의 어떤 변화 때문에 어떤 어휘소가 생산적 규칙의 적용으로 생겼다면 가질 수 없었을 형식이나 의미를 가지게 되는 것을 뜻하며, 이것은 음운론·형태론·통사론·의미론의 모든 층위에서 발생할 수 있다 (Bauer 1983: ch.3과 송철의 1992: 31-49 참고).
>
> 나. 단어화: 접사가 단어가 된다든가(예: '그 사람도 이제 꾼이 되었다.'의 '꾼'), 구가 단어가 된다든가(예: '스승의 날'), 활용형으로서의 구가 단어가 된다든가(예: '있다가VP>이따가Adv'), 접사가 아닌 단어의 일부가 단어로 독립하는(예: '손잡이'의 '잡이'가 '손잡이'의 뜻으로 쓰이는 일) 것과 같이, 단어 아닌 것이 단어로 재분석되는 계층 구조상의 변화로서, 공시적인 과정일 수도 있고(예: '스승의 날'), 통시적인 과정일 수도 있다(예: '이따가').

어휘화와 단어화는 모순 개념이 아니다. 예를 들어 '있다가'로부터 '이따가'로의 변화는 어휘화와 단어화를 겸한 것이다. 또 구가 의미론적으로 어

는지를 밝히는 방법론'이라 할 수 있다. 이 책에서는 단어의 형성과 조사·어미 결합형 명사의 단어 체계 내의 위치를 논하기 때문에 표현론적 접근법을 통해서 연구를 진행하고자 한다. 오규환(2016: 11) 참조.

휘화하였을 때, 구 구조를 유지하고 있으면 숙어화한 것이고, 단어로 재분석되었다면 단어화한 것이다.

어휘화에 대해 김승호(1992)는 한국어 어휘화를 형태소 단계에서의 어휘화, 단어 단계에서의 어휘화, 구 단계에서의 어휘화, 마디 단계에서의 어휘화로 나누었다. 김승호(1992)에서의 '어휘화'는 이 책에서 말하는 '단어화'와 같은 의미이다.

> (13) 가. 솜씨, 함께, 노래, 두꺼비, 걸, 무녀리, 거란지, 코끼리, 아프, 고프, 아내
> 나. 목숨, 국물, 들것, 쥘손, 죽을병, 개판, 두꺼비집, 며느리발톱, 갈라서다, 감싸다
> 다. 하늘의 별따기, 제 눈의 안경, 손을 떼다, 서리를 맞다, 아닌 게 아니라, 세상없어도
> 라. 낫 놓고 기역자도 모른다, 가을 식은 밥이 봄 양식이다

(13가)는 형태소 단계에서의 어휘화, (13나)는 단어 단계에서의 어휘화, (13다)는 구 단계에서의 어휘화, (13라)는 절 단계에서의 어휘화를 보이는 단어이다. 김승호(1992)에서는 '언어형식(절, 구, 단어, 형태소) 단위'가 내적 자율 규칙의 지배를 벗어나 선조적 배합을 이루면서 단일 어휘소와 같이 기능하게 된 것을 어휘화되었다고 하고, 그 결과를 어휘화된 단어라고 보았다(허철구 외 2014). 즉 이들을 앞에서 언급한 넓은 의미의 어휘적 단어로 간주한다는 것이다.

오규환(2016)에서는 '어휘화'라는 용어를 채택하였고 '어휘화'를 '복합어의 변화로서의 어휘화'와 '단어 형성 과정으로서의 어휘화'로 나누고, 전자를 형태 변화(formal change), 의미 변화(semantic change), 범주 변화

(categorical change) 등으로, 후자를 '어휘적 구성의 단어성이 증가하는 변화'로 이해하면 단어 형성론의 여러 쟁점들을 새로운 관점에서 설명할 수 있다고 한 바 있다. 그리고 오규환(2016)에서는 어휘화는 '둘 이상의 단위가 결합한 덜 어휘적인 구성이 더 어휘적인 구성으로 변화하는 과정'으로서, 이는 단일화, 범주 변화, 의미 변화, 형태 변화 등이 관찰되는 현상으로 이해할 수 있으며 여기에서 덜 어휘적인 구성은 어휘적 구성이고 더 어휘적인 구성은 단어로 이해하여도 무방하다고 지적했다. 그러면 덜 어휘적 구성에서 더 어휘적인 구성인 단어로 변화하는 것은 이 책에서 다루는 단어화 과정으로 이해할 수 있다.

이 책에서 다룰 단어화는 주로 구 구성이 단어로 변화하는 현상으로, 이는 (13나)에 해당한다. 또한 구의 단어화는 김창섭(1996)에서 언급했듯이 구의 공시적 단어화도 가능하고 구의 통시적 단어화도 가능하다. '구의 단어화'란 명사구에 어떤 변형규칙을 적용하여 합성어를 유도해 낸다는 뜻이 아니라, 주어진 구 자체가 단어로 재분석되어 단어의 자격을 가지게 되는 것을 뜻한다(김창섭 1996). 따라서 이 책은 단어가 아닌 것이 단어로 변화한다는 점에 착안하여 어휘화의 여러 개념과 구별하여 (11나)의 단어화 개념을 취하고자 한다.

1장의 <표 1>에서 제시했듯이 여러 논의에서 조사·어미 결합형 명사의 형성에 대해 단어화의 관점을 취하고 있다. 조사·어미 결합형 명사 중에는 '스승의 날'과 같이 공시적 단어화를 겪은 것이 있고 '눈엣가시'와 같이 통시적 단어화를 겪은 것도 있다.

김창섭(1996)은 '스승의 날, 학생의 날, 국군의 날, 사랑의 전화, 생명의 전화' 등과 같은 구성을 구의 공시적 단어화로 설명하였다. 김창섭(1996)은 '스승의 날'(조사 결합형 명사)의 단어화 과정을 다음과 같이 도식화하였다.

(14) [스승의 날]NP→[스승의 날]N

'스승의 날'은 '처음부터 구 구조를 가진 채 하나의 어휘 항목이 되도록 만들어졌다.'라고 하면서 '구의 공시적 단어화' 과정을 설명하였다.

'눈엣가시'와 관련하여 《구급방언해》에는 '<u>누녯 가시</u> 아니 나ᄂᆞ닐 고툠딕(治目中眯不出)'라는 문장이 있다. 김유범(2011)에서 지적했듯이 중세 한국어 시기의 '누녯 가시'의 의미는 단지 구성 요소의 의미의 합일뿐이고 제삼의 의미가 없다. 그러나 현대 한국어에서 '눈엣가시'는 구성 요소의 축자적인 의미의 합 외에 '몹시 밉거나 싫어 늘 눈에 거슬리는 사람'이라는 제삼의 추상적인 의미도 가진다. 따라서 이는 통시적 단어화를 겪은 것이라고 할 수 있다.

이처럼 기존 연구들에서는 조사 결합형 명사의 형성에 대해 다소 다른 의견을 보이지만 주로 공시적이나 통시적 단어화에 의해 형성된다고 보는 점은 일치한다.

한편, 어미 결합형 명사의 형성을 단어화로 볼 수 있는지에 대해서는 의견이 다를 수 있다. '갈림길'류의 명사형 어미 결합형 명사를 예로 들면, 김창섭(1996)은 '갈림길, 볶음밥, 보기신경, 붙이기일가(一家)' 등 단어의 형성을 단어화가 아닌 합성으로 본다. 그 이유로는 '갈림, 볶음, 보기, 붙이기, 맺이, 감이'와 같은 형식들은 파생 명사로 만들어졌지만 통사부에서 명사로 운용되지는 못하며(예: *갈림이, *갈림을, *갈림의, *갈림에...) 오직 단어의 내부에만 나타나는 잠재어이므로 이들의 경우 통사적인 구성은 존재할 수 없고 그로부터의 단어화에 의한 합성 명사화도 원천적으로 불가능하다고 서술하였다. 시정곤(1998)에서는 잠재적 파생어의 문제점을 지적하고 'V-(으)ㅁ'형을 단어화의 과정을 밟고 있는 중간 단계라고 하였다. 송원용(1998)은 이러한 유형의 단어가 '유추의 틀'에 의해 형성됨을 주장하였다(이상욱 2004). 이처럼 '갈림길'류의 단어의 형성에 대해서는 여러 가지 견해가 있다. 이들이 단어화의 과정을 겪었는지에 대한 문제는 4장에서 구체적으로 논의하고자 한다.

또한 '거꿀가랑이표, 거꿀날름석, 거꿀막이, 기꿀밑씨, 거꿀바소꼴, 거꿀분수, 거꿀삼발점, 거꿀수, 거꿀알꼴, 거꿀염통꼴, 거꿀원뿔꼴, 거꿀원소' 등처럼 '거꿀+X'의 틀이 있고 이 틀에 의해서 새로운 단어가 형성된 것일 가능성도 있다. 이는 유추나 유추의 틀과 관련된 부분이다.

유추는 알려져 있는 기존의 사례를 이용해서 새로운 사례를 설명하거나 예측하는 추론 과정이다(채현식 2003). 예를 들면 종결어미 결합형 명사 중에는 '묻지마'류, '신기료'류, '먹자'류 등 유추로 설명 가능한 단어의 수가 많다. 이들 단어는 모두 하나의 단어 형성 방법으로 형성된 것으로 보기 어렵다. 이중의 일부가 먼저 생기고 일부는 비교적으로 나중에 만들어진 것이기 때문이다. 이들이 형성된 시간이 다르기도 하고 많은 수의 단어가 존재하기 때문에 모두 같은 방식으로 형성된 것으로 보기가 어렵다는 것이다. 따라서 일부의 단어는 규칙보다 유추에 의해 만들어졌을 가능성이 크다.

채현식(2003가)에 따르면 파생과 합성을 나누는 기준과 첨가, 대치, 삭감 등의 형태론적 조작을 나누는 기준이 서로 다르다. 파생과 합성을 나누는 기준이 되는 것은, 대상이 되는 복합어를 직접성분(IC)으로 갈랐을 때, 그 IC의 문법적 성질이 기준이 된다. 복합어의 IC 중 적어도 하나가 접사이면 파생, 둘 모두 어기이면 합성이 된다. IP 모형[27]에서 해석한다

---

27   형태론을 기술하는 모형 중에서 항목-배열(IA model)은 단어의 도출형과 비도출형을 구별하지 않고, 표면에서 관찰되는 구성요소들의 배열만을 표시한다. 항

면 도출형의 내부구조를 분석해서 분류한다. 그러나 첨가, 대치, 삭감 등을 구별하는 기준은 이와 다르다. 이 경우에는 IC의 문법적 성질을 문제로 삼지 않는다. 도출형을 이끌어 내는 과정에서 비도출형에 어떤 조작을 가했는가가 이들을 가르는 기준이 된다. 파생, 합성과 형태론적 조작은 분류 기준이 서로 다르기 때문에 층위를 달리한다.

단어의 구조에 대한 두 가지의 시각에는 형태소-기반(morpheme-based) 접근법과 단어-기반(word-based) 접근법이 있다. 형태소-기반 접근법에서는 단어가 형태소들의 연쇄로 이루어져 있다고 보는데, 이러한 접근법은 주로 규칙(rule)을 전제로 하여 단어 형성을 설명할 때 사용된 것이다. 단어-기반 접근법에서는 새로운 단어는 형태소들끼리의 결합이 아니라 단어와 단어의 대치를 통해 만들어지는 것으로 본다. 이는 유추에 의한 단어 형성과도 맥을 같이하는 것이다(최형용 외 2015).

채현식(2003가)에서는 이러한 규칙과 유추의 차이를 다음과 같이 나타내고 있다.

(15) 가. 단어 형성 규칙: X+Y→XY
　　　나. 유추: XY→ZY

(15가)에 제시한 단어 형성 규칙은 'X'에 'Y'를 첨가하는 조작 과정을 나타낸 것이고, (15나)의 유추는 'XY'의 'X'를 'Z'로 대치하는 조작 과정을 나타낸 것이다. 이러한 규칙과 유추는 여러 면에서 차이를 보이는데, 채현식(2006: 581)에서 그 차이를 상세히 확인할 수 있다.

목-과정 모형(IP model)은 비도출항목에 어떤 형태론적 조작을 가해서 도출형을 이끌어 내는 과정을 필수적으로 포함한다(안상철 1998: 68-69, 127, Andrew Spencer 1991/1994: 76-78).

〈표 6〉 규칙과 유추의 차이(채현식 2006: 581)

	규칙	유추의 틀
표상의 존재 방식	독립적 표상을 지닌다.	기존 단어들에 기대어서만 존재한다.
	그 출력형이 저장되지 않는다.	틀에 의해 만들어진 단어는 저장된다.
	적용된 단어들의 유형 빈도에 영향을 받지 않는다.	유추의 틀을 형성하는 단어들의 유형 빈도에 민감하다.
	정적인(static) 표상	역동적인(dynamic) 표상
	장기기억 속에 존재	단기기억 속에 존재
적용 방식	도출의 방향성을 갖는다.	도출의 방향성이 없다.
	직렬적(serial)으로 처리된다.	병렬적(parallel)으로 처리된다.
	첨가 과정이다.	대치 과정이다.
어휘부 이론에서 차지하는 위상	규칙을 위한 단어형성부를 따로 둘 수 있다.	유추의 틀만을 위한 부문을 따로 둘 수 없다.

최형용 외(2015: 133)에서는 규칙과 비교하여 유추가 가지는 장점을 언급하였다. 단어 형성 기제로서의 '유추'는 '화자에게 익숙한 기존의 단어에 기초하여 새로운 단어를 만들어 내는 과정'으로서 규칙과 대를 이루는 개념이다. 이러한 유추는 규칙으로는 설명할 수 없는 단어 형성 과정을 설명할 수 있다는 장점을 가진다. 또한 유추는 규칙과는 달리 어휘부 속에 존재하는 기존의 단어들을 기반으로 새로운 단어를 형성한다는 점에서, 유추의 틀이라는 기제 자체가 어휘부에 단어들과 함께 유기적으로 연결되어 존재하는 것으로 볼 수 있다.[28]

---

28   또한 유추는 단어뿐만 아니라 구나 문장 형성에서도 사용할 수 있다. 이와 관련하여 송원용(2005)에서 구(句)형 고유명사인 '마누라 죽이기, 운수 좋은 날, 강원도의 힘'과 문장형 고유명사인 '번지 점프를 하다, 바람과 함께 사라지다' 등은

정한데로(2016)에서는 유추에 의한 단어 형성 방식의 하나인 '유추의 틀'은 '유추'보다 '틀'이 강조된다는 점에서 엄밀한 관점에서는 유추 작용으로 보기 어렵다고 주장하며 '유추, 규칙, 틀'을 상호보완적인 관계로 해석하였다.

이 책에서도 정한데로(2016)의 견해를 받아들여 규칙, 유추, 유추의 틀 등은 서로 보완하는 관계이고 단어 형성의 측면에서 이들이 모두 작용하고 있다고 본다. 이 책에서 연구하는 단어 가운데 대부분은 기존의 '통사적 합성어'에 해당하는 것이고 일부는 기존의 '비통사적 합성어'에 해당하는 것이다. 기존의 '통사적 합성어'로 볼 수 있는 단어들의 내부 구조는 통사적 구조와 같기 때문에 이들의 형성을 규칙으로 볼 수 있다 (예: '작은집'). 그러나 4장에서 언급할 '묻지마관광, 묻지마청약, 묻지마투매, 묻지마투자, 묻지마테러, 묻지마살인, 묻지마폭력' 등을 보면, 이들은 '[묻지마X]' 형식의 틀에 의해 만들어진 가능성이 크다. 또한 '갈림길'형 명사의 경우도 일종의 규칙이나 유추의 틀에 의해서 형성된 것일 수 있다. 이 책에서는 이처럼 단어 형성을 논할 때 규칙과 유추를 아울러서 논의를 전개할 것이다.[29]

모두 합성이나 파생이라는 기제로는 그 형성 과정을 설명하기 어려우며, 이들은 모두 통사론적 원리의 원용에 의해서 형성되는 단어들이라고 하였다. 즉 일반적인 단어들이 어휘부 내에서 활성화된 특정 어휘 부류와의 계열관계에 의해서 형성되는 것과는 달리, 통사구성형 고유명사들은 어휘부 내에 등재되어 있는 여러 단어들을 결합함으로써 형성된다는 것이다. 이때 단어들을 결합하는 데는 통사론적 원리가 원용된다(송원용 2005: 224).

29 이와 관련된 구체적인 논의는 이 책의 3장과 4장에서 이루어질 것이다. 유추와 연관된 내용은 '보조사 결합형 명사', '전성 어미 결합형 명사'와 '종결어미 결합형 명사' 부분에서 자세하게 다루고자 한다.

2.3. 조사 · 어미 결합형 명사와 명사 형성 체계

이상에서 조사 · 어미 결합형 명사의 개념, 종류 그리고 형성과 관련
된 문제를 간단하게 살펴보았다. 여기에서는 한국어의 명사 형성법 안에
서 조사 · 어미 결합형 명사가 어떠한 지위를 차지하는지 살펴보고자 한
다. 조사 · 어미 결합형 명사를 파생 명사나 합성 명사로 보는 것은 조어
법을 초점으로 한 것이 아니라 분석을 초점으로 한 것이었다. 이 책에서
는 조어법의 측면에서 이들 단어를 파생 명사, 합성 명사와 대등한 하나
의 독립된 부류로 설정하고자 한다.

기존 연구에서의 단어 분류 체계는 언뜻 보면 비슷하지만 자세히 보
면 각기각색이다. 여러 연구들에서 조사 · 어미 결합형 단어를 인식하고
이에 대해 별도의 범주를 설정하는 것을 시도했지만 그 방식은 논의마
다 다르다. 즉, 이들 논의에서 조사 · 어미 결합형 명사에 대한 관점도
일관적이지 못한다.

먼저 이 책은 복합 명사를 합성 명사, 파생 명사로 나누는 것에 대해
서는 이의가 없다. 그러나 단어 형성의 측면에서 보면 복합 명사 범주
안에 합성 명사, 파생 명사만 있는 것이 아니다. 기존 연구에서는 이러
한 점을 고려하여 합성어, 파생어만을 복합어로 간주하고 나머지를 기타
류로 넣기도 하였다(예컨대 구본관 외(2015)에서는 단일어, 복합어 외에 '그 외의 단
어 형성 방식에 의한 단어'를 별도로 설정하였다).[30] 그러나 복합어(complex word)
의 의미는 사전에서 다음과 같이 제시하고 있다.

　　(16) 가. <Cambridge Dictionary>:

---

[30]　　구본관 외(2015)에서는 단어의 분류를 다음과 같이 제시하였다.

a word consisting of a main part and one or more other parts.

나. 『표준국어대사전』: [언어] 하나의 실질 형태소에 접사가 붙거나 두 개 이상의 실질 형태소가 결합된 말. '덧신', '먹이'와 같은 파생어와, '집안', '공부방'과 같은 합성어로 나뉜다. ≒거듭씨, 겹 낱말, 복어.

다. 『고려대 한국어대사전』: [언어] 단어 구성 형태의 한 가지. 짜임 새가 단일하지 않고 복합적인 말로, 형성 방식에 따라 실질 형 태소 '신'에 형식 형태소 '덧-'이 붙은 '덧신'과 같은 파생어와 두 개의 실질 형태소 '짚'과 '신'이 어울려 이루어진 '짚신'과 같 은 합성어가 있다.

영어에서든 한국어에서든 복합어는 두 개 이상의 형태소로 이루어져 있다고 보는 것이 주된 관점이다. 구본관 외(2015)에서도 둘 이상의 형태 소로 되어 있어 짜임새가 복합적인 단어를 복합어(complex word)라 하였 다. 그런데 '작은집, 갈림길'과 같은 단어 역시 형태소 두 개 이상으로 구성되어 있어서 복합어라고 할 만하다. 따라서 (16)에서 제시된 복합어 의 개념을 보면 이 책에서 연구하는 조사·어미 결합형 명사도 복합어

단어
  - 단일어
  - 복합어
    - 합성어: 강산, 보슬비, 높푸르다
    - 파생어: 풋사랑, 웃음, 휘두르다
  - 그 외의 단어 형성 방식에 의한 단어
    - 통사 구성의 어휘화 단어: 대체로, 수시로, 진실로
    - 중첩어(reduplication): 송이송이, 울긋불긋
    - 약어화 단어(acronnym): 전교조(전국교직원노동조합), 강추(강력 추천)
    - 혼성어(blending): 네티켓, 휴게텔
    - 역형성어(back formation): 점잔('점잔하다'에서 온 말)
    - 내적 변화 단어(자음 교체, 모음 교체): 감감하다/깜깜하다, 졸졸/줄줄
    - 영변화 단어: 신(명사)/신다(동사), 오늘(명사)/오늘(부사)
    - 고유 명사의 보통 명사화 단어: 초코파이, 샌드위치
    - ……

구본관 외(2015)에서는 복합어를 합성어와 파생어로 나누고 그 외의 단어 형성 방식에 의한 단어는 모두 복합어에 속하지 않는 것으로 본다.

에 해당하는 것이다. 한편, 영어의 복합어를 중심으로 한 연구인 Adams (2001)에서는 합성어, 파생어뿐만 아니라 역형성(Back formation), 혼성(Blending), 축약(Shortening) 등의 방법에 의해 형성된 단어들도 'Com- plex words' 범주에 귀속시켰다. 이에 따르면 복합 명사의 큰 부류 아래 '합성 명사', '파생 명사', '축약형 명사', 그리고 이 책의 주요 연구 대상인 '조사 · 어미 결합형 명사' 등이 포함되는 것으로 볼 수 있다.

이 책의 검토를 통해서 알 수 있듯이 한국어의 명사는 전통적인 파생법, 합성법에 의해서 형성된 것 외에 단어화를 겪거나 유추에 의해 만들어진 조사 · 어미 결합형 명사도 상당히 많다.[31] 본 절에서는 이러한 점을 고려하여 한국어의 명사 형성 방법을 다음과 같이 정립하도록 한다.

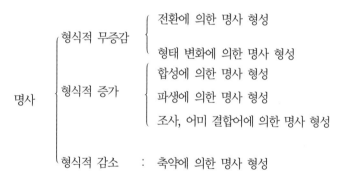

〈그림 4〉 한국어의 명사 형성 방법

<그림 4>는 최형용(2003나)[32]을 참조하여 설정한 한국어의 명사 형성 체계이다. 다음으로는 형식적 무증감, 형식적 증가, 형식적 감소 등의 세

---

31   이는 3장과 4장의 내용을 통해서 확인할 수 있다.
32   최형용(2003나: 198)에서는 다음과 같은 단어 형성 체계를 설정했다.

가지 경우로 나눠서 단일 명사와 복합 명사 형성을 간단하게 제시하고
자 한다.

형식적 무증감이란 음절 수가 변하지 않는 경우이다. '내일(명사)'와
'내일(부사)' 간의 품사 전환이나 '무녀리('문(門)'+'열-'+'-이')', '코끼리('공'+
'길-'+'-이') 등처럼 통시적으로 형태의 변화가 있지만 글자 수에는 변화가
없는 것이다. 전자는 전환(conversion)[33]에 의한 명사 형성법이고, 후자는
형태 변화에 의한 명사 형성법이다. 형태 변화에 의한 명사 형성은 통시
적으로 형태의 변화를 겪은 것으로, 통시적으로 단일어화를 겪은 단어들
이 대부분이다. 예를 들어, '무지개('믈(水)'+'지게)', '갈피('곬-'+'-이')' 등은
통시적으로 분석하면 복합어에 해당한다. 그러나 현대 한국어의 입장에
서는 이들을 복합어가 아니라 단일어로 볼 수 있다.[34]

$$
단어\begin{cases}
형식적\ 증가에\ 의한\ 단어\begin{cases}파생어\\합성어\\대부분의\ 통사적\ 결합어\end{cases}\\
형식적\ 감소나\ 증가에\ 의하지\ 않는\ 단어\begin{cases}영변화어\\내적\ 변화어\end{cases}\\
형식적\ 감소에\ 의한\ 단어\text{———}통사적\ 결합어의\ 일부(줄임말)
\end{cases}
$$

33 기존 연구에서는 이를 흔히 영파생(zero derivation)이라고 한다. 그런데 최형용
   (2003가: 124)에서도 언급했듯이 영파생접사의 존재를 인정한다면 명사를 부사
   로 전환할 때에 결합하는 영접사와 부사에서 명사로 전환할 때 결합하는 영접사
   가 같은 접사인가의 의문도 생길 수 있다. 영파생, 영접사, 품사통용 등과 관련된
   논의는 상당히 많이 이루어졌으며, 현재까지도 활발하게 이루어지고 있다. 다만
   이는 이 책에서의 주요 논의 대상이 아니기 때문에 여기에서만 언급하고자 한다.
   다시 강조하자면 이 책에서는 영파생, 영접사를 인정하지 않는 입장을 취한다. 한
   편, 최형용(2003가: 124-125)는 품사 변화의 방향성은 인정하되 접미 파생어는
   외현적인 파생 접미사에 의한 것으로만 한정하였다. 따라서 영변화는 파생어와
   동등한 입장에 놓을 수 있다고 보았으며, 영변화에 의한 단어들은 '영변화어(zero
   modification words)'라고 하였다.
34 이처럼 어근과 파생 접사의 파생 관계를 공시적으로 설명할 수 없게 되어 단일어
   처럼 이해되는 현상을 단일어화로 보기도 한다(구본관 외 2015). 즉 단일어가 아
   니던 것이 단일어로 인식되는 현상을 지칭하는 것이다. 이들은 근원단어가 있지

형식적 증가는 기존의 형식보다 음절 수가 많아지는 것을 뜻한다. 형식적 증가의 명사 형성법은 '합성에 의한 명사 형성', '파생에 의한 명사 형성', '조사·어미 결합에 의한 명사 형성'의 세 가지로 나눌 수 있다. 형식적 증가에 의해 형성된 명사는 모두 복합어이며, 단일어의 경우는 형식적 증가에 의해 형성된 것이 거의 없다.

합성은 어근과 어근의 결합으로 단어를 이루는 것이다. 기존 연구에서 합성 명사를 통사적 합성어(예: '논밭, 샘물; 헌책, 새해' 등)와 비통사적 합성어(예: '붉돔, 건너편, 덮밥; 따로국밥'[35] 등)로 나누는 경우가 종종 있다.

파생은 어근과 접사가 결합하여 단어를 만드는 방식이다. 그러나 앞서 전환에 의한 명사 형성을 논의할 때 간단하게 언급했듯이 한국어의 품사 전환을 영파생으로 보는 관점도 있다.[36] 또한 파생어에서는 파생과 아울러 내적 변화[37]를 수반하는 경우도 있다. 이는 '빨강, 뻘겅; 감장, 검정; 노랑, 누렁; 까망, 꺼멍; 파랑, 퍼렁; 하양, 허영' 등의 색채 어휘에서 확인할 수 있다. 이들은 모두 모음조화를 보이며, 양성 모음인 것과 음성 모음인 것으로 나뉜다. 이들 단어는 형용사 어간에 접미사 '-앙/엉/양/영'을 붙여서 생긴 것이므로 파생 명사임에 틀림없다. 그러나 '빨갛다, 뻘겋다, 노랗다, 누렇다' 등이 내적 변화를 겪은 것이라 하더라도, 이

	만 지금 그 단어가 없어지거나 형태의 변화를 겪은 것이 대부분이기 때문에 현대 한국어의 시각에서는 단일어로 볼 만하다고 여긴다.
35	제시한 예문은 최형용(2016)에서 가져온 것이다.
36	이외에 내적 변화어도 있으나, 한국어의 내적 변화어는 명사가 거의 없기 때문에 이 책에서는 다루지 않기로 한다.
37	최형용(2003나)에서는 형식적 무증감의 방법으로 내적 변화도 제시했다. 이는 주로 색채어, 의성어, 의태어에서 많이 보이는 단어 형성 방식이다. 그러나 이는 이 책에서 연구 대상으로 삼는 명사에 해당하지 않으므로, 이 책에서는 이를 명사 형성의 한 방식으로 제시하지 않는다.

는 음운론적 차원의 변화이지 파생이 아니라는 점에 유의할 필요가 있다.[38]

기존 연구에서 형식적 감소에 의한 단어 형성과 관련된 논의는 형식적 증가에 의한 단어 형성법에 비해 많지 않으며, 심지어 용어상의 합의도 이루지 못하고 있는 실정이다. 그리고 형식적 감소를 보이는 단어 형성 방식을 모두 파생의 하위로 귀속시키는 경우도 있다.[39]

축약에 의해 형성된 단어들 중에는 특히 명사가 많다. 기존 연구에서는 축약의 구체적인 양상에 따라 절단어(clipping), 두음절어(acronym), 혼성어(blend), 융합형(fusion) 등 여러 용어를 사용하였다. 이들 용어가 지칭

---

[38] 후기 중세 한국어에서는 'ᄀᆞᆶ-그ᅟᅳᆶ', '갇다-걷다', '쟉다-젹다', '곱다-굽다', '붉다-븕다', '발가ᄒᆞ다-벌거ᄒᆞ다', '프르다-프르다', '파라ᄒᆞ다-퍼러ᄒᆞ다', '마리-머리', 'ᄂᆞᆰ다-늙다', 'ᄆᆞᆰ다-믉다' 등 모음 교체로 볼 수 있는 단어 쌍이 존재하였다. 이들은 현대 한국어로 오면서 어느 한쪽이 더 이상 쓰이지 않아 짝을 이루지 않게 되거나, 쓰이더라도 의미나 분포가 제한되거나, 각각의 의미 차이가 더 분명해져 언중들에게 모음 교체의 짝으로 잘 인식되지 않기도 한다. 'ᄀᆞᆶ', '갇다', '프르다' 등은 현대 한국어에서 더 이상 쓰이지 않는다. '마리'의 경우 '首'의 의미로는 쓰이지 않고 주로 동물의 수효를 나타내는 단위로만 쓰이며, '곱다'의 경우도 "추워서 손가락이 곱았다."에서처럼 제한된 용례로만 쓰인다. '쟉다-젹다'의 경우 후기 중세 한국어와 달리 각각이 '작다(小)-적다(少)' 정도로 의미가 분화되었으며, '붉다-븕다'의 경우도 후기 중세 한국어의 '붉다'는 '丹', '明'의 의미를 가지고 있었는데 현대 한국어의 '밝다'는 '明'의 의미만 지니게 되어 '붉다(현대 한국어의 '붉다')'의 의미와 멀어지게 되었다. 이를 고려하면 모음 교체에 의한 단어 형성은 후기 중세 한국어 이래로 현대 한국어로 오면서 점차 쇠퇴한 것으로 볼 수 있다. 구본관 외(2016) 참조.

[39] 예컨대 Hamawand(2011)은 두음절어(acronymy), 두문자 약어(initialism), 역형성(back formation), 혼성어(clipping), 절단어(clipping), 중첩어(reduplication) 등을 모두 '비접사 파생(non-affixation derivation)'의 부류로 집어넣었다. 앞서 언급한 바와 같이(각주 33) 이 책에서는 전환의 경우를 영파생으로 보지 않는다. 이들은 형식이 감소한 것으로서 접사로 설정할 만한 형식도 없다는 점만 고려해도 파생이 아님을 확인할 수 있다. 파생은 어근과 접사가 결합하여 단어를 만드는 방법이기 때문이다. 형식 감소의 경우도 파생의 일종으로 보는 것은 무리한 일이다.

하는 범위는 서로 다르나, 겹치는 부분도 있다. 이 책에서는 축약(abbreviation)이라는 큰 부류 아래 기존 연구에서 다루는 절단어, 두음절어, 혼성어, 융합형 등이 포함된다고 본다.[40] 다만 Haspelmath & Sims (2010)에서는 축약의 과정을 거쳐 만들어진 단어의 경우 원래 형식과 의미가 다르지 않다는 점을 들어 형태론의 부류에 포함시키지 않았으나, 김혜지(2016)에서 이들 단어 중에는 원래 형식의 의미와 다른 경우도 있으며 이들은 단어 형성의 방식으로 다룰 만하다고 논증했다. 이 책은 김혜지(2016)의 관점을 받아들여 축약을 단어 형성의 한 방식으로 보고자 한다.

이상에서는 조사·어미 결합형 명사를 포함한 한국어의 명사 체계에 대해 살펴보았다. 조사·어미 결합형 명사는 이 책의 주요 논의 대상이기 때문에 여기서 자세하게 소개하지 않고 3장, 4장, 5장에서 상세한 논의를 전개할 것이다.

---

40   넓은 의미의 축약(abbreviation)은 알파벳 기반 약어(두자어, acronym), 알파베티즘(alphabetism), 절단어(clipping), 혼성어(blend) 등과 같은 유형을 포함하는 개념이다(김혜지 2016).

조사 결합형 명사

__조사 결합형 명사

조사는 통사적인 요소로서 단어 형성에 참여하는 전용(專用) 요소가 아니다. 하지만 한국어에서 조사가 단어 형성에 참여하는 경우는 흔히 목격된다. '닭의난초, 눈에놀이, 나도국수나무' 등의 예에서는 조사 '의, 에, 도'가 단어 형성에 참여함을 확인할 수 있다. 이 책에서는 '닭의난초'와 같이 관형격 조사 '의'가 단어 형성에 참여하는 명사를 '관형격 조사 결합형 명사', '눈에놀이'와 같이 처소격 조사 '에'가 단어 형성에 참여하는 명사를 '처소격 조사 결합형 명사', '나도국수나무'와 같이 보조사 '도'가 명사 형성에 참여하는 경우를 '보조사 결합형 명사'로 부르고자 한다. 여기서 주의해야 할 점은 다양한 보조사('만, 도, 까지, 만큼' 등)가 단어 형성에 참여하는데, 그 중 명사 형성에 참여하는 보조사는 '도'뿐이라는 것이다. 본 장에서는 조사 결합형 명사를 이 세 가지로 나눠서 체계적으로 살펴볼 것이다.[1]

---

1   이들 조사는 통사적 요소로서 구를 이룰 때 작용하는데, 단어 형성에도 구 구성과 같은 결합 양상을 보여주기 때문에 거의 모든 조사 결합형 명사가 통사적 명사로 볼 수 있다.

3.1. 관형격 조사 '의' 결합형 명사[2]

중세 한국어의 관형격 표지는 '의'계뿐만 아니라 'ㅅ'도 있었다. 그러나 현대 한국어에서 '의'는 여전히 관형격 표지로 존재하나, 'ㅅ'은 현대로 오면서 통사적 성격이 점점 사라져 지금은 화석형으로만 단어 안에 남아 있다. '의'는 관형격 표지이기 때문에 통사 구조에서 많이 사용되는 반면에 'ㅅ'은 통사적인 역할은 하지 못하고 구 구성을 이룰 수 없기 때문에 단어 안에 존재할 수밖에 없는 것이다. 이에 따라 현대 한국어에서 명사와 명사가 결합하여 새로운 단어를 만들 때 두 명사 가운데 사이시옷이 개입되는 단어의 수는 많은 데 반해 '의'가 개입된 '명사+의+명사'형 단어는 비교적 적다.

관형격 조사 '의' 결합형 명사는 구와 같은 형식을 갖기 때문에 그 가운데 일부는 단어 범주에 속하는지 구 범주에 속하는지 그 지위를 명확하게 판단할 수 없다. 또한 『표준국어대사전』에서 전문 영역의 용어의 경우, 비교적 긴 형식은 띄어쓰기를 하고 짧은 형식은 품사를 부여하는 전형적인 단어로 등재되는 경향을 볼 수 있다. 그러나 형식의 장단(長短)으로 단어와 구를 구별하는 경우에도 문제가 생긴다. 왜냐하면 '이십팔점박이무당벌레'와 같은 긴 형식의 단어도 있고, '가지 마'와 같은 짧은 형식의 구도 있기 때문이다. 앞서 2장에서 이러한 관형격 조사 결합형 중 고유 명칭, 전문용어, 관용 표현 등의 단어성을 확인했다. 본 절에서 말하는 관형격 조사 결합형 명사 역시 고유 명칭, 전문용어, 관용 표현을 포함한다. 다음에서는 한국어의 관형격 '의' 결합형 명사의 양상과

2　　본 절은 왕사우(2016)의 일부 내용을 기반으로 수정·보완한 것이다.

그 형성에 대해 논의하고자 한다.

3.1.1. 관형격 조사 '의' 결합형 명사의 양상

현대 한국어에서 '의'는 통사적인 요소로서 관형격 표지의 역할을 담당하고 있다. 그런데 '꿩의다리'처럼 '의'가 단어 형성에 참여하는 경우도 있다.[3] '명사+의+명사'형 단어는 통사적 단어로서 '명사+의+명사'형의 구 구성과 표면적인 형식은 같다고 볼 수 있다.[4] 이광호(2004)는 근대 한국어의 조어법을 다루면서 '명사+의+명사' 형식의 단어를 언급하였다. '머구릐밥(개구리밥)'은 명사 '머구리'(개구리), 관형격 조사 '의'와 명사 '밥'으로 분석될 수 있으며, '머구리, 의, 밥'은 각각 독립된 의미나 기능을 가지고 있다. 이 의미들이 결합되어 '개구리밥'이라는 특정 식물의 명칭을 나타내게 된다. 이런 유형의 단어는 중세 한국어의 관형격 조사 'ㅅ'이었던 것이, 그 기능을 잃고 근대 한국어의 복합 명사 표지로 굳어짐에 따라 나타난 것이 대부분인데, 이 유형은 드물게 관형격 조사 '의(의)'가 포함된 형태가 화석화된 예들이다. 이러한 유형으로는 '머구릐밥', '머구릐밥'이나 '아븨누의' 등의 예를 들 수 있다(이광호 2004).

현대 한국어의 관형격 조사 결합형 명사 중에는 전형적인 단어도 있고 고유 명칭, 전문용어, 관용 표현 등과 같이 기존 연구에서 전형적인 단어로 보지 않는 것도 있다. 이 중 전형적인 단어는 100개 정도에 불과

---

3   허북구·박석근(2002)에 따르면 '꿩의다리'는 줄기에 드문드문 마디가 있고 자줏빛이 돌아 꿩 다리와 비슷한 데서 유래된 이름이다. 다른 이름으로는 '아시아 꿩의다리', '가락풀(북한)'이 있다.

4   앞 장에서 언급한 바와 같이 관형격 조사 '의' 결합형의 고유 명칭, 관용 표현, 전문용어 등은 구보다는 단어 범주에 더 가깝기 때문에 이 책에서는 이들을 넓은 의미에서의 단어로 간주한다.

한데 그마저도 기본형으로부터 확장된 단어까지 포함한 것이다. 예컨대 '꿩의다리'의 경우 '큰-꿩의다리', '참-꿩의다리', '작은-꿩의다리' 등과 같이 앞에 관형사가 붙은 형식으로 확장될 수 있는데, 전체 100여 개의 목록에서 이러한 '꿩의다리'를 포함하는 단어가 21개를 차지한다. '명사+의+명사'형의 고유 명칭은 40개 정도가 있으며 '명사+의+명사'형의 전문용어는 1,000개, 관용 표현은 33개가 있다.[5]

다음으로는 이들의 존재 양상을 구체적으로 살펴보겠다.

(1) 가. [둙기 앓]$_{NP}$>[달걀]$_N$
    나. [둙기 쫑]$_{NP}$>[닭의똥]$_N$
    다. [쇠 고기]$_{NP}$>[쇠고기]$_N$[6]

위의 예처럼 분명하게 단어화를 겪어서 발전해 온 단어들이 있다. 이러한 단어들은 단어화의 정도가 매우 높다. 특히 (1가)의 경우는 형태의 변화를 겪어서 지금은 단일어가 된 예이다. 김창섭(2006)에 의하면 왼쪽 명사구들의 비핵 부분은 '명사+관형격 조사' 혹은 '관형형'이다. 이 논의에서는 이들의 오른쪽 형식들을 내부 구조가 완전히 마멸된 것으로 보아 '달걀'은 단일어로 처리하고, '닭의똥'과 '쇠고기'는 합성명사로 처리하였다. 이러한 예들은 통시적인 단어화의 과정을 겪은 것으로 볼 수 있다.

한편, 다음의 예는 관형격 조사가 단어 형성에 참여하였으나, 이상의 단어들과 달리 공시적으로 관형격 조사를 분석해 낼 수 있는 것들이다.[7]

---

5   한편, '명사+의+명사'형 구성의 관형사는 '별의별' 하나뿐이다.
6   (1)은 김창섭(2006)에서 가져온 예들이다.
7   (2)는 최형용(2003가)의 예를 다시 정리한 것으로, (2다)의 '반의반'은 필자가 추가한 것이다.

(2) 가. 꿩의밥, 김의털, 꿩의다리, 닭의덩굴, 범의귀,[8] 닭의난초, 닭의장
     풀,[9] 도둑놈의갈고리[10]
   나. 남의눈, 남의집살이, 남의나이, 남의달, 벌의집
   다. 닭의어리, 닭의홰, 반의반

(2가)는 식물명에 관형격 조사 '의'가 참여한 경우이다. 이들은 모두 그 내부 구조가 투명하지 않다. 즉 식물의 명칭에서 보이는 '닭'이나 '꿩'은 모양의 유사성에서 기인한 것으로, 실제로 '꿩'의 '다리'를 가리키는 것이 아니라 그 전체가 하나의 식물 이름으로 기능하게 된 것이다.[11][12] 허북구·박석근(2002)에서는 식물 명칭의 생성 원리를 설명하였는데, 주로 접사가 붙은 명칭을 위주로 하였으며 관형격 조사 결합형 명사는 빠져 있다. 실제로 (2가) 외에도 관형격 조사 '의' 결합형의 형식을 보이는

---

8   허북구·박석근(2002)에 따르면 '범의귀'는 풀잎에 난 털이 호랑이의 귀털 같은 데서 유래된 이름이다. 범의귀를 중국의 '호이초(虎耳草)'와 같은 식물로 여기는 사람도 있으나, 이 둘은 전혀 다른 식물이다. 호이초는 한국어로 바위취라고 하며 잎이 두껍고 흰 반점이 있는 것으로, 한국의 범의귀와는 형태적으로 유사성을 찾아보기 어렵다. 다른 이름에는 '주걱잎범의귀', '범의귀풀(북한)'이 있다.

9   허북구·박석근(2002)에 따르면 '닭의장풀'은 닭장 옆에 많이 생육하는 데서 유래된 이름이라는 설이 있지만 그보다는 장마철이 되면 꽃이 닭의 벼슬처럼 피는 데서 유래된 이름이다. 다른 이름에는 '닭의밑씻개', '닭의꼬꼬', '닭개비', '닭의발씻개'가 있다.

10   허북구·박석근(2002)에 따르면, '도둑놈의갈고리'는 '갈고리풀'이 존재한다는 점에서 '도둑놈+갈고리' 형태로 이루어진 이름이다. 도둑이 식물명에 관계하게 된 경위는 누구나 부르기 쉬운 이름을 식물명에 차용해서 쓰는 현상과 관계하는 것으로 보이며, '도둑놈의갈고리'의 경우는 열매의 겉에 갈고리 같은 털이 있어서 옷깃에 잘 붙는 특성을 도둑놈에 비유한 듯하다. 다른 이름에는 '도둑놈갈구리', '갈구리풀(북한)'이 있다. 일본 이름은 '도둑쑥부쟁이(盜人荻)'이다. 이 단어의 의미와 관련된 구체적인 논의는 5장에서 전개할 것이다.

11   이들의 의미와 관련된 논의는 5장에서 이루어질 것이다.

12   이와 유사하게 영어에서도 'jack-in-the-pulpit'란 식물명이 있다(이익섭 1975). 이 단어도 구와 같은 형식의 단어이다. 또한 후술할 보조사 '도' 결합형 명사도 식물 명칭이 대부분이다.

식물 명칭이 많이 존재한다. 이처럼 '관형격 조사 결합형+명사'는 식물 명칭을 만드는 하나의 방식이라고 할 수 있다.

(2나)와 (2다)는 식물 명칭 외의 관형격 조사 결합형 명사들이다. (2나)의 '벌의집'은 '소의 양(䏬)에 붙은, 벌집 모양으로 생긴 고기'라는 뜻으로 '벌집'의 기본 의미와는 차이가 있다.[13] 그리고 '남의눈, 남의집살이'에서는 '남'의 의미가 구체적으로 드러나지만 '남의나이, 남의달'의 '남'은 그 의미가 구체적이지 않다. 같은 관형격 조사가 사용되었음에도 '남의눈'의 경우가 '남의나이'보다는 투명하게 분석될 수 있다. (2나)는 구성 요소의 글자 그대로의 의미 외에 제삼의 의미도 갖는다.

(2다)는 단어의 의미가 해당하는 통사적 구성의 의미와 일치하는 경우라고 할 수 있다. '닭의어리'와 '닭의홰'는 (2가)의 '닭의'류와 비슷해 보이지만 의미적으로는 식물 명칭이 아니라는 점에서 흥미롭다. 허철구 외(2014: 100)에 따르면 '닭의어리'는 '닭의'라는 통사적 형식과, '울타리'의 뜻을 가지고 있는 '어리'가 독립적으로 쓰이는 것과 비교하여 분석이 가능하다. '닭의어리'의 '어리'는 어기[14]이다. '닭의어리'는 '나뭇가지나

---

13   『표준국어대사전』에서는 '벌집'은 다음의 네 가지 의미로 풀이된다.
      ① 벌이 알을 낳고 먹이와 꿀을 저장하며 생활하는 집. 일벌들이 분비한 밀랍으로 만들며 육각형의 방이 여러 개 모여 층을 이루고 있다.
      ② 소의 양(䏬)에 붙은 벌집같이 생긴 고기. ≒벌의집.
      ③ 여러 개의 작은 방들이 다닥다닥 붙어 이루어진 집을 비유적으로 이르는 말.
      ④ 구멍이 숭숭 많이 뚫린 것을 비유적으로 이르는 말.
      '벌의집'은 '벌집'의 두 번째 의미와 같음을 볼 수 있다.
14   최형용(2016: 340)에 따르면 단일 어근만 어근이라고 하고 복합 어근은 어기라 하는 일도 있고, 단일 어근과 복합 어근을 포괄하여 어기라고 하는 경우도 있다. 이 책에서는 서양 언어의 경우 어기 개념이 굴절 접사와 결합하는 것까지 포괄하는 데 비해 한국어는 그렇게 보기 어렵다는 점에서 한국어를 분석하는 데 어기를 도입하는 대신 어근의 범위를 확대하는 방법을 취한다. 이 책은 이에 따라 허철구 외(2014)에서 말하는 '어기'를 '어근'으로 이해한다.

싸리 따위로 엮어 닭을 넣어 두는 물건'이다.[15] '닭의홰'는 '닭장이나 닭
의어리 속에 닭이 올라앉도록 가로지른 나무'이다. '반의반'은 '반지반(半
之半)'과 같은 형식이라는 점에서 여기서의 '의'가 관형격 표지이고 '반
(半)'이 명사임에 이의가 없을 것이다.[16]

 관형격 조사 '의' 결합형의 고유 명칭, 전문용어, 관용 표현에 해당하
는 예는 다음과 같다.[17]

  (3) 가. 스승의 날, 경찰의 날
   나. 철의 삼각지, 베르누이의 정리, 가격우선의 원칙, 가격의 일원화,
      가상변위의 원리, 가속도의 법칙, 가압류의 집행, 가압류의 취소,
      가비의 이, 가우스의 기호, 철의 장막, 만유인력의 법칙
  (4) 판도라의 상자, 그림의 떡

---

15 '어리'가 사전에 풀이된 것을 보면 [① 아래위 문지방과 양쪽 문설주를 통틀어
    이르는 말, ② 병아리 따위를 가두어 기르기 위하여 덮어놓는, 싸리 같은 것으로
    둥글게 엮어 만든 것, ③ 닭을 넣어 팔러 다니도록 만든 닭장 비슷한 것이므로,
    '어리'는 '우리'의 이형태로 보인다. '닭의어리'[나무 가지나 싸리 같은 것으로 엮
    어 만든, 닭을 가두거나 넣어 두는 물건]와 '불어리'[바람에 불티가 날리는 것을
    막기 위하여 화로에 들씌우는 것]에서 보듯이, [가두어 놓는 것], [덮어두는 물건]
    의 '어리'와 아무런 차이를 보이지 않는다. 다만 '우리'라는 말이 '어리'로 대체됐
    기 때문에 우리가 인식하는 데 어려움을 느낄 뿐이다(허철구 외 2014).
16 이와 유사한 형식을 보이는 단어로는 '별의별'이 있다. 다만 다른 관형격 조사 결
    합형 단어가 주로 명사로 취급되는 반면에 '별의별'은 관형사라는 점이 특이하다.
    『표준국어대사전』에서 '별(別)'은 '관형사', ''별하다'의 어근', '접사' 등 세 가지
    로 나뉘는데, 이때 쓰인 '명사1'의 '별'은 '의'와 결합하기 때문에 관형사와 접사
    일 수 없다. '명사2'의 '별'도 관형사와 같은 이유로 접사일 가능성을 제외해야
    한다. 따라서 '명사1'과 '명사2'에 해당하는 '별'은 모두 '별하다'의 어근일 가능성
    이 크다. 따라서 명사였던 '별'은 점점 자립성을 잃고 지금은 의존적으로 쓰이게
    된 것이라고 추정할 수 있다. 즉, '별의별'은 관형격 조사 결합형이 통시적 단어
    화를 겪은 것으로 볼 수 있다.
17 (3)의 예들은 주로 김창섭(2006)과 최형용(2003가)에서 제시된 예들을 종합해
    서 다시 정리한 것이다.

김창섭(2006)에서는 명사구와 단어를 구분하면서 명사구를 고유 명칭으로 전환시킨 형식을 언급하였다. (3)이 바로 이에 해당하는 예이다. 또한 영화 이름 등에도 구 이상의 통사적 구성을 고유명사화한 것이 많지만 이것은 '스승의 날'류와는 다른 차원의 것이라고 지적한 바 있다. '스승의 날'류에서 보이는 고유 명칭 만들기는 '내심적 구성 원리'를 지키는 선 안에서의 화용론이 적용된 것이지만, '괴물'에서 '누구를 위하여 종은 울리나'에 이르는 영화의 고유 명칭 만들기에는 '내심적 구성 원리'와 같은 것이 문제가 되지 않는, 다른 차원의 화용론이 적용되기 때문이다(김창섭 2006). 이에 따라 이 책은 논의 대상에서 책 이름이나 영화의 이름을 제외하기로 한다.

관형격 조사 '의' 결합형 관용 표현은 예 (4)에서 볼 수 있듯이 '의'를 생략할 수 없다. '판도라의 상자'는 '판도라'와 '상자' 각각의 의미가 결합된 것이 아니라 희랍신화에서 나온 일화(逸話)로서 특유의 의미를 가지게 된다. '그림의 떡'도 마찬가지로 '그림'과 '떡' 단독의 의미를 합친 것이 아니고 '그림의 떡'이 하나로 굳어진 형태가 독자적인 의미를 가지는 표현이다. 이들은 전문용어처럼 이들이 사용될 때마다 만들어지는 것이 아니라 이미 한 덩어리로 굳어진 상태에서 사용된다. 이들이 전형적인 구보다 의미가 덜 투명하고 더 빈번하게 나타난다.

3.1.2. 관형격 조사 '의' 결합형 명사의 형성

2장에서 단어성을 언급할 때 특히 관형격 조사 '의' 결합형 고유 명칭, 전문용어, 관용 표현을 다루었다. 단어성 검토를 통해 이들은 구의 형식을 가지면서도 단어의 구실을 하고 있다는 결론을 내릴 수 있었다. 한편, 이러한 단어들의 단어성은 왕사우(2016)과 왕사우(2017)에서 충분하게 증명하였기 때문에 이 부분에서는 이에 대해 구체적으로 다루지 않고 간단하게 살펴본 다음 관형격 조사 '의' 결합형 명사의 형성에 대해 논의하고자 한다.

왕사우(2016)과 왕사우(2017)에서는 형식, 성질, 사전 등재 등의 여러 측면에서 관형격 조사 '의' 결합형 단어들의 단어성을 검토했다.[18] 2장에서 논의하였듯이, 관형격 조사 '의' 결합형의 고유 명칭은 단어성을 많이 갖기 때문에 단어로 볼 수 있다. 또 전문용어는 전형적인 구와 비교하면 단어성을 더 가진다. 그리고 현행 『한글 맞춤법』의 제5장 '띄어쓰기'의 제4절 '고유명사 및 전문용어' 제50항에는 "전문용어는 단어별로 띄어 씀을 원칙으로 하되, 붙여 쓸 수 있다."[19]라고 하여 전문용어의 단어성을 인정하고 있는데 이는 구의 형식을 가지지만 단어의 구실을 하는 것임을 의미하는 것이다. 따라서 이들을 넓은 의미의 단어로 볼 수 있다. 관용 표현의 경우도 여러 차례의 검토를 통해서 어느 정도의 단어성을 갖는다는 것을 확인하였다. 이외에 영어의 'boom-and-bust, son-in-law, mother-of-pearl, jack-o'-lantern' 등은 모두 명사라는 것은 한국어 논의에서도 참고할 만하다. 그리고 'Adam's apple, bachelor's degree,

---

18 일반적으로 '형식'은 '사물이 외부로 나타나 보이는 모양'을 뜻하는 것이다. '단어의 형식'도 단어의 모양이다. 여기서 '단어의 성질'은 주로 Haspelmath & Sims (2010)에서 제시된 단어의 의미론적, 형태론적, 통사론적 특성이다. '성질'에 대해서는 앞에서 구체적으로 입증하였기 때문에 일단 간략하게 제시하기로 한다. 이 항목은 집합적인 항목으로 여러 하위 항목을 포함한다. 그래서 '단어의 성질'이 단어성 검증 기준에서 차지하는 비율이 '단어의 형식'이나 '사전 등재'에 비해 상당히 크다고 할 수 있다.

19 그 뒤에 "전문 용어란, 특정의 학술 용어나 기술 용어를 말하는데, 대개 둘 이상의 단어가 결합하여 하나의 의미 단위에 대응하는 말, 곧 합성어의 성격으로 되어 있다. 따라서 붙여 쓸 만한 것이지만, 그 의미 파악이 쉽도록 하기 위하여 띄어 쓰는 것을 원칙으로 하고, 편의상 붙여 쓸 수 있도록 하였다."라는 해설 부분이 있다.

cat's eye, razor's edge' 등도 관형격 표지가 단어 내부에 존재하지만 단어임에 틀림없다.[20] 이처럼 다른 언어를 통해서도 구 형식을 갖는 단어의 존재를 확인할 수 있다.

다음으로는 관형격 조사 '의' 결합형 명사의 단어의 형성 방법에 대해 논의해 보고자 한다. 사실상 이들 단어의 형성은 각 단어의 단어성(wordhood) 및 생산성과 관련된다. 허철구 외(2014: 231, 232)는 합성 명사 가운데 조사가 개재된 합성 명사들은 조사가 통사적 단위라는 점을 고려하면 통사부에서 형성되었을 가능성이 높으며 실제로 조사는 단어 형성 규칙의 요소가 될 수 없는 것으로 보았다. 다음의 예를 통해서 관형격 조사 '의' 결합형 명사의 형성을 살펴보겠다.[21]

> (5) 가. 스승의 날, 국군의 날, 주(主)의 날, 죽음의 글, 사자의 서, 철학자의 돌, 봄의 날
> 나. 꿩의다리, 꿩의밥, 꿩의비름, 범의귀, 도둑놈의갈고리, 닭의장, 닭의똥, 업의항.[22] 남의눈, 봉의눈, 힘의장, 쇠고기
> 다. 남의나이, 남의달
> 라. 판도라의 상자, 그림의 떡

허철구 외(2014)는 (5가, 나)처럼 제한된 범위(특히 기념일, 식물명 등)의 단어들은 현대 한국어에서도 생산적이지만 어휘부의 단어 형성 규칙이 된

---

20   영어의 예는 中屋晃(2016)을 참조한 것이다. 이러한 예들은 genitive compound에 해당한다(中屋晃 2016).

21   (5가), (5나)는 허철구 외(2014)에서 가져온 예이다. 허철구 외(2014)에 따르면 (5나)의 '닭의장, 닭의똥, 업의항, 남의눈, 봉의눈, 힘의장, 쇠고기' 등은 고어에서 상대적으로 활발하던 단어들이며, 현대 한국어에서는 생산적인 단어 형성을 보이지 않는다.

22   업의항: 살림을 맡아 보호하여 주는 업을 위하여, 쌀이나 돈 따위를 넣어 모시어 두는 항아리.

것으로는 보이지 않는다고 하였다. 또한 '죽음의 글, 사자의 서, 철학자의 돌' 등과 같은 예들도 굳어진 표현이기는 하지만 완전한 단어로 여겨지지 않는다고 하면서 이들을 통사적 구성에서 단어화한 경우로 보았다. 현대 한국어에서 조사는 단어 형성의 요소가 될 수 없으며 따라서 'N→N+의+N'과 같이 조사가 단어 형성의 요소가 되는 단어형성규칙은 상정되기 어렵다. 물론 통사적 단위라도 어휘부에서 형태적 단위로 쓰일 가능성을 전혀 부정할 수 없지만 'N+의+N' 구성의 합성어가 매우 적고, 관형격 관계를 갖는 합성어의 경우 'N+N', 'N+ㅅ+N' 구성이 대다수인 점으로 미루어 'N→N+의+N'의 단어형성규칙은 없는 것으로 보았다(허철구 외 2014).[23] 즉 허철구 외(2014)에서는 관형격 조사 결합형 명사는 생산성이 낮고 온전한 단어가 적다는 점에서 관형격 조사가 단어 형성의 요소가 아니라고 주장하였다.

한편 황화상(2001)에서는 '의'를 조사로 보지 않고 삽입 접사로 설정하였다. 황화상(2001)은 '사랑의 전화, 스승의 날, 진실의 문, ...' 등의 단어에 나타난 '의'가 두 명사 어근 사이에 삽입된다는 형식적 사실만으로는 이들 합성 명사가 구 구조를 갖는다고 보기는 어렵다고 보았다. 또한 의미 관계의 측면에서 보면 오히려 이들 합성 명사는 '가죽구두, 궐련상자, 신발장, ...' 등의 일반 합성 명사와 크게 다르지 않다고 주장한다. 황

23　허철구 외(2014)는 일부 'N의'가 굳어져 단어 형성 전용 요소가 되는 경우는 있을 수 있다고 지적하였다. '꿩의다리, 꿩의밥, 꿩의비름' 등에 보이는 '꿩의'는 그럴 가능성이 있어 보인다. 그러나 이 경우에도 단어 형성 전용 요소 전체가 단어형성규칙의 요소가 된다는 점에서 조사가 독립적인 단어 형성 규칙의 요소가 되는 경우와 다르다. 즉 '꿩의'와 같은 개별 상수가 단어 형성규칙을 이룬다고 볼수 있다. 그러나 이 책은 단어 형성 전용 요소의 설정에 동의하지 않는 관점을 취한다. 이에 대해서는 4장의 '종결어미 결합형 명사' 부분에서 다시 언급하고자 한다.

화상(2001)은 이들 단어의 두 명사 어근 사이에 의미 관계가 직접적으로 성립하지 않을 뿐만 아니라, 두 명사 어근을 사용하여 그 의미를 정확하게 정의하기도 어렵기 때문에 '의'는 두 명사 어근 사이에 성립할 수 있는 얼마간 추상적이며 개방된 의미 관계를 축약하는 의미 기능을 갖는다고 보았다. 즉 풀어 쓸 경우 그 길이가 지나치게 길어지는 단어를 '단어'가 되게끔 하기 위해 두 명사 어근 사이에 접사 '-의'가 삽입된다고 볼 수 있는 것이다. 명사 어근 '날'이 핵인 '철도의 날, 저축의 날, …' 등의 복합 명사에서도 이와 비슷한 양상이 나타나지만 '스승의 날, 경찰의 날' 등 'X를 위한 날'의 의미를 가질 때에는 '어버이날, 어린이날, …' 등 '의'가 삽입되지 않은 형태가 같이 쓰이는데, 이는 의미 관계가 두 어근에 의해 추론될 수 있기 때문이라고 설명하였다.[24]

또한 '스승의 날'은 2장에서 언급한 단어성의 검토 방식으로 분석해 보면 형식, 성질, 등재의 측면에서 형식만 전형적인 단어와 차이를 보일 뿐이고 성질과 등재의 측면은 전형적인 단어와 같다.[25] 김창섭(1996)에서는 '스승의 날'을 '[스승의 날]NP→[스승의 날]N'과 같이 '구의 공시적 단어화'를 겪었다고 보았다. 황화상(2008)에서는 '스승의 날'과 같은 단

---

24   황화상(2001)에서 지적하였듯이 이러한 형태의 복합 명사는 텔레비전의 프로그램이나 신문 기사 등에서 흔히 찾아볼 수 있는데, 예를 들어 <'염원의 기차' 북녘 땅 향해 시범운행>(동아일보, 2000. 9. 19., A5면)에서 '염원의 기차'와 같은 것들이 이에 해당한다. 한편, 황화상(2001)의 '삽입 접사'라는 주장에 대해서는 후속할 전성어미 결합형 명사 부분에서 더 자세하게 살펴보고자 한다.

25   '스승의 날'의 경우는 '어린이날'과 비교해 보면 '의'의 개입 여부와 띄어쓰기에서 차이가 있다. 『표준국어대사전』에서는 '어린이날'은 '명사'와 '고유명사'로 표시되어 있지만, '스승의 날'은 '고유명사'로만 표시되어 있다. 이처럼 두 구성이 모두 기념일의 명칭으로 쓰이는 것임에도 하나는 단어로 인정되어 있고 하나는 고유명칭으로만 되어 있다. 하지만 위의 검토를 통해서 보면 '스승의 날'도 단어로 인정할 만하다.

어가 단어화에 의해 형성된 것이라면, 그것은 통사적 단어 형성부에서 형성되어 곧바로 사전에 입력된 것이 아니라 통사부에서 구의 재구조화에 의해 사전에 입력된 것으로 볼 수 있다고 하였다. 김창섭(2006)은 '철의 삼각지', '철의 장막' 등은 문어로서 만들어진 것이지만 명칭이기 때문에 구어에서 그대로 쓰이는 것이라고 하면서, 이들은 하나의 명칭이지만 명사구로서의 내부 구조를 유지하고 있으므로 통시적 변화의 결과로 명칭이 된 것이 아니라고 지적하였다.

관형격 조사 '의' 결합형의 전문용어는 거의 대부분이 개념을 표현하는 명칭에 해당한다. 따라서 이들은 처음에 구로 쓰이다가 통시적 단어화의 과정을 겪은 것으로 보기가 어렵다. 이들의 형성은 두 가지로 해석할 수 있다. 첫째, 이들 관형격 조사 '의' 결합형의 명칭을 공시적으로 구의 단어화를 겪은 것으로 설명할 수 있다. 둘째, '관형격 조사 결합형+명사'의 틀로 형성된 것으로 볼 수 있다. 이러한 틀을 설정할 수 있는 이유는 '관형격 조사 결합형+명사'의 전문용어는 거의 1,000개 정도가 있으며,[26] 이처럼 수가 많아지면 해당하는 틀이 형성될 가능성이 커지기 때문이다. '김의털, 꿩의다리, 범의귀' 등과 같은 식물 명칭 역시 공시적 단어화나 '관형격 조사 결합형+명사'의 틀로 형성된 것으로 볼 수 있다. 이들은 식물의 명칭이고 해당 통사적 구성의 구 형식과 의미가 다르기 때문에 구로 볼 수 없다. 이들은 명명의 욕구로 만들어진 것이기 때문에 형성 당시에 바로 단어로 자리 잡은 것이다.

(5다)의 '남의나이, 남의달' 등에 대해 최형용(2003가)와 김창섭(2006)은 서로 다른 의견을 보인다. 최형용(2003가)에서는 의미의 투명성(transparency)

---

26   왕사우(2016)의 통계에 따른 것이다.

이 결여되어 이들을 구가 단어화된 것으로 보았고, 김창섭(2006)에서는 이들을 '의미가 투명한 속어'일 뿐이고 구로 보는 것이 타당하다고 하였다. 먼저 앞에서 제시된 방법을 통해 이들의 단어성을 검토하면, 이들은 형식적으로 전형적인 단어와 같고 Haspelmath & Sims(2010)에서 제시된 단어의 성질도 만족하며 사전에 등재되기도 한다. 따라서 이들은 전형적인 단어라고 볼 수 있다. 그러나 이 두 구성은 의미가 투명하다고 해도 '남의눈'과 비교하였을 때에는 투명성의 결여가 나타난다. 이처럼 의미의 투명성이란 사람에 따라 다르게 느낄 수 있는 것이어서 그 판단이 쉽지 않다. 또한 꼭 투명하거나 투명하지 않다고 판단할 수 없으므로 투명의 정도성으로 접근할 필요가 있다. 이 구성들은 투명성 정도에 차이는 있으나 사용될 때마다 새롭게 만들어질 필요도 없고 한 덩어리로 굳어진 상태로서 독자적인 의미를 가지고 있다. 따라서 이 구성들은 이미 단어화된 것으로 보는 것이 더 적절하다. 의미의 투명성은 단어의 내부 구성 요소 간의 결합과 관련이 있다. 단어 구성 요소가 비교적 긴밀한 '남의나이, 남의눈'과 이보다 조금 느슨한 '남의눈'의 경우는 모두 의미의 관용화를 보이며 따라서 단어화된 것으로 볼 수 있다. 이 단어들의 의미와 관련된 구체적인 논의는 5장에서 전개하고자 한다.

한편, (5라)의 '판도라의 상자', '그림의 떡'과 같은 관용 표현의 경우는 전문용어와 다르다. 전문용어는 구의 형식으로 만들어진 명칭인데 관용 표현은 최초에 구로 만들어진 것이 '남의눈, 남의집살이'처럼 의미가 관용화된 것이다. 예를 들어, 만들어질 당시에 '판도라의 상자'는 일화 속에서 단지 글자 그대로의 의미인 '판도라의 상자'일 뿐이었고, 나중에 '호기심으로 인해 생긴 잘못된 일이나 해서는 안 될 일을 이르는 말'의 의미로 변했다.[27] 임근석(2005)에서는 관용표현의 본질적인 특성으로 구성 요소 분석 불가, 고정적인 분포, 불투명한 의미, 구성 요소로의 분리 불가능 등을 제시하였다. 이 특성들을 보면 앞서 제시된 '남의나이', '남의달' 등의 단어와 별로 차이가 없다고 할 수 있다. 박진호(2003)에서도 '열광의 도가니', '우연의 일치' 등 명사구의 형태를 지닌 것들을 예로 들어 고정성이 심한 표현은 단어와의 구분이 모호해질 수 있다고 하였다.[28] 이들은 어떤 요소도 대치되거나 빠질 수 없고 항상 고정된 형태로만 쓰인다는 점에서 단어화와 다를 바 없다. 또한 기원적으로는 둘 이상의 단어의 결합이었지만 이제는 하나의 단어가 되었다거나 단어화하는 과정에 있다는 식의 분석도 가능하다고 지적하였다. 즉, 관용 표현과 전문용어는 넓은 의미에서 보면 구 형식의 단어에 속하기는 하지만 의미의 투명성 측면에서는 서로 다르다. 따라서 이들 단어는 의미의 관용화와 같이 통시적 단어화를 겪은 것으로 볼 수 있다.

최형용(2010)은 전문용어는 그 특성상 '개념'이 매우 중요하기 때문에 구 이상의 형식을 가지는 경우에도 높은 정도의 단어성을 가지고 있다는 사실을 확인하였다. 이 책의 입장에서는 전문용어를 구 형식의 단어로 보는 것이 더 적절할 것으로 보이는데, 전문용어는 만들어질 때부터 구의 형식을 띤 단어일 가능성이 크기 때문이다. 이와는 달리 관용 표현의 경우는 구로 만들어졌고 점점 의미의 관용화와 같이 단어화되는 과정을 겪었다. 이들 관용 표현의 의미를 보면 '남의나이'와 유사하게 두 개의 구성 요소의 의미를 단순히 합친 것이 아니라, 제삼의 의미도 가진

---

27   물론 '판도라의 상자'는 형성 당시에 비유적 의미로 쓰였을 가능성도 있다. 이렇게 본다면 '판도라의 상자'는 공시적 단어화에 의해 형성된 것이라고 할 수 있다.
28   이와 유사하게 '기쁨의 눈물', '비밀의 정원'도 단어의 성질을 어느 정도 갖는다. 즉, 이 구성도 전형적인 구보다 단어성을 더 갖는다고 할 수 있다.

다. 따라서 높은 정도의 단어성을 갖는 구 형식의 단어로 볼 수 있다. 다시 말하면 관형격 조사 결합형의 전문용어는 공시적 단어화나 고정적인 틀에 의해서 만들어진 것이고, 이 형식의 관용 표현은 구에서 통시적 단어화된 것으로 볼 수 있다. '꿩의다리, 꿩의밥, 꿩의비름, 범의귀, 도둑놈의갈고리' 등은 전자와 유사하고, '남의나이, 남의날' 등 의미적 긴밀도가 높은 단어들은 후자와 유사하다.

3.2. 처소격 조사 '에' 결합형 명사[29]

3.2.1. 처소격 조사 '에' 결합형 명사의 양상

처소격 조사 '에' 결합형 명사는 주로 처소격 조사 '에'가 단어 내부에 존재하는 형식과 'ㅅ'이 추가된 '엣' 결합형의 두 가지로 나타난다. 본 절은 이 두 가지 형식의 양상을 차례로 살펴보고자 한다.[30] 먼저 한국어의 처소격 조사 '에' 결합형 명사의 예는 다음과 같이 제시할 수 있다.[31]

(6) 가. 명사(옛말): 믈에군ㅅ(水軍), 빈안에병, 손에뉴(手杻), 코에치(痔)
　　나. 명사: 귀에지(脂), 귀에짓골, 눈에놀이
　　나'. 명사: 트레바리, 누네치; 누네피(방언)
(7) 가. 관용구: 뇌성에 벽력, 눈에 안경, 눈 위에 혹, 열에 아홉, 오금에

29　　본 절은 왕사우(2018가)의 일부 내용을 기반으로 수정 · 보완한 것이다.

30　　여기에서 대상으로 삼는 단어들은 『표준국어대사전』, 『고려대 한국어대사전』에 등재되어 있는 것들이다.

31　　2장 1절에서 언급하듯이 이 책의 '단어'는 전형적인 단어뿐만 아니라 단어성이 강한 관용구와 속담 등 어휘적 단어도 포함된 넓은 의미의 '단어'이다. 이에 대한 논의로서 박진호(2003), 한정한(2010)을 참조할 수 있다.

바람

　나. 속담[32]: 백에 하나, 개밥에 달걀, 개밥에 도토리, 옥에 티

(8) 명사・감탄사: 제자리에-서, 앞에-총(銃)

　　(6가)는 옛말로 현대 한국어에서는 더 이상 사용되지 않는 단어이다. 이처럼 '에' 결합형 단어 중에는 이미 소실된 것이 많다. (6나)는 온전한 단어로서 등재되어 있는 것들이다. '귀에지'에 대하여 심재기(2000)은 현대 한국어 '귀에지'(준말: 귀지)가 '귀+에+지(脂)'로 만들어진 단어임을 추정케 한다고 하여 '귀엣고리', '귀엣말' 같은 것에서 관형격 조사와 사이시옷을 중간에 두고 두 단어가 복합하는 경우를 인정할 수 있고 '지'가 한자 '脂'로 추정될 수 있음은 '눈ㅅ곱'이 중국어로 '眼脂兒'이기 때문이라고 서술한 바 있다. (6나')의 '트레바리', '누네치', '누네피(전남 방언)' 등과 같이 현대 한국어에서 표면적으로 '에' 결합 형식으로 드러나지는 않지만 '에' 결합형으로 분석할 수 있는 경우도 있다. 예를 들어 '트레바리'는 '틀+-에+-바리'로 분석할 수 있다. 이는 앞서 언급한 관형격 조사 '의' 결합형의 '달걀(<돌기앓←돍+-이+앓)', '쇠고기(<쇠고기←쇼+-이+고기)' 등

32　'에' 결합형 속담의 목록은 다음과 같다.

속담: 가물에 단비, 개밥에 달걀, 개밥에 도토리, 건밭에 부룻동, 고비에 인삼, 구름장에 치부, 권에 비지떡, 꿈에 네뚜리, 녹비에 가로왈, 대낮에 마른벼락, 돼지에 진주(목걸이), 두부살에 바늘뼈, 떡에 밥주걱, 떡에 웃기, 뗏말에 망아지, 마디에 옹이, 마른하늘에 날벼락[생벼락], 명찰에 절승, 바늘뼈에 두부살, 바위에 대못, 방립에 쇄자질, 백에 하나, 병환에 까마귀, 봉치에 포도군사, 비단보에 개똥, 사모에 갓끈[영자], 삼밭에 쑥대, 삿갓에 쇄자질=사모에 갓끈[영자], 쇠 살에 말 뼈, 수파련에 밀동자, 싸리밭에 개 팔자, 쌀에 뉘, 안질에 노랑 수건, 약방에 감초, 약쑥에 봉퉁이, 여든에 둥둥이, 오미잣국에 달걀, 오줌에 뒷나무, 옥에 티, 옹이에 마디, 울력걸음에 봉충다리, 장나무에 낫걸이, 저울눈에 파리, 지남석에 날바늘, 찬물에 돌, 첫맛에 가오릿국, 첫아기에 단산, 청보에 개똥, 초미에 가오리탕, 패독산에 승검초, 편지에 문안, 하품에 딸꾹질, 하품에 폐기, 한더위에 털감투, 향당에 막여치(莫如齒), 혼인에 트레바리, 홑중의에 겹말, 흉년에 윤달, 흰죽에 고춧가루.

을 연상시킬 수 있다. 이들은 단어화의 정도가 심하고 '에' 결합형은 더 이상 생산적이지 않기 때문에 그 본래 형식을 밝혀 적지 않는 것이다.

(7)은 주로 관용구와 속담으로 되어 있는 것들이다. 이들은 전형적인 구의 형식을 보이지만 기능적으로는 단어와 더 가깝다. 즉 이들은 넓은 의미의 단어로 귀속시킬 수 있다(왕사우 2016). 흥미로운 것은 대부분의 '에' 결합형 단어는 명사지만 (8)처럼 감탄사이면서 명사인 구성도 존재한다는 점이다. 군사 전문용어로서의 '제자리에-서'의 경우는 다른 예와 비교하면 특이한 것으로 볼 수 있다. '서'는 동사 '서다'의 활용형이고 이 구성은 '제자리에 서!'란 명령문이 단어화되어 명사나 감탄사로 정착했을 가능성이 크다.[33] '앞에-총'의 경우도 비슷하지만 '총'이 명사란 점만 '제자리에-서'와 다를 뿐이고 '앞에-총'과 '제자리에-서'는 모두 명령문의 어감을 갖고 명령문 구성에서 단어화한 것으로 볼 수 있다.[34]

이상의 내용을 바탕으로 현대 한국어의 처소격 '에' 결합형 단어, 즉 (6나), (7)과 (8)은 구성 요소의 품사에 따라 다음과 같이 분류할 수 있다.

> (9) 한국어의 '에' 결합형 명사:
> 　가. 명사+에+명사: 귀에지, 귀에짓골, 눈에놀이, 앞에-총(銃); 뇌성에
> 　　　　　　　　　 벽력, 눈에 안경, 눈 위에 혹, 오금에 바람; 옥에

---

[33]　주지연(2008)은 '부랴부랴'의 예를 들어 발화문의 단어화를 논의하였다. '불이야 불이야'란 문장은 잦은 사용에 따라 점점 '부랴부랴'란 부사로 굳어진다는 것이라고 하였다. 이 책의 논의 대상인 '제자리에-서'와 '앞에-총'도 동일선상에서 생각해 볼 수 있다.

[34]　이들은 구령 또는 구령의 명칭이기 때문에 전형적인 단어로 보지 않고 단어 형성의 대표적인 예로 볼 수 없다는 견해도 있지만 이 책은 이들도 처소격 조사 결합형 명사의 예로서 언급할 필요가 있다고 생각한다. 따라서 이들은 전형적인 단어가 아니지만 어휘적 단어의 측면에서 이 책의 논의 대상으로 포함해야 한다고 판단된다. 이러한 군사 용어와 관련된 내용은 5장에서 다시 언급하고자 한다.

티, 개밥에 도토리, 개밥에 달걀

　나. 수사+에+수사: 열에 아홉, 백에 하나[35]

　다. 명사+에+동사 활용형: 제자리에-서

　이들 가운데 '귀에지, 귀에짓골, 눈에놀이, 제자리에-서, 앞에-총' 등만을 전형적인 단어[36]로 볼 수 있다. 그중 '귀에지'는 현대 한국어에서 '귀지'로 표현하고 '귀에짓골'은 『고려대 한국어대사전』에만 등재되어 있으며 의학 분야의 전문용어이다. 또한 '제자리에-서'와 '앞에-총'은 군사 전문용어이다. 따라서 '에' 결합 형식의 전형적인 단어가 그다지 없다고 할 수 있다.

　'에' 결합형 단어와 비슷하게 '엣' 결합형 단어도 주로 명사로 존재한다. 단지 전자에 비해 후자는 전형적인 단어의 수가 비교적 많다. '엣' 결합형 명사의 전형적인 예는 '눈엣가시'가 있다. '눈엣가시'는 '눈'과 '가시'라는 명사가 '엣'으로 연결된 형태이다. '엣'은 처소격 조사 '에'와 중세 한국어에서의 관형격 조사 'ㅅ'이 결합된 형태이다.[37] 또한 '수수께끼'의 옛말인 '슈지엣말(謎)'은 17세기 문헌에서 확인할 수 있다(예: 내 여러 슈지엣말 니를 거시니 ≪1677 박통사언해 상: 36ㄱ≫). 이는 '슈지'와 '말' 중간에

35　여기서 흥미로운 것은 '수사+에+수사'의 경우로서 '열에 아홉'은 관용구인데 '백에 하나'가 속담이란 점이다.

36　이 책에서는 '넓은 의미의 단어' 개념을 취하여 위의 예들을 모두 단어로 본다. 그런데 여기에서 말하는 '전형적인 단어'라는 것은 『표준국어대사전』과 『고려대 한국어대사전』 등 사전에서 표제되어 있고 품사 정보를 확인할 수 있는 단어들만 좁혀서 일컫는 것이다.

37　'엣' 결합형 구성은 중세 한국어 시기에 통사적 구성이었다. 그러나 현대 한국어에서는 '엣' 결합형 구성은 더 이상 통사적이라고 할 수 없다. 이에 대응하는 '에의' 결합형의 표현이 있더라도 'ㅅ'은 현대 한국어에서는 더 이상 관형격 표지가 아니기 때문에 '엣' 결합형도 통사적이지 않다. 이에 대해 후속 논의에서 자세하게 논할 것이다.

'엣'으로 결합된 형태로 볼 수 있다. 현대 한국어에는 '엣' 결합형 단어가 존재하지만 생산성이 거의 없는 것으로 보인다.[38]

사전에 수록되어 있는 현대 한국어의 '엣' 결합형 명사는 다음과 같다.

(10) 귀엣고리, 귀엣말, 귀엣머리, 눈엣가시, 뒤엣것, 몸엣것, 배안엣저고리, 배안엣짓, 소금엣밥, 속엣것, 속엣말, 앞엣것, 옷엣니, 웃음엣말, 웃음엣소리, 웃음엣짓, 입엣말,[39] 장(醬)엣고기, 한솥엣밥[40]

---

38 현대 한국어에서는 '에(ㅅ)'을 가진 '에(ㅅ)' 결합형 구성이 새로운 단어를 형성하지 않기 때문에 이는 생산성이 없는 것으로 보인다. 한편, '앞엣 사람, 뒤엣 사람, 길엣 사람, 길엣 풀, 위엣 사람, 밖엣 일, 안엣 사람, 손엣 가방, 연못엣 고기' 등을 예로 들어 'X+에(ㅅ)+X'형 구성이 현재에도 단어를 형성하는 데에 생산적으로 쓰인다고 보는 견해도 있다(임홍빈 1981: 11). 그러나 이들은 이 책에서 다루는 '단어'가 아니라 구에 해당하며, 발음의 습관상 '엣'이라고 발음한 것으로 보인다. 따라서 'X+에(ㅅ)+X' 형식이 단어 형성의 측면에서 생산적이라고 보기는 어렵다.

39 입엣말: 남이 잘 알아듣지 못하게 입속으로 중얼거리는 말(=입속말). 『고려대 한국어대사전』참조. '입엣말'의 경우는 형태적으로 대응되는 '입말(=구어)'이 존재하지만, 그 의미가 다르다(황화상 2001).

40 '귀엣고리, 배안엣저고리, 배안엣짓, 장엣고기' 등은 현대 한국어에서 비표준어이다. '귀엣고리'의 경우는 고어에서 '귀엿골, 귀엿고리, 귀엿골휘, 귀예골, 귀엣골, 귀엣골회' 등 여러 형태로 나타나기도 한다. 이들 단어는 사전에서는 표제어로 처리되어 있지만 사용 빈도를 조사해 보면 '귀엣고리'의 사용 빈도는 구어이든 문어이든 모두 '0개'로 나타나는 반면에 '귀고리'는 '문어 105개, 구어 2개'로 나타난다. '배안엣저고리, 배안엣짓, 장엣고기' 등도 구어와 문어에서 모두 '0개'로 나타난다. 따라서 현대 한국어에서 '귀엣고리' 등은 거의 사용되지 않는 것으로 보인다. 이러한 단어의 형성은 중세 한국어 시기에 쓰였던 'X+엣+X' 형식이 출현 빈도가 낮아짐에 따라 생산성을 잃게 된 것에서 비롯된 것으로 보인다. 중세 한국어 시기에 활발히 쓰였던 일부 형식들이 현대 한국어에서 화석형으로만 남아 있게 되었는데 이들 역시 '엣' 결합 형식을 대체할 수 있는 새로운 단어가 생김으로써 그 화석형 자체 역시 출현 빈도가 낮아져 다른 단어들로 대체됨으로써 비표준어의 자리로 밀려난 것으로 볼 수 있다. 결과적으로 현재에 한국어에서 사용되고 있는 'X+엣+X'형 단어의 수는 (10)에서 제시한 예보다 더 적을 것으로 예측된다.

전형적인 단어로 되어 있는 '에' 결합형 구성의 수는 '엣' 결합형보다 훨씬 적다고 볼 수 있다. 3.1절에서 언급했듯이 한국어 '명사+의+명사' 형의 전형적인 단어도 '명사+ㅅ+명사'형 단어보다 적다. 이에 비추어 보면 '명사+엣+명사', '명사+ㅅ+명사'형은 모두 관형격 표지 'ㅅ'이 소멸된 것과 관련이 있을 수도 있다. 이에 따라 더 이상 통사적 구성으로 존재할 수 없는 '명사+엣+명사', '명사+ㅅ+명사'형 구성이 단어로 굳어지게 된 것으로 볼 수 있다.

또한 (10)의 예에서 '엣'의 앞 요소가 신체 명칭인 경우가 많다. '귀엣고리, 귀엣말, 귀엣머리, 눈엣가시, 몸엣것, 배안엣저고리, 배안엣짓, 속엣말, 속엣것, 입엣말' 등 단어는 '엣' 결합형 명사의 절반에 이른다.

한편, 이선영(2006)은 의미의 측면에서 '명사+엣+명사'형 명사의 두 구성 성분인 '명사1'과 '명사2'에 대해 아래와 같이 가정하였다.

> (11) '명사1+엣+명사2' 구성에서 '명사1'은 '대상'을 의미하고 '명사2'는 '결합물'을 의미한다. '명사1'과 '명사2'는 분리 가능하고 그 관계가 간접적이다.

이선영(2006)은 <표 7>처럼 '귀엣말, 귀엣머리, 눈엣가시, 몸엣것, 옷엣니, 한솥엣밥' 등 단어의 '명사1'과 '명사2'를 분리하여 제시하고 '명사1+ㅅ+명사2' 형식의 단어와 비교하면서 이 가정을 검증하였다.

〈표 7〉 '엣' 결합형 명사의 분석(이선영 2006)

단어	명사1[대상]		명사2[결합물]
귀엣말	귀		말
귀엣머리	귀	엣	머리
눈엣가시	눈		가시
몸엣것	몸		것

옷엣니	옷		이
한솥엣밥	한솥		밥

이선영(2006)은 이들 단어의 '귀'와 '말, 머리', '눈'과 '가시', '몸'과 '것', '옷'과 '이', '한솥'과 '밥', 즉 '명사1'과 '명사2'는 모두 간접적이고 분리 가능하다고 하였다. 그 반면에 '명사1+ㅅ+명사2'형 단어의 경우는 '귓가, 귓구멍, 귓기둥, 귓등, 귓속' 등의 '명사2'가 '명사1'의 일부분이기 때문에 두 구성 요소의 관계는 직접적이며 분리될 수 없다고 설명하였다. 이러한 설명은 'ㅅ'이 붙이지 않는 '귀에지, 눈에놀이, 개밥에 도토리' 등에도 가능하다. 또한 근대 한국어 시기에 '에'와 '의'의 혼용을 고려하여 '에'는 실제로는 관형격 표지로서 '에' 결합형 단어 내부에 존재한 것으로 볼 수도 있다. 이에 대해 다음 절에서 언급할 것이다.

황화상(2001: 178-179)에서는 '엣'을 접사로 보고 이는 의미의 필요성에 의해 두 명사 사이에 삽입되는 것이라 하였다. 즉 선행 명사 어근과 후행 명사 어근 사이에서는 의미 관계가 직접 성립하지 않으며, 접사 '-에'를 통해서만 가능하다는 것이다. 이는 '-에'가 특정한 의미 기능을 가짐을 의미하는데, 통사 구성에서도 동일한 양상을 보인다고 하였다. 황화상(2001)에서는 '철수가 귀고리를 귀*(에) 걸었다', '철수가 영희에게 귀*(에) 대고 말했다', '가시가 눈*(에) 있다' 등을 제시하여 이들은 각각 '귀엣고리, 귀엣말, 눈엣가시'에 대응하는 의미를 갖는 통사 구성이고, 이들 통사 구성에서도 '-에'가 생략되지 않는다고 하였다. 또한 황화상(2001)은 '-ㅅ'의 경우에는 의미적인 필요성에서라기보다는 형태적 필요성에 의해 삽입된 것이라고 본다. 즉 한국어에서 부사형과 명사는 직접 결합할 수 없으므로, '-ㅅ'이 삽입되어 선행 어근을 관형사형으로 만듦으로써, '관형사형+명사'의 적합한 구조를 도출한다. 이에 따라 형태 연결 규칙인 '[부사형+명사]→[관형사형+명사]'가 추가된다. 이때 부사형을 관형사형으로 만드는 접사는 '-은, -는, -을' 등은 될 수가 없고, '-의, -ㅅ'만이 가능하다(황화상 2001).[41] 이러한 해석은 단어를 분석할 때 가능할 수도 있지만 '귀엣고리=귀고리', '한솥엣밥=한솥밥', '코엣피=코피' 등처럼 '엣'이 없는 단어의 존재, 그리고 통시적으로 '엣'의 존재는 간과할 수 없다. 따라서 단어 형성의 측면에서 이를 통시적으로 고려하지 않으면 안 될 듯하다.

또한, 이상의 양상 검토를 통해서 현대 한국어의 '에(ㅅ)' 결합형 단어의 수는 중세 한국어보다는 적어진 것을 알 수 있다. 따라서 이들은 옛날에 어떤 양상으로 나타났고 언제부터 생산성을 잃기 시작했는지 살펴볼 필요가 있다. 앞에서 볼 수 있듯이 '에' 결합형 명사의 경우 '에' 앞뒤의 구성 요소는 주로 명사이다. 일반적으로 처소격 조사 '에'는 '명사+에+명사'처럼 쓰이지 않아 이 책에 논의한 '에'는 '엣'에서 'ㅅ'이 탈락한 것으로 볼 수도 있고 관형격 형태의 '에'가 남은 흔적이라고 볼 수도 있다. 또한 '엣' 결합형의 'ㅅ'이 단지 발음상의 편의로 붙은 것이 아니기 때문에 검토할 필요가 있다. 따라서 본 절은 '엣' 결합형 단어를 위주로[42] '에(ㅅ)' 결합형 구성의 변천 과정을 살펴보고 '에(ㅅ)' 결합형 명사의 형성을 논의하고자 한다.

---

41 황화상(2001)에서는 이들 조사·어미 결합형 명사 내부에 존재하는 조사, 어미를 모두 삽입 접사로 본다. '엣'뿐만 아니라 본 절에서 언급할 '에의'의 형식도 삽입 접사로 본다.

42 '에' 결합형 명사에 대해서는 '단어의 형성' 부분에서 더 자세하게 논의하고자 한다.

3.2.2. 처소격 조사 '에' 결합형 구성의 변천

'엣' 결합형 구성[43]은 주로 전기 중세 한국어 시기부터 확인할 수 있다. 전기 중세 한국어와 후기 중세 한국어의 예는 다음과 같이 제시할 수 있다.

(12) 空中ㅅᄂ花   《구역인왕경 14:12-13》
     南方ㅅᄂ法才菩薩   《구역인왕경 3:6-8》

                                    (김선효 2009)
(13) 누넷 가시 아니 나ᄂ닐 고툐ᄃᆡ(治目中眯不出) 《구급방언해 하:42ㄱ》

                                    (김유범 2011)

잘 알려져 있다시피 전기 중세 한국어의 구결 표기에 'ㅅᄂ(앗)'이 있었다.[44] 전기 중세 한국어의 예는 매우 제한적이지만 '엣' 결합형 구성이 존재함을 확인할 수 있다. 후기 중세 한국어에서는 이 '엣'이 활발하게 쓰이고 있었음을 확인할 수 있다. 김유범(2011)은 (13)의 '누넷 가시'는 '몹시 밉거나 싫어 늘 눈에 거슬리는 사람'이나 '남편의 첩'을 일컫는 현대 한국어의 '눈엣가시'와는 의미적으로 차이가 있다고 하였

---

43   이 책에서 다루는 '에(ㅅ)' 결합형은 단어(명사)가 주가 된다. 그러나 여기에서 '구성'이라는 용어를 사용한 것은 중세 한국어, 근대 한국어 시기에는 이 구성이 단어화되기 이전이기 때문에 구로 보아야 할 단위들이 있어서 이들을 모두 아우르기 위해서이다.

44   조재형(2008)에 따르면 '엣'의 선대형인 '良叱'는 고대 한국어 시기의 '처소격 조사+관형격 조사'의 보편적 표기 형태이다. 《舊譯仁王經》의 '東方良叱 寶柱菩薩', '北方良叱 虛空性菩薩', '空中良叱 花' 등에서 '良叱'의 용례를 확인할 수 있다. '良叱'는 이 구결 이전의 자료에서 발견되지 않고 16세기의 자료인 《萬曆本懸吐 地藏經》에 나타나고 《國立圖書館所藏 漢文本 六組法壇經(1496)》의 기입 따에 'ㅅᄂ'이 발견된다. 한편, 향찰에서 이 표기가 '阿叱'로 나타난다(남풍현 1977). 이승희(2009)에서도 고대 한국어의 향찰 자료나 전기 중세 한국어의 구결 자료에서 '엣' 결합형 구성으로 해석할 만한 예가 있다고 하였다.

다. 이는 구성 요소들이 지닌 의미의 합만으로 그 의미가 이해될 수 있고 당시 'ㅅ'이 통사적 구성에 참여할 수 있었다는 점에서 오늘날과 달리 구 구성으로 파악할 만하다고 지적하였다. 이에 따르면 중세 한국어의 '엣' 결합형 구성 가운데 대부분은 단어로 굳어진 것이 아니고 통사적 구성이었다.

'엣' 결합형 구성의 의미와 관련하여 이선영(2006)은 후기 중세 한국어의 구체적인 예를 열거하면서 앞의 (11)의 가정을 검토하였다.

(14) 가. 뫼햇 새ᄂᆞᆫ 나조히 ᄠᆞᆯ흐로 디나가놋다 《두시언해 3:41ㄴ》
　　 가'. 뫼햇 ᄭᅯᆼ이 제 ᄢᅡ 어두믈 막도소니 《두시언해 15:17ㄱ》
　　 가''. 뫼햇 ᄌᆔᆼ이 노ᄑᆞᆫ 듸 ᄂᆞᆺ가온 듸 사놋다 《두시언해 9:18ㄱ》
　　 나. 어느 지빗 보ᄇᆡᄅᆞᆯ 뮈워 내요미 ᄀᆞᄒᆞ리오 《금강경삼가해 2:71ㄴ》
　　 나'. ᄌᆞ조 지빗 술 가져오ᄆᆞᆯ 許ᄒᆞᄂᆞ니 《두시언해 22:8ㄱ》

(이선영 2006)

위의 예에서 나온 '새, ᄭᅯᆼ, ᄌᆔᆼ, 보ᄇᆡ, 술' 등은 '뫼'나 '집'과는 간접적인 관계이고 분리가 가능하다고 분석을 하였다. 이선영(2006)은 이처럼 신체 관련어, 자연 관련어, 집 관련어, 음식 관련어에서의 '엣' 결합형 구성을 자세하게 검토하였다. 그 결과로 소수의 예외를 제외하면 모두 (11)의 가정에 부합한 것으로 밝혔다. 또한 이러한 가설은 '귀, 눈, 머리' 등과 같은 신체 명사에만 제한되지 않고 다른 경우에도 적용됨을 검증했다.[45]

45　이승희(2009: 각주19)에서는 '명사1+엣+명사2' 구성 중에서 '명사1'과 '명사2'의 관계가 전체-부분의 관계로 재해석될 수 있는 경우에는 '명사1+ㅅ+명사2' 구성도 공존할 수 있었는데, '명사1'과 '명사2'의 관계가 긴밀할수록 '명사1+ㅅ+명사2'로 쓰이는 경향이 강한 것으로 생각된다고 하였다.

한편, 조재형(2008)은 다음의 두 문장을 들어 '에'와 'ㅅ'의 결합을 설명한 바가 있다.

(15) 가. 묏새와 묏고준 내兄弟 ᄀᆞ도다《두시언해 9:30ㄱ》
　　　 나. 뫼햇 새ᄂᆞᆫ 나조ᄒᆡ ᄠᅳᆯ흐로 디나가놋다《두시언해 3:41ㄴ》

황화상(2003: 120)에서는 조사 중첩의 조건으로 '작용역이 서로 다른 두 조사는 작용역이 좁은 조사가 선행한다.'라고 제시하고 있다. 이에 따라 위의 두 문장은 선행 체언 '뫼'가 직관적으로는 [+위치]의 의미가 있기 때문에 관형격 조사 'ㅅ'보다는 처소격 조사 '에'와 먼저 결합한다는 것과 'ㅅ'이 관형격 조사로서 작용역이 '에'보다 크기 때문에 후행한다는 것으로 이해할 수가 있다. 따라서 한 체언과 다른 체언이 병렬로 위치하고 선행 체언에 '에'와 'ㅅ'이 붙을 경우, 오로지 [(체언+에)+ㅅ]의 형식만이 존재한다고 볼 수 있다(조재형 2008).

근대 한국어 시기에는 '엣'의 의미적 기능이 점진적으로 약화되고 '엣' 결합형 구성이 단어화되기 시작한다.[46] 이선영(2006)에 따르면 '엣' 결합형 구성의 용법은 18세기까지 쓰이다가 19세기에 들어서야 단어화가 이루어진 것이다. 즉 18세기 이후부터 일부의 '엣' 결합형 구성은 단어로 굳어지기 시작한다는 것이다. 근대 한국어 문헌에서는 여전히 '엣' 결합형 구성이 나타나고는 있으나 이 구성의 사용 빈도가 낮아지고, 19세기와 20세기 초에 이르면 그러한 예가 드물게 나타난다는 사실은 분명하다.[47] '엣' 결합형 구성의 단어화는 다음 절에서 구체

46　　김선효(2009)는 이러한 약화 현상의 근본적인 원인은 관형격 조사 'ㅅ'의 기능 약화와, 17세기에 나타난 관형격 조사 '에'와 처소격 조사 '의'의 형태적 혼용 양상과 같은 요인이 가장 큰 영향을 끼쳤다고 본다.

적으로 논의하고자 한다.

관형격 조사 'ㅅ'이 소멸되면서 '엣' 결합형의 통사적 구성이 쓰이지 않게 되어 사용 빈도가 높은 것은 이런 형식의 명사로 굳어진다. 대신에 현대 한국어에서는 '에의' 형식의 조사 결합형 구성도 사용된다. 김선효 (2009)에 따르면 '에의'가 한국어의 문헌에서 확인되는 것은 1920년대이지만 적극적으로 쓰인 것은 1930년대부터이다. 『표준국어대사전』에서 '에의' 결합 형식은 총 2개의 전문용어에서만 확인된다.

> (16) 목신의 오후에의 전주곡(牧神-午後--前奏曲) <음악>
>   생명에의 의지(生命--意志) <철학>

이들은 명명의 욕구에 의해 만들어진 것으로 보인다. 이 외에는 '에의' 결합 형식의 단어가 없다고 보아도 무방하다. 김선효(2009)에서는 일본어의 'への' 결합 구성을 언급하면서 일본어는 한국어 의사관형구조[48]의 재활성의 촉매제일 가능성을 언급하였다. 예를 들면, '宿泊客への サビス(일본어)→숙박객에의 서비스(한국어)'와 같이 일본어를 포함한 외국어를 한국어로 번역하는 과정 중에 한국어에 영향을 주어 이러한 조사 결합형이 재활성되었을 가능성도 있다.[49]

---

47   김선효(2009)는 20세기 초의 소설 작품에 '엣'이 더러 사용된 예를 제시하였다. 이동석(2011)은 이러한 예들은 소멸기의 흔적 정도로 볼 수 있다고 하였다.

48   심재기(1979)에서는 이러한 처소격 조사와 관형격 조사의 결합형을 '의사관형구조'라고 하였다.

49   이동석(2011)에 따르면 외국어를 한국어의 의사관형구조로 번역할 수 있는 것은 한국어의 문법 체계에 이에 해당하는 문법 기제가 내재되어 있었기 때문이라 할 수 있다. 중세 한국어의 '엣' 결합형 구성이 비록 19세기에 소멸되어 가는 시기였지만, 여전히 그 기제가 유효했기 때문에 외국어의 새로운 자극을 통해 새로운 형태의 문법적인 표현이 등장할 수 있었다는 것이다.

'명사+에+명사'형 구성은 전기 중세 한국어나 후기 중세 한국어 시기에는 보이지 않는다.[50] 이후 근대 한국어 시기에 '에' 형태의 관형격 조사가 사용됨에 따라 '명사+에+명사'형 구성도 본격적으로 나타난 것을 볼 수 있다. 홍윤표(1994: 431)에 따르면 '에'는 원래 처소격형이지만 '의'가 통사론적 중화를 일으켜 '에'로 됨으로써 이러한 예는 17세기 초의 문헌에서부터 나타난다. 관형격형의 '에'와 처소격형의 '에'는 구체적인 문맥에 따라 구별될 수 있다.

(17) 가. 듥에 털과 즘승에 쪠를 살오지 말며《竈君靈蹟誌 7ㄱ》
　　나. 효도와 공손한 거와 츙성과 밋분 거슨 사룸에 근본이오
　　　　　　　　　　　　　　　　　　　《關聖帝君明聖經諺解 22ㄴ》
　　다. 뎌 道士들히 每日에 뎌 觀에 이셔《伍倫全備諺解 1:8ㄴ》
　　라. ᄌᆞ식이 복듕에 이셔 능히 도디 몯ᄒᆞ야《諺解胎産集要 21ㄱ》
　　　　　　　　　　　　　　　　　　　　(홍윤표 1994: 431, 470)

(17가)와 (17나)는 관형격형으로서의 '에', (17다)와 (17라)는 처소격형으로서의 '에'의 예들이다.

그러나 '명사+에+명사'형 구성은 근대 한국어 시기에 'ㅅ'과 '엣'의 약화로 인해 '에'로 바뀐 것으로 볼도 수 있다. 그 후 현대 한국어에 들어와서는 '명사+에+명사'의 형태로 나타난 구 구성은 쓰이지 않고 단지 예시 (9)에서 제시한 '단어'에서만 쓰인 것을 확인할 수 있다.

50　박철주(2005)에서 '赤牙縣 鷲山中 新處(慈寂禪師凌雲塔碑碑陰, 941년) [적아현의 취산에 새로운 처소]'의 예를 들어 '中'은 한자어가 아닌 이두어로서 '에'로 풀이되는 처소격 조사라고 하였다. 이 설명이 맞다면 이두 자료에서 '명사+에+명사'가 출현한다고 할 수 있지만 이는 중국어 구문 방식의 영향을 받은 것일 수도 있다고 볼 수 있다. 중세 한국어에 이런 형식의 구성을 찾지 못하지만 앞의 이두 자료처럼 다소 존재할 수도 있다.

본 절에서는 한국어 '에(ㅅ)' 결합형 구성의 변천 과정을 살펴보았다. 이 구성은 주로 근대 한국어에 큰 변화를 겪은 것으로 보인다. 이 변화는 '에(ㅅ)' 결합형 명사의 형성과 긴밀한 관련을 가지는데, 이에 대해서는 3.2.3절에서 구체적으로 논의를 전개하고자 한다.

3.2.3. 처소격 조사 '에' 결합형 명사의 형성

황화상(2001)에서는 두 명사 어근 사이에 '-엣(=에+ㅅ)'이 삽입되는 합성 명사 또한 '의'와 같이 삽입 접사라고 설명하였다. 이 유형의 합성 명사 가운데도 '귀엣고리(=귀고리), 코엣피(=코피), 한솥엣밥(=한솥밥), ...' 등 '-엣'이 삽입되지 않는 형태가 같이 쓰이고 있는 것도 있으며, 동일한 형태와 의미를 갖는 대응 통사 구성을 가정할 수도 없다. 따라서 이들 합성 명사 또한 통사적 구로부터 형성되었다거나, 혹은 구 구조를 가졌다고 보기는 어렵다고 하였다(황화상 2001). 그러나 이상에서 살펴본 것과 같이 '엣'을 생략할 수 없는 단어도 존재하고 이 구성은 현대 한국어에서 단어로 존재하고 옛말에서도 단어나 구로 존재하였다. 따라서 이 단어들을 분석할 때 '엣'을 삽입 접사로 분석할 수 있을지는 모르지만 형성의 관점에서 보면 삽입 접사로 보기 어렵다.[51]

'에(ㅅ)' 결합형 명사는 주로 근대 한국어에 형성된 것으로 보인다. 김선효(2009)는 의사관형구조의 변천 과정을 다음과 같이 도식화하였다.

(18) 의사관형구조의 변천 과정
활성(중세 한국어)→약화(근대 한국어)→잠재(19세기~20세기 초)

51　황화상(2001)의 '삽입 접사'라는 주장에 대해 어미 결합형 명사를 논할 때 더 자세하게 살펴보고자 한다.

→재활성(1920년 전후)

이에 따르면 현대 한국어에서 여전히 사용되고 있는 '에(ㅅ)' 결합형 명사는 바로 근대 한국어에 굳어지고 현대 한국어로 오면서 화석형으로 남아 있는 것들이다. 이처럼 단어화를 겪은 것은 일반적으로 비생산적인 것이다. 이 책은 단어화라는 관점에는 동의하지만 단어화도 여러 가지 종류의 단어화로 분류할 수 있다고 본다. '에(ㅅ)' 결합형 명사의 형성을 세 가지 측면에서 볼 수 있다.

첫 번째는 '엣' 결합형 명사가 근대 한국어에 의사관형구조인 '에(ㅅ)' 결합형 구성으로부터 단어화되었다는 것이다. '엣' 결합형 구성이 단어화된 예는 다음과 같다.

> (19) 17세기: 髥 특앳 나롯《역어유해 상:34ㄱ》
> 18세기: 눈엣동ᄌᆞ《몽어유해 상:12ㄱ》
> 19세기: 초엣딕《한불ᄌᆞ뎐 607》

이선영(2006)에 따르면 '엣' 결합형 구성에서 17세기부터 두 명사구의 관계가 간접적인 관계에서 직접적인 관계로 변화하고 19세기에 오면 '엣'의 용법의 변화로 이러한 구성이 단어화가 된다고 한다. 즉 18세기의 '눈엣동ᄌᆞ'나 19세기의 '초엣딕'의 '엣'이 기능이 바뀌어 단어화한다는 것이다. 앞의 (13)에서 제시된《구급방언해》의 '누넷 가싀'의 뜻은 단지 구성 요소의 뜻을 합친 것일 뿐 제삼의 의미는 찾아볼 수 없다. 따라서 후기 중세 한국어에서는 '누넷 가싀'를 포함한 여러 '엣' 결합형 구성이 아직 단어화되지 않은 것으로 보인다. 오규환(2013)도 현대 한국어의 '눈엣가시'를 이미 단어화가 마무리된 것으로 보았다. 이 과정은 통시적 단어화라고 할 수 있다.[52] 또한 앞 절의 '엣' 결합형 구성의 변천 과정에 서도 볼 수 있듯이 중세 한국어에 이 구성은 생산적이었고 근대 한국어 부터 점점 그 생산성이 약화된다. 이처럼 '엣' 결합형 명사의 형성을 통 사적 구성의 통시적 단어화로 보는 것은 가장 설득력이 있고 반론의 여 지가 없다.

두 번째는 주로 '에' 결합형 명사가 근대 한국어에 관형격 조사와 처 소격 조사의 혼용된 형태인 '에'가 참여한 구성이 다시 단어화된다고 보 는 것이다.[53] 근대 한국어에 '에'의 형태는 처소격뿐만 아니라 관형격의 기능도 가지고 있었던 것이다. 이 '에'는 '의'와 흡사하여 혼용되기 쉽다. 따라서 '귀에지', '귀에짓골', '눈에놀이' 등 단어의 '에'는 '의'에 해당하 는 것일 가능성도 없지 않다. 다시 말하면 단어 내부에 개입된 '에'는 관 형격과의 관련성도 간과할 수 없다. 이에 더 나아가 '눈엣가시'의 경우 는 '에'가 관형격 형태의 '에'이고 '에'를 분명하게 나타내기 위해 'ㅅ'을 더 붙인다고 이해할 수 있지만 문헌에서 확인할 수 있는 '눈엣가시'는 중세 한국어의 예이고 그 당시에 '에'는 관형격 표지가 아니었기 때문에 이러한 추측은 타당성이 결여된다. 따라서 '엣'이 결합된 단어는 관형격 형태인 '에'와 '의'의 혼용으로 해석하기는 어렵다. 그러나 '에'로 결합된 단어는 이러한 추측이 가능하다. '귀에지', '귀에짓골', '눈에놀이' 등에서

---

52 허철구 외(2014: 231)는 현대 한국어에서는 이러한 통사적 구가 성립될 수 없다 는 이유로 이들 단어의 형성을 단어화로 보는 데 의심할 여지가 없다고 단언을 하였다.

53 근대 한국어의 관형격 조사의 형태는 '의/ᅵ, 에'로 되어 있고 처소격 조사는 '에, 예, 의/ᅵ'로 되어 있다. 처소격의 '예'를 제외하면 두 격조사의 형태가 동일 하다. 관형격 조사 '에'의 형태는 17세기 초 문헌에 등장하기 시작하며, 근대 한 국어의 처소격 조사 '의'의 형태는 중세 한국어의 특이처소격조사 'ᅵ/의'보다 더 다양한 명사와 결합하여 분포적 확장을 보인다(김선효 2009).

는 '에'가 근대 한국어의 관형격의 '에'일 수도 있다. '옥에 티', '개밥에 도토리' 등도 같은 선상에 볼 수 있다.

한편, '에' 결합형 단어의 형성은 '엣' 결합형과도 연관이 있을 수 있다. 이희승(1958: 179-180)에서는 '중간기호', 즉 'ㅅ'이 조사 뒤에 결합하여 '中國소리엣 니쏘리' 등과 같이 나타날 때에는 '엣' 전체를 genitive인 '의'로 보아도 좋을 것이라는 설명을 덧붙이고 있다(이승희 2009, 각주5). 이에 따르면 앞서 제시한 현대 한국어의 '수사+에+수사' 형식인 '열에 아홉'과 '백에 하나'와 중세 한국어의 비슷한 양상을 대조해 볼 수 있다.

> (20) 가. 열헷 ᄒᆞ나둘흔 오히려 모딘 ᄫᅵᄒᆞ시 이실씨《석보상절 11:6ㄱ》
> 　　　나. 나히 百年엣 半이 디나ᄃᆡ ᄠᅳ데 마즌 이리 업스니(年過半百不稱
> 　　　意)《두시언해 3:45ㄴ》
>
> 　　　　　　　　　　　　　　　　　　　　　　　　　　　　(이승희 2009)

현대 한국어와의 차이점은 현대 한국어에서는 처소격 조사 '에'만이 사용되지만 중세 한국어에서는 '엣'이 두 수사를 연결한다. 이희승(1958)의 설명을 참고하면 '엣'이 관형격 조사의 기능을 담당하던 근대 한국어에 아예 '에' 형태의 관형격 조사로 바뀐 뒤 단어화를 겪어 현대 한국어에 들어와서 '열에 아홉', '백에 하나' 등으로 남아 있다는 것이다. 그러나 중세 한국어에 순수한 관형격 구성도 있고 '엣'이 결합된 구성도 있기 때문에 분명히 두 구성에는 차이가 있다. 따라서 '엣'을 관형격으로 보는 것보다는 'ㅅ'과 '엣'의 약화에 의해 '에' 형태로 변한 것으로 보는 것이 더 설득력 있다. 이승희(2009: 각주19)는 '엣' 결합형 구성 대신 '에' 결합형 구성이 나타난 경우도 이미 15세기《두시언해》(1481) 등에서 예를 찾아볼 수 있는데, 현대 한국어의 관용구인 '개 발에 편자, 돼지 목에 진

주목걸이, 옥에 티' 등은 바로 이 '엣' 결합형 구성을 대신한 '에' 결합형 구성의 흔적이라고 하였다.[54] 결국 '에' 결합형 단어의 형성은 두 과정을 거친 것으로 보이는데 먼저 '엣'에서 '에'로 변화하고 그 다음 단계에서 단어화된 것이다.

또한 의미의 측면을 고려할 때에도 '에' 결합형 단어를 관형격으로 해석하기보다는 중세 한국어의 '엣' 결합형 구성의 의미와 더 흡사한 것으로 해석하는 것이 더 타당하다. '<u>楚國엣</u> 太子氣를 行幸♀로 마ᄀ시니 님긊 ᄆᆞᄉ미 긔 아니 어리시니 <u>鴨江앳</u> 將軍氣를 아모 爲ᄒ다 ᄒ시니 님긊 말ᄊᆞ미 긔 아니 올ᄒ시니《용비어천가 38장》'에서 밑줄친 부분의 '엣'은 '의'로 해석하기보다는 '에 있는, 에서 나타난' 정도의 의미로 해석하는 것이 더 정확하다. '옥에 티'도 '옥의 티'보다 '옥에 있는 티', '개밥에 도토리'는 '개밥의 도토리'보다 '개밥에 있는 도토리'로 해석하는 것이 더 자연스럽다. 즉 이들은 이선영(2006)에서 언급한 것처럼 '명사1'과 '명사2'의 관계는 간접적이고 분리 가능하다. 또한 현대 한국어에서는 관형격 형태의 '에'가 사라지고 관형격 표지로서의 '의'가 있기 때문에 '에'로 표기할 필요가 없다. 그럼에도 '에'로 표기하는 것은 복합 조사인 '엣'이 쓰이지 않게 되었기 때문에 '엣'이나 '에'의 형태로 단어 내부에 남아 있다고 해석하는 것이 더 자연스러운 듯하다.

앞의 두 가지는 모두 통시적 단어화인 데 반하여 세 번째는 '엣' 결합형과 '에' 결합형 명사에 모두 적용할 수 있는 공시적 단어화 혹은 고정된 틀에 의해서 형성된 것이다. 이들은 형성 당시에 통사적 구성으로 만들어진 단어인데 이는 흔히 언급되지 않기 때문에 살펴볼 필요가 있다.

---

54 그러나 이승희(2009)는 중세 한국어에 '엣' 결합형 구성 대신에 '에' 결합형이 나타나는 구체적인 예를 제시하지는 않았다.

김유범(2011)은 한국어사 문헌 자료들에서 이들이 구 구성을 이루어 사용되는 모습을 거의 찾아 볼 수 없다는 점에 주목하여 이들이 현대 한국어에 들어와 비교적 짧은 시간 안에 하나의 단어로 합성되었음[55]을 주장하였다. 또한 이들 단어의 형성과 관련해 '엣'을 활용하는 단어 형성규칙의 존재를 언급하였다. 즉 두 명사를 결합시켜 새로운 단어를 만들 때 이전 시대에 존재했던 (13)이나 (21) 등의 경우가 단어를 만드는 일종의 모델 역할을 수행했고 이를 기반으로 (22)와 같은 단어들이 형성되었다고 보는 것이다(김유범 2011).

> (21) 귀옛골회(耳環),[56] 슈지옛말(謎), ……
> (22) 귀옛고리, 귀옛머리, 귀옛말, 눈엣가시, 몸엣것, 배안엣저고리, 소금
>   엣밥, 옷엣니, 웃음엣소리, 웃음엣짓, 장엣고기, 한솔엣밥……

김유범(2011)은 '엣' 결합형이라는 이전 시대의 통사 구성이 새로운 단어를 만들 때 일종의 틀을 제공하고 어휘부에서 이를 규칙화하여 (22)를 형성해 냈다는 가정은, 형성에 있어서는 당대의 통사성이 절대적이지 않다는 점을 보여 준다고 하였다. 허철구 외(2014)는 이와는 달리 이 경우라면 조사가 어휘부의 단어 형성에 참여한다고도 할 수 있겠으나 분명히 확언하기는 어렵다고 하였다.

한국어사 자료에서 일부 '엣' 결합형의 용례를 찾지 못한 원인에는 두 가지 가능성이 있다. 하나는 김유범(2011)에서 언급한 것처럼 이러한 구성이 후대에 '명사+엣+명사'의 틀에 의해서 만들어진다는 것이다. 즉 현

---

55   후술하겠지만 이 책의 입장에서는 이들 단어가 합성된 것으로 보지 않는다.
56   (21)의 '귀옛골회'에서 '엣'으로 나타난 것은 단순하게 앞의 '귀'의 'ㅣ' 모음 때문에 '예'로 적은 것이다.

대 한국어에서 새로 생긴 것이면 틀에 의해서 만들어진 가능성이 있다. 그러나 이 단어 형식의 경우는 소멸되어 있기 때문에 후대에 와서 고정된 틀에 의해서 만들어졌을 가능성은 거의 없다고 해도 과언이 아니다. 또한 '눈엣가시' 등의 경우 이미 후기 중세 한국어 문헌에서 확인할 수 있기 때문에 한국어사 자료에서 찾지 못한다고 하여 없다고 단정하기는 어렵다. 다른 하나는 그 당시 만들어졌을 때부터 단어라는 것이다. 즉 만들어졌을 때 해당 구성은 통사적이었지만 동시에 같은 형식의 단어도 만들어졌을 가능성을 배제할 수 없다. 이와 유사하게 김창섭(1996)에서 '스승의 날'의 형성을 구의 공시적 단어화로 해석하였다. 만약 '에(ㅅ)' 결합형 명사가 형성 당시에 바로 단어로 자리 잡았으면 공시적 단어화로 볼 수 있다. 예를 들면 '귀엣골회(耳環), 슈지엣말(謎)'의 경우 형성 당시에 통사적 구의 공시적 단어화에 의해 형성되었다고 볼 수 있다. 즉 이처럼 명명의 욕구에 의해 만들어진 명칭일 경우 공시적 단어화로 볼 수 있다는 것이다.

따라서 '에(ㅅ)' 결합형 명사의 형성은 '통시적 단어화'와 '공시적 단어화'의 두 가지 방식이 있다. 그 중 통시적 단어화의 근거가 보다 충실하기 때문에 우세를 차지하지만, 후자의 가능성도 배제할 수 없다. '에' 결합형의 단어로서 '귀에지, 귀에고리, 귀에짓골, 눈에놀이' 등은 다 현대 한국어에서 만들어진 것이 아니기 때문에 통시적 단어화를 통해 형성된 단어 또한 형성 당시에 공시적 단어화로 만들어진 것으로 볼 수 있다. 특히 '귀에고리'의 경우 관형격 형태인 '에'와 '의'의 혼용으로 생긴 것일 수도 있으나 '귀엣고리'도 존재하기 때문에 '엣'이 약화되면서 '에'로 대체된 것으로 보는 편이 설득력이 강하다. 즉 '에'를 '엣'의 약화 형태로 보는 것이 가장 유력하다. 그 후에 관형격 표지로서의 '에'가 소실

되면서 '에' 결합형 단어도 점점 사라지게 되는 것이다.

3.3. 보조사 '도' 결합형 명사

격조사 결합형 명사는 '의' 결합형, '에(ㅅ)' 결합형, '(으)로'[57] 결합형 등 다양하게 존재한다. 그러나 보조사 결합형 명사는 '도' 결합형에 한정되어 있다.[58] 앞에서 언급한 '의' 결합형 명사와 '에(ㅅ)' 결합형 명사에 대한 기존 논의는 많지 않지만 관련된 논의를 어느 정도는 찾을 수 있다. 이와 비교하여 '도' 결합형 명사와 관련된 논의는 매우 드물다. 김창섭(1996), 최형용(2003가), 황화상(2012) 등에서 언급된 바 있기는 하나, 단지 언급하는 정도에 그칠 뿐이다. '도' 결합형 명사 중에 식물 명칭이 큰 비중을 차지한다. 李男德(1985)는 한국어 식물 명칭의 형성에 대한 연구인데, 접두사 '개-'가 붙인 형식을 위주로 논의를 하였으며 '나도/너도'류에 대해서는 언급하지 않았다. 따라서 보조사 '도' 결합형 명사에 대한 논의가 필요하다.

3.3.1. 보조사 '도' 결합형 명사의 양상

『표준국어대사전』과 『고려대 한국어대사전』에서 등재되어 있는 보조사 '도' 결합형 명사를 정리하면 그 목록은 다음과 같다.

---

57 앞서 언급했듯이 '(으)로' 결합형 명사의 경우 그 수가 매우 적기 때문에 이 책에서는 따로 논의하지 않는다.

58 물론 보조사 '야' 결합형 명사로서의 '이래서야정국(政局)'도 있지만 지금까지 '도' 결합형 명사 외의 보조사 결합형 명사는 이 한 단어만 확인할 수 있다.

(23) 가. '나도'류

　　명사·식물:

　　나도감(전남 방언), 나도개감채, 나도개미자리, 나도개피, 나도겨
　　이삭, 나도겨풀, 나도고사리삼, 나도국수나무, 나도그늘사초(莎草),
　　나도기름새, 나도냉이, 나도닭의덩굴, 나도댑싸리, 나도딸기광이,
　　나도물통이, 나도물퉁이, 나도미꾸리, 나도미꾸리낚시, 나도바람
　　꽃, 나도바랭이, 나도박달, 나도밤나무, 나도밤나뭇과(科), 나도방
　　동사니, 나도범의귀, 나도별사초(莎草), 나도사프란, 나도생강(生
　　薑), 나도송이풀, 나도수영, 나도승마(升麻), 나도씨눈난(蘭), 나도
　　양지(陽地)꽃, 나도여로(藜蘆), 나도옥잠화(玉簪花), 나도은(銀)조
　　롱, 나도잔디, 나도잠자리난(蘭), 나도제비난(蘭), 나도진퍼리고사
　　리, 나도파초일엽(芭蕉一葉), 나도팽나무버섯, 나도풍란(風蘭), 나
　　도하수오(何首烏), 나도황기(黃芪), 나도히초미[59]

　나. '너도'류

　　명사·식물:

　　너도개미자리, 너도개미자릿과, 너도고랭이, 너도바람꽃, 너도밤나
　　무, 너도방동사니, 너도양지(陽地)꽃, 너도제비난(蘭)

　　명사·동물:

　　너도밤나무좀

　다. '예도'류

　　예도옛날, 예도옛적

　　앞서 논의한 관형격 조사 '의' 결합형 명사 중에도 식물 명칭이 많이
있다. 그러나 보조사 '도' 결합형의 경우, 식물 명칭이 더 큰 비중을 차지
한다.[60] (23)에서 볼 수 있듯이 '도' 결합형 명사에는 식물 명칭이 많이

59　　사전에는 '히초미'에 대한 해석이 없는데, 이 단어는 실제로 '면마(綿馬)'와 같은
　　뜻으로 쓰이고 있다. 따라서 여기서도 히초미를 면마와 같은 식물 명칭으로 본다.

60　　한주희(2016)에 따르면 꽃이나 식물 이름과 같은 자연종명, 이를테면 '너도밤나
　　무'와 같은 특수한 부류의 단어 형성 과정을 보이는 것들이 확인된다는 점에서
　　이러한 분류는 지명어의 형성과 아울러 일반 언어학적 단어 형성 과정을 밝히

포함되어 있다. 그중 '나도'류의 수가 가장 많다. 그런데 이는 앞에서 살펴봤던 '의' 결합형, '에(ㅅ)' 결합형 명사와는 다른 점이 많다.[61] '의' 결합형과 '에(ㅅ)' 결합형은 조사의 앞 요소와 뒤 요소가 모두 명사인 경우가 많다. 그러나 '도' 결합형은 보조사 '도'의 앞 요소는 '나', '너'와 같이 대명사인 경우가 대부분이다. 다음에서는 '나도'류, '너두'류와 '예도'류의 세 유형을 차례로 살펴보고자 한다.

(23가)에서 대부분이 '나도+식물 명칭'의 형식을 보여 주고 있는데, '나도'는 다른 분류군이지만 유사한 것을 나타낸다. '나도딸기광이'의 경우, '딸기광이'라는 단어가 없다는 점이 특이하다. '나도미꾸리'의 경우는 『표준국어대사전』과 『고려대 한국어대사전』에서 제시된 해석이 다르지만,[62] '나도미꾸리'와 '나도미꾸리낚시'의 단어 구성 방식을 분석

61　는 주요 기제로 작용할 수 있다.
　　물론 보조사 '도' 결합형 명사는 관형격 조사 '의' 결합형 명사와 비슷한 면도 있다. '의' 결합형 명사도 식물 명칭을 많이 포함하고 있는데, '도' 결합형 명사 역시 대부분이 식물 명칭이다.

62　'나도미꾸리'의 경우는 『표준국어대사전』과 『고려대 한국어대사전』에서 제시된 해석이 다르다. 전자에서는 '나도미꾸리낚시'와 같다고 하였으며, '나도미꾸리낚시'에 대해서는 '마디풀과의 한해살이풀. 높이는 80cm 정도이며, 잎은 어긋나고 창 모양이다. 7~9월에 붉은 꽃이 가지 끝이나 잎겨드랑이에 뭉쳐서 피고 열매는 수과(瘦果)를 맺는다. 들이나 물가에서 자라는데 경기, 경남, 함북 등지에 분포한다. ≒나도미꾸리. (Persicaria maackinana)'라고 설명하고 있다. '미꾸리'는 동물 명칭이고 '미꾸리낚시'는 식물 명칭이다.
　　한편, 『고려대 한국어대사전』에서는 '나도미꾸리'에 대해 '마디풀과의 한해살이풀. 높이는 80cm 정도이며, 잎은 어긋나고 창 모양이다. 7~9월에 붉은 꽃이 가지 끝이나 잎겨드랑이에 뭉쳐서 피고 열매는 수과(瘦果)를 맺는다. 들이나 물가에서 자라는데 경기, 경남, 함북 등지에 분포한다.'라고 해석하고 있다. 이는 『표준국어대사전』에서의 '나도미꾸리낚시'와의 해석이 같다. 『고려대 한국어대사전』에서 '나도미꾸리낚시'를 '마디풀과에 속한 한해살이풀. 높이 40~100센티미터 정도로 자라며, 잎자루와 함께 가시가 있다. 잎은 어긋나며, 7~8월에 꽃잎이 없는 붉은 꽃이 핀다. 경기, 경남, 함북 등지에 분포한다. 학명은 Persicaria maackiana이다.'라고 해석하고 있다.

하는 데 문제가 되지 않는다. '나도미꾸리'는 '나도+동물 명칭', [63] '나도미꾸리낚시'는 '나도+식물 명칭'으로 볼 수 있다.

허북구·박석근(2002)는 '나도옥잠화'와 '나도하수오'의 이름 유래에 대하여 구체적으로 설명하였다. '나도옥잠화'는 '나도+옥잠화' 형태로 이루어진 이름이다. '나도-'는 원래는 전혀 다른 분류군이지만 비슷하다는 것을 나타내므로 옥잠화속이 아닌데도 잎 모양이 옥잠화와 비슷하게 생긴 데서 유래된 이름이다. '나도하수오'는 '나도+하수오' 형태로 이루어진 이름이다. [64] 이외에 다른 '나도'류의 단어들도 모두 '나도+식물 명칭'으로 분석할 수 있다.

이상에서 제시한 예들은 모두 사전에서 확인할 수 있는 명칭들이다. 그런데 실제로는 사전에 등재되어 있지 않지만 이 형식을 보이는 단어도 많이 존재한다. 예를 들어, '나도덜꿩나무, 나도강아지풀, 나도딱총나무' 등이 있다. 사전에 등재되어 있지 않은 명칭을 제시하면 다음과 같다.

> (24) 나도감자가락잎, 나도감자개발나물, 나도강아지풀, 나도개관중, 나도개미바늘, 나도개암버섯, 나도귀리, 나도노란조개버섯, 나도느타리버섯, 나도늪피, 나도다시마(나도참다시마), 나도닭개비, 나도딱총나무, 나도덜꿩나무, 나도미역, 나도민들레, 나도바랑이, 나도바랑이새, 나도바랭이, 나도바랭이새, 나도박주가리, 나도밤색기와버섯, 나도개별꽃, 나도붉은김, 흰꽃나도사프란, 나도솔새, 나도숭애, 나도싹눈바꽃, 나도새양, 나도송이버섯, 나도쇠고사리, 나도수정란

---

63 『표준국어대사전』에서 '미꾸리'를 '미꾸릿과의 민물고기'라고 하였으며, 『고려대 한국어대사전』에서는 '잉어목 기름종갯과에 속한 민물고기'라고 하였다.

64 '하수오'는 '어찌 何(하)', '머리 首(수)', '까마귀 烏(오)'자로 쓰는데, 여기서 '까마귀 오'자는 검다는 뜻을 나타낸다. 따라서 하수오는 '어찌하여 머리가 검은가'로 해석되며, 이는 이 식물을 약초로 사용하였을 때에 머리가 검어진다는 약효에서 유래된 이름이라고 하였다(허북구·박석근 2002).

(水晶蘭)풀(나도수정초), 나도억새, 나도우드풀, 나도좀진고사리, 나
도참듬북, 나도풍선말, 나도합다리나무

(24)의 예들은 『표준국어대사전』과 『고려대 한국어대사전』의 두 사
전에 등재되어 있지 않지만 실제로 존재하는 단어들이다(李永魯(2006) 등
식물학 사전 참조). 이상에서 제시된 단어 중 '나도개암버섯, 나도노란조개
버섯, 나도느타리버섯, 나도밤색기와버섯, 나도송이버섯, 나도팽나무버
섯' 등은 균류의 단어들이다.

한편, '나도'류의 북한어도 존재한다. 이들을 제시하면 다음과 같다.

(25) 식물: 나도개미나물, 나도늪피, 나도닭개비, 나도대싸리, 나도발톱지
　　　의, 나도사마귀말, 나도싱아, 나도합다리나무
　　동물: 나도물벼룩, 나도물벼룩류, 나도코끼리싸그쟁이

이상에서 볼 수 있듯이 '나도'류의 단어는 꽤 많이 존재하며, 그중에
서도 식물 명칭이 '나도'로 시작하는 경우가 많다. '너도'는 '나도'와 같
은 의미로, '너도' 뒤에 있는 식물과 완전히 다른 분류군이지만 비슷하
게 생긴 데서 유래한다. 다만 그 수는 '나도'류 단어에 비해 매우 적다.
'너도'류의 단어를 제시하면 다음과 같다.

(26) 가. 식물: 너도개미자리, 너도골무꽃, 너도고랭이, 너도바람꽃, 너도
　　　　　노랑바람꽃(노랑너도바람꽃), 너도밤나무, 너도방동사니,
　　　　　너도부추, 너도양지꽃, 너도제비난, 너도풍란
　　　나. 동물: 너도밤나무좀

(26나)의 '너도'류는 모두 '너도+식물 명칭'으로 분석할 수 있다. 주목
할 만한 것은 '너도'류 단어의 대부분은 '나도'류에서 대응하는 단어를

찾을 수 있다는 점이다. (26)의 밑줄 친 단어들이 이에 해당한다. 이들의 대응 양상은 다음 (27)에서 확인할 수 있다.

(27) '나도'류와 '너도'류의 대응
　가. '나도'류
　　나도개미자리, 나도바람꽃, 나도밤나무, 나도방동사니, 나도양지꽃,
　　나도제비난
　나. '너도'류
　　너도개미자리, 너도바람꽃, 너도밤나무, 너도방동사니, 너도양지꽃,
　　너도제비난[65]

사전에서 확인할 수 있듯이 (27)의 단어들은 모두 '나도/너도+식물 명칭'의 형식으로 구성된다. 이 단어들의 의미는 모두 '나도/너도' 뒤에 제시된 식물 명칭과 관련이 있다. 즉 '나도'류와 '너도'류의 단어들은 '나도'나 '너도' 뒤의 식물과 모양이 비슷하거나 같은 종류에 속한다는 것이다. 흥미로운 것은 이 단어들의 형성에 은유가 담겨 있다는 점이다. '나', '너'는 인칭대명사로서 사람을 지칭할 때 사용하는 단어이지만 여기서는 식물 명칭에 사용되었다는 점이 흥미롭다.

이상에서 제시한 대부분의 예시는 '나도'나 '너도'로 시작하는 것이다.[66] (23가)와 (23나)는 '대명사+도+명사'의 형식이고, (23다)는 '명사+도+명사'의 형식이다. 이 단어들은 관형격 조사 결합형 명사처럼 식물명에 특수하게 사용된 '나도'와 '너도'에서 보조사 '도'가 발견되는 경우이다(최형용 2003).

(23다)의 '예도옛날'은 '아주 오래전 옛날', '예도옛적'은 '아주 오래전

65　'너도'류의 '너도개미자릿과'와 '너도고랭이'만 '나도'류에서 대응하는 단어가 없다.
66　흥미로운 것은 '도' 결합형 부사인 '너도나도'가 존재한다는 점이다.

옛적'의 뜻이다.[67] 배해수(2003: 224)에서는 이 단어들은 공통적으로 '아주 (오래전) 옛날'이라 풀이되며, '과거+단위+시대+정도+상대성+매우 높은 정도'로 분석된다고 하였다. 그러한 의미에서 '옛날/옛적(고시)/예도옛날(예도옛적)'은 서열적으로 계단대립의 관계를 형성하고 있는 것으로 이해될 만하다. 그러나 '예도옛날'과 '예도옛적'의 관계에서는 '옛날'과 '옛적' 사이의 관계에 준하여, 그 정도의 차이가 인식될 수 있을 것 같다 (배해수 2003). 정리하면 '예'는 '아주 먼 과거'의 뜻을 가진 형태로서 '예도옛날'과 '예도옛적'에서 '예'의 형태적 반복을 볼 수 있다. 또한 그 형태를 '예+도+[예+ㅅ+날]', '예+도+[예+ㅅ+적]'으로 분석할 수 있다. 이 두 단어의 형식은 (23가), (23나)의 '나도'류, '너도'류와 차이를 보인다.

이외에 '나도족(2017년 신어)'이라는 단어도 있다. 이 단어는 '나도'와 접미사 '-족'이 결합하여 만들어진 것이다. '은퇴 후 다른 직업을 찾지 않고 집에만 머무르는 중년 남성, 또는 그런 무리. 아내 뒤를 따라다니며 무슨 일이든 함께 하려 한다'는 의미로 '나도 함께 하자'가 줄어 만들어진 말이다(정한데로 2018나).

3.3.2. 보조사 '도' 결합형 명사의 형성

기존 연구에서는 보조사 '도' 결합형 명사의 형성에 대해 주로 '단어화'의 관점에서 설명하였다. 김창섭(1996: 20)에서는 단어나 구는 본질적으로 문장 형성을 위한 요소이지만, 때로는 복합어의 성분으로 나타날 때만 가지는 특수한 의미를 가진 채, 보다 복잡한 단어를 형성하기 위한

67 　이 책에서는 '예도옛날'과 '예도예적'의 두 단어 모두 '예도'로 시작한다는 점에서 '예도'류라는 명칭을 붙였다. 이는 '나도/너도'류와 명칭상의 통일성을 유지하기 위한 것이다.

요소로 발달하는 경우가 있다고 하였다. '나도'가 그것인데, 김창섭(1996)에서는 이러한 요소를 '단어 형성 전용 요소'라 부른다. 이에 따르면 (23가)의 '나도'는 '대명사+조사'의 구조를 가지는 구에서 유래한 것이지만 'X와 비슷한 종류의'라는 특수화된 뜻을 가진 채 '나도+X'를 형성하는 독자적인 요소로 발달한 것이다. 김인균(2005: 39)에서는 '나도'는 '대명사+조사'가 형태구조화하고 '-과 비슷한 종류의'라는 의미의 변화를 겪어 후행 성분인 식물의 이름과 합성 명사를 형성하므로 파생 접두사처럼 기능한다고 보았다. 그런데 김창섭(1996: 21)에서는 본래의 형식과 의미에 대한 화자의 강한 의식 때문에 한국어 사전류에서 접두사로 처리한 예가 없다고 하면서 '나도'를 단어와 접사의 중간적 성격을 가진 요소로 본 바 있다. 그러나 김인균(2005)는 형태구조화, 의미 변화, 의미론적 제약 등이 파생 접사의 특성이라고 한다면 '나도', '너도'를 파생 접두사로 보아도 큰 문제는 없다고 하였다.

최형용(2003가)는 '나도', '너도'를 보조사 '도'가 단어화에 참여하고 있는 경우로 본다. 황화상(2012)는 김창섭(1996)과 최형용(2003가)의 논의를 다시 평가하였다. 황화상(2012: 149)에서는 김창섭(1996)의 논의에 대하여 '나도'의 형성을 일종의 구의 단어화로 봄으로써 '나도밤나무'의 형성 과정을 결과적으로 합성 명사를 형성하는 과정으로 본 셈이라고 하였다. 또한 황화상(2012: 149, 각주23)은 최형용(2003가)에서는 김창섭(1996)이 '나도밤나무'의 '도'를 단어 형성 전용 요소로 보았다고 했으나 김창섭(1996)에서 단어 형성 전용 요소로 본 것은 '도'가 아니라 '나도' 전체라고 지적하였다.

이에 대한 이 책의 입장은 다음과 같다. '도' 결합형 명사는 '나도'류뿐만 아니라 '너도'류와 '예도'류도 있기 때문에 '나도'만을 단어 형성 전용 요소로 볼 수는 없다. 만약 '나도'를 단어 형성 전용 요소로 본다면 '너도', '예도'를 모두 단어 형성 전용 요소로 보아야 한다. 그런데 이러한 구성을 모두 단어 형성 전용 요소로 설정하는 것은 이점이 크지 않다. 이에 대해서는 후술할 것이다.

사실상 이들 단어는 모두 '도' 결합형이 단어화된 것이나 'X+도+X'의 틀로 형성된 것으로 볼 수 있다. 먼저 '나도'류의 단어를 보면, '나도감'의 경우는 전남 방언으로서 '고욤'의 뜻이고 '고욤'의 의미는 '고욤나무의 열매, 감보다 작고 맛이 달면서 좀 떫다'로 풀이되어 있다. 이 단어의 의미를 살펴보면 매우 흥미롭다. '(보통의 감보다 모양은 작지만) 나도 감이다'의 뜻을 담고 있는 것이다. '나도개감채'는 '백합과의 여러해살이 풀, 개감채와 비슷하며 산에서 자란다'는 의미로, '나도감'과 그 형성 방식이 비슷하다. 이처럼 '나도/너도+X(식물 명칭)'의 명칭을 가진 식물 중 사전에서 분명하게 'X'가 대표하는 식물과 모양이 비슷하다고 밝히고 있는 경우는 다음과 같다.

(28) 나도감(전남 방언), 나도개감채, 나도개피, 나도사프란, 나도여로

(28)의 단어들은 같은 방식으로 형성된 것으로 볼 수 있다. 특정 식물과 모양이 비슷하다고 해서 '나도 X이다'와 같이 그 명칭이 정해진 것은 매우 흥미롭다. '나도닭의덩굴'과 '나도범의귀'는 '의' 결합형 명사인 '닭의덩굴'과 '범의귀'를 기반으로 하여 형성된 것이다. 따라서 이들의 형태소를 분석하면 '나+도+[닭+의+덩굴]'과 '나+도+[범+의+귀]'로 분석할 수 있다. 또한, '나도개감채'는 '감채'에 접두사 '개-'가 붙어 '개감채'가 생긴 후, 거기에 '나도'를 추가하여 만든 단어로 볼 수 있다. 인터넷에서

식물 이름과 관련된 내용을 검색해 보면, 이름 앞뒤에 '개-, 나도-, 너도-, -사촌' 등이 붙는 것에 대한 해석이 올라와 있다. 보통 본 식물보다 못한 다른 식물에 '개-'를 붙이고 비슷하게 생긴 식물에 '나도-', '너도-', '-아재비' 등을 붙인다는 것이다. 이 단어들의 형성은 통시적 과정과 공시적 과정이 결합된 것이라고 할 수 있다. 즉 '감채'라는 단어가 먼저 있고, 거기에 접사가 붙어 '개감채'가 생긴 다음 '나도개감채'가 생긴다는 것이다. 그러나 '[나도+개감채]'는 '나도 개감채'라는 구가 통시적 과정을 거쳐서 변화해 온 것이 아니고 공시적인 과정으로 형성되었다고 볼 수 있다. '나도감', '나도닭의덩굴', '나도범의귀' 등의 형성 과정 역시 모두 공시적인 과정에 해당한다. 즉, 이들은 명명의 욕구로 만들어진 단어이며 따라서 앞에서 논의한 '스승의 날'류 등 '의' 결합형 고유 명칭, 전문용어 등의 형성과 같은 선상에 있는 것으로 볼 수 있다. 정리하면 이들 '나도', '너도' 결합형 명칭의 형성도 구의 공시적 단어화라고 할 수 있다.

허북구·박석근(2002)는 식물 명칭에 붙이는 말의 유래를 '자생지를 나타내는 말', '진위를 나타내는 말', '식물기관의 특성을 나타낸 말', '색을 나타낸 말', '초형의 크기를 나타낸 말' 등 다섯 가지로 분류하였는데, '나도/너도'는 이 중에서 '진위를 나타내는 말'에 포함된다. 이 논의에서는 '나도/너도'라는 표현은 한 식물이 원래 다른 특정 식물과 완전히 다른 분류군이지만 그 모양이 비슷하게 생긴 데서 유래한 것이라고 하였다. 이처럼 '나도/너도'는 주로 그 식물과 비슷하게 생긴 식물 이름 앞에 붙는다. '나도'는 "원래 참기본종과는 다른데 비슷하다 하여 붙인 것"이고 '너도'는 "'나도'와 같은 의미로 참기본종이 있고, '나도'를 붙인 종이 있는데 또 비슷한 것이 있기 때문에 붙인 것"이다. 앞에서 제시된 '나도'류와 '너도'류의 형식이 모두 존재하는 식물 명칭은 6개가 확인되며, 등재되어 있지 않으나 그 쓰임을 확인할 수 있는 것에는 '풍란'이 있다. 이 유형에 속하는 단어들을 정리하면 다음과 같다.

(29) 개미자리 → 나도개미자리, 너도개미자리
　　　바람꽃 → 나도바람꽃, 너도바람꽃
　　　밤나무 → 나도밤나무, 너도밤나무
　　　방동사니 → 나도방동사니, 너도방동사니
　　　양지꽃 → 나도양지꽃, 너도양지꽃
　　　제비난초(蘭草) → 나도제비난, 너도제비난
　　　풍란(風蘭) → 나도풍란, 너도풍란

이들 단어의 형성 방식은 모두 앞에서 언급한 '나도'류의 형성 방식과 같다. 이들 단어는 '개미자리, 바람꽃, 밤나무, 방동사니, 양지꽃, 제비난, 풍란' 등의 단어에 '나도/너도'가 붙어서 공시적으로 모양이 비슷한 식물의 명칭이 만들어진 것이다. 이러한 '나도/너도'류 단어가 많아짐에 따라 '나도/너도+X'의 틀이 형성되었을 가능성도 있다. 이렇게 본다면 위의 단어들은 '나도/너도'의 틀에 의해서 형성된 것이라 할 수 있다. 또한 '너도'류의 경우, '나도'류가 먼저 생기고 '나도'에서 '나'를 '너'가 대치한 것으로 볼 수도 있다.

본 절의 시작 부분에서도 언급한 것처럼 김창섭(1996)은 '나도/너도'를 '단어 형성 전용 요소'로 보았다. 단어 형성 전용 요소란, 단어와 접사의 중간적 성격을 가지고 단어 형성에만 쓰이는, 단어(또는 구)의 한 용법이라고 정의된다(최윤지 2013). 이들 단어의 형성을 구의 공시적 단어화로 보고 단어 형식을 분석하면 '나도/너도'는 접두사에 가깝다고 할 수 있다. 이때의 '나도/너도'를 설명할 때에는 형성과 분석의 두 가지 측면을 모두 고려해야 한다. 이들은 형성의 측면에서는 보조사 결합형이 단어화된 것이고 분석의 측면에서는 접두사 '나도-/너도-'가 결합된 파생어로 볼 수 있다. 김창섭(1996)에서는 형성과 분석의 두 가지 측면을 나누지 않고 종합적으로 보았기 때문에 '단어 형성 전용 요소'라는 용어를 설정한 것으로 추론할 수 있다. 여기에서의 '나도'와 '너도'는 식물 명칭에만 고정적으로 나타난다는 점에서 식물 명칭 앞에 붙는 접두사로 재분석될 수 있다. 다시 말하면 분석의 측면에서는 '나도/너도'를 '일인칭/이인칭 대명사+보조사 '도'' 결합형의 접두사화로 볼 수 있다. 그러나 형성의 측면에서는 '나도/너도'류의 단어가 공시적 단어화 혹은 유추의 틀에 의해 형성된 것으로 볼 수 있다.

'예도'류의 경우는 '예도옛날'과 '예도옛적'의 두 단어에서만 확인할 수 있기 때문에 이 형식의 단어가 어떻게 형성되었는지를 단언하기는 어렵다. 여기에서의 보조사 '도'의 용법을 살펴보면 'X+도+XY' 정도로 표시할 수 있다. 이처럼 '예+도+옛날'과 '예+도+옛적'으로 분석하면 '예'가 반복됨을 관찰할 수 있다. 이는 구어에서 흔히 사용되는 '많기도 많다', '너도 (참) 너다'[68] 등 발화와 비슷한 점이 있다. 구어에서도 보조사

---

[68] 이정애(2010)은 한국어의 '너도 너다'는 상대에 대한 연민과 체념 그리고 질책이 긍정적이거나 따뜻하게 표현되어 있다고 하였다. 이정애(2010)에서는 항진명제 (tautology)에는 대상에 대한 체념적 인식 속에 특히 화자의 연민의 정이 포함되어 있는 예도 있으며, 그 연민의 정에는 인간의 한계에 대한 체념적 인식, 그리고 '나의 상황'도 그와 크게 다르지 않는 것도 같이 고려된 의미가 명시된다고 하면서 다음의 예가 여기에 해당된다고 하였다.
  (가). (내 팔자도 팔자지만), 그 여자의 팔자도 팔자다.
  (나). (나도 나지만) 너도 너다.
  (다). (나도 나지만) 갸(그애)도 갸(그애)다.
  또한 이정애(2010)은 특별히 '너도 너다'에 대해 다음과 같이 의미 설명을 붙였다.
  (가). 나는 알고 있다: 이와 같은 사람은 언제나 이와 같다
              이와 같은 사람은 언제나 이와 같지 않을 수 없다
  (나). 나는 생각한다: 때때로 나도 이와 같은 사람일 수 있다

'도'의 앞뒤 요소가 반복적으로 나타나는 양상을 보인다.

보조사 '도'의 쓰임과 관련하여 임동훈(2015)에서는 보조사가 쓰인 문장 중에서 대안집합이 상정되기 어려워 보이는 예를 다음과 같이 제시하였다.

> (30) 가. 밤이 점점 깊어만 간다.
> 나. 달도 참 밝구나!

(30가)에서 '만'이 나타내는 초점은 '깊어 가-'일 수도 있고 '밤이 점점 깊어 가-'일 수도 있으며, (30나)에서 '도'가 나타내는 초점 역시 '달'일 수도 있고 '달이 참 밝-'일 수도 있다. 각 예에서 후자의 경우는 초점과 영향권이 동일하다. 초점과 영향권이 동일할 때에는 '첫째도 결혼하고 둘째도 취직하고 … 좋은 일이 계속 생기는구나'에서처럼 상위의 담화 주제가 뚜렷하여 대안집합이 분명할 때도 있지만 맥락상 그렇지 않은 경우가 있다.[69] 그러나 이러한 경우도 맥락상 드러나지는 않았지만 화자의 마음속에 있는 어떤 상태가 대안집합의 요소일 수 있어 대안집합이 존재한다고 봄이 합리적이다. 예컨대 (30나)를 '닭만 밝네 뭐'와 비교해 보면 '도'나 '만'이 화자의 이전 마음 상태를 바탕으로 대안집합을 생성함을 알 수 있다.[70] 이와 마찬가지로 '많기도 많다', '너도 참

(다). 나는 생각하기를 원하지 않는다: 그것 때문에 이 사람은 나쁘다
(라). 나는 그것 때문에 나쁜 무엇인가를 느끼지 않는다
(마). 나는 이와 같은 사람에 대하여 내가 할 수 있는 일은 아무 것도 없다

69   '첫째도 결혼하고'에서 초점은 '첫째가 결혼하-'이며 이는 영향권과 동일하다. 이 문장의 내용은 계속 생기는 좋은 일의 한 예라는 점에서 상위의 담화 주제에 묶여 있다(임동훈 2015).

70   임동훈(2015) 참조. 이런 관점에서 볼 때 보조사는 대안집합이 존재할 때 쓰이기도 하지만 보조사가 쓰이면 대안집합이 생성되는 효과가 있다고 이해할 수도 있

너다'에서 '도'의 초점은 '도'의 앞 성분일 수도 있고 문장 전체일 수도 있다. 따라서 '도'의 앞뒤 요소가 중복된 경우는 강조의 의미를 더 강화시킨다. '예도옛날', '예도옛적'도 이와 같은 선상에 있는 것으로 볼 수 있다. 이들은 '옛날/옛적'보다 더 옛날이라는 뜻이다.

이상의 논의를 통해서 '예도옛날', '예도옛적'이라는 두 단어는 발화의 통시적 단어화를 겪은 것으로 추측할 수 있다. 보조사 '도' 결합형 명사의 형성을 정리하자면 '나도/너도'류는 공시적 단어화로 볼 수 있고, '예도'류는 통시적 단어화로 볼 수 있다. 다시 말하자면 전자는 명명의 욕구에 의해 만들어진 단어이고, 후자는 통사적 구성이 통시적 단어화의 과정을 겪어서 생긴 것이다. 그리고 본 절에서는 '도'가 단어 형성에 참여하는 경우 중에서 품사가 명사인 경우만 다루었는데, '도' 결합형 단어 중에는 이외에 다른 품사의 단어도 있다. 예를 들어, '너도나도', '이리도'[71] 등 단어가 '도' 결합형 단어에 속한다.

3.4. 소결

이상에서는 조사 결합형 명사로서의 격조사 결합형 명사와 보조사 결합형 명사를 살펴보았다. 격조사 결합형 명사는 '관형격 조사 '의' 결합형 명사'와 '처소격 조사 '에' 결합형 명사'로 나눠서 논의를 전개하였다.

다. 예를 들어 '채점도 공부가 되네'라는 문장은 공부가 되는 다른 일들이 활성화되어 있지 않은 맥락에서도 사용이 가능하며 화자는 이때 '도'를 사용함으로써 공부가 되는 채점 외의 다른 일들의 존재를 암묵적으로 불러들이는 효과를 발생시킨다고 할 수 있다(임동훈 2015).

71   이리도: 이러한 정도로, 또는 이렇게까지. 예: 왜 이리도 나를 괴롭히느냐.

보조사 결합형 명사의 경우 '도' 결합형 명사에 한정해서 논의하였다. 이들 조사는 모두 통사적 요소로서 작용하기 때문에 이상에서 예로 제시된 단어들은 거의 모두 통사적 구성과 일치하는 것으로 볼 수 있다.

본 장에서는 먼저 관형격 조사 '의' 결합형 명사에 대해 논의하였다. 관형격 조사 '의' 결합형 명사 중에는 식물 명칭이 많으며, 고유 명사, 전문용어, 관용 표현도 이에 해당한다고 논증하였다. 고유 명사와 전문용어, 관용 표현은 비록 전형적인 단어가 아니지만 2장의 '단어성' 부분에서 논의했듯이 이들은 단어의 속성을 많이 갖기 때문에 넓은 의미에서 단어로 볼 수 있다. 그리고 본 장의 1절에서는 이들 단어의 형성에 대해서도 논의하였다. '의' 결합형 명사로서의 식물 명칭, 고유 명칭, 전문용어 등은 통사적 구성의 공시적 단어화나 '관형격 조사 결합형+명사'의 틀에 의해 형성된 것으로 보았다. '남의나이', '남의눈', '그림의 떡' 등과 같은 예는 관용화와 같이 통시적 단어화의 과정을 겪은 것으로 보았다.

다음으로는 처소격 조사 '에' 결합형 명사에 대해서 논의하였다. 처소격 조사 '에' 결합형 명사의 양상은 두 가지로 나눌 수 있다. 하나는 'ㅅ'이 개입되지 않은 '에' 결합형 명사이고, 다른 하나는 'ㅅ'이 개입된 '엣' 결합형 명사이다. '엣' 결합형의 경우 현대 한국어에서는 통사적 구성으로 존재하지 않지만 중세 한국어에서는 통사적 구성이었기 때문에 이들 단어에 대해서 통시적으로 검토할 필요가 있다고 보았다. 따라서 이 부분에서는 '에(ㅅ)' 결합형 구성에서 '에(ㅅ)' 결합형 명사로의 변천 과정을 다루었다. 그 다음으로는 이들 단어의 형성에 대하여 논의하였다. '에(ㅅ)' 결합형 명사는 주로 공시적 단어화나 통시적 단어화의 과정을 거쳐서 형성된 것이다. 중세 한국어의 '엣' 구성과 관형격 조사로서의 '에'의 소멸에 따라 처소격 결합형 명사도 사라지게 되었으며, 이 형식을 보이는 단어들 중에는 새로 생긴 명사도 그다지 없다.

　본 장의 마지막에서는 보조사 '도' 결합형 명사에 대해서 논의하였다. 기존 연구에서 '도' 결합형 명사와 관련된 논의는 다른 조사 결합형 명사와 비교하였을 때 매우 적은 편이다. 이 책에서는 보조사 '도' 결합형 명사를 '나도'류, '너도'류, '예도'류의 세 가지로 나눠서 제시하였다. '나도/너도'류는 주로 식물, 동물 명칭들에서 찾아볼 수 있다. 이들은 공시적 단어화 또는 '나도/너도+X'의 틀에 의해서 형성된 것으로 볼 수 있다. '예도'류의 단어는 '예도옛날'과 '예도옛적'의 두 개만 확인할 수 있다. 이들은 통시적 단어화의 과정을 겪은 것이다.

　이상의 각각 유형의 조사 결합형 명사의 형성을 다음과 같이 정리할 수 있다.

〈표 8〉 한국어 조사 결합형 명사의 형성 방식

형성 방식 ＼ 유형	관형격 조사 '의' 결합형 명사	처소격 조사 '에' 결합형 명사	보조사 '도' 결합형 명사
통시적 단어화	'남의나이', '남의눈', '그림의 떡' 등	'눈엣가시' 등, '귀엣고리' 등 중세 한국어에서부터 확인할 수 있는 단어	'예도옛날', '예도옛적' 등
공시적 단어화 유추의 틀	'의' 결합형 식물 명칭, 고유 명칭, 전문용어 등	'귀엣고리', '귀엣머리', '입엣말' 등	'나도/너도'류의 단어 그중 일부: '나도/너도+X'의 틀

　요컨대, 조사 결합형 명사는 하나의 방식에 의해서만 형성된 것이 아

니며, 통시적 단어화, 공시적 단어화, 유추의 틀이라는 세 가지 가능성이 있다. 즉 각 유형의 조사 결합형 명사는 모두 통시적 단어화, 공시적 단어화 혹은 유추의 틀에 의해서 형성된 것으로 볼 수 있다. 유추의 틀에 의해서 형성된 단어들은 모두 기반이 되는 구성이 단어화를 겪어서 틀이 형성된 후에 그 틀에 의해서 만들어진 것이다.

4장

어미 결합형 명사

__어미 결합형 명사

기존의 논의들에서는 한국어의 어미 체계를 여러 견해로 설명하지만 <그림 5>에서 제시한 큰 틀에 대해서는 이견이 없다.[1]

$$
어미 \begin{cases} 선어말어미 \\ 어말어미 \begin{cases} 종결어미 \\ 비종결어미 \begin{cases} 연결어미 \\ 전성어미 \end{cases} \end{cases} \end{cases}
$$

〈그림 5〉 한국어의 어미 체계

본 장에서 다룰 어미 결합형 명사 역시 <그림 5>의 체계를 좇아 분류한다. 다만 1장에서도 언급한 바와 같이 선어말어미 결합형 명사는 극히 소수에 불과하고 항상 어말어미와 같이 나타나기 때문에 따로 절을 할애하여 설명하지 않고, 어말어미 결합형 명사에 대해서만 다루고자 한다.

---

1   연결어미를 대등적, 종속적, 보조적 연결어미로 나누는 견해가 있고, 이와는 달리 종속적 연결어미를 부사형 전성어미로 보는 견해도 있다. 이와 같이 한국어의 어미 체계에 대해서는 논쟁이 있지만 이는 이 책의 주요 관심사가 아니고 이 책의 연구 대상과도 직접적으로 연관이 있지는 않기 때문에 이에 대해서는 따로 논의하지 않기로 한다.

3장에서 살펴봤던 조사 결합형 명사에 비해 어미 결합형 명사와 관련된 논의는 상당히 많은 편이다. 특히 명사형 어미, 관형사형 어미가 단어 형성에 참여하는 경우에 대한 논의가 분분한데, 본 장은 한국어의 어미 결합형 명사를 전성어미 결합형 명사, 연결어미 결합형 명사, 종결어미 결합형 명사 등으로 나눠서 구체적으로 살펴보겠다.[2] 어미 결합형 명사는 어미가 최종 단어의 직접구성요소인 경우와 최종 단어의 직접구성요소가 아닌 경우가 모두 존재한다. 이 책의 총론에서 언급했듯이 여기에서는 조사, 어미가 최종 단어의 직접구성요소가 아닌 경우를 주요 연구 대상으로 한다. 다만 논의상 필요한 경우에는 명사형 어미 결합형 명사와 종결어미 결합형 명사를 논의할 때 어미가 최종 단어의 직접구성요소인 경우도 같이 살펴보고자 한다.

4.1. 전성어미 결합형 명사

본 절에서 연구하는 전성어미 결합형 명사는 기존 논의에서 '갈림길'형 복합 명사로 다루어 온 것이다. 김창섭(1983)에서 'V+suffix'가 앞에 오는 합성 명사를 지칭하기 위해 "'갈림길'형 합성 명사"라는 용어를 처음으로 사용했다. 황화상(2009)는 김창섭(1983)에 따라 '갈림길'형 복합 명사라는 범주를 설정하였으며, 이에는 '굳은살, 가는체, 참을성' 등의

---

2   임동훈(2016)에 따르면 '병렬'이란 절과 절을 대등하게 연결하는 방식을 이르고, '종속'이란 절과 절을 연결할 때 한 절을 중심으로 삼고 다른 절을 그에 의존적으로 만드는 방식을 이른다. 한국어에서는 이러한 병렬과 종속이 연결어미에 의해서 이루어지는데, 병렬에 쓰이는 연결어미를 병렬어미라 하고 종속에 쓰이는 연결어미를 종속어미라고 한다.

관형사형 어미 결합형 명사도 포함된다. 이 절에서는 전성어미 결합형 명사를 명사형 어미 결합형 명사와 관형사형 어미 결합형 명사로 나눠서 논의하도록 한다.

4.1.1. 명사형 어미 '-(으)ㅁ, -기' 결합형 명사

임동훈(2016)에 따르면 한국어의 명사형 어미는 '-(으)ㅁ'과 '-기'로 분화되는데, 이들은 상황을 기술하는 방식에 따라 선택된다. 상황을 기술하는 방식은 크게 둘로 나누어지는데 하나는 상황을 실제적인 것으로, 그리하여 직접 지각하여 알 수 있는 것으로 기술하는 방식이다. 또 하나는 상황을 순전히 사고의 영역에 있는 것으로, 상상을 통해서만 알 수 있는 것으로 기술하는 방식이다. 전자는 서실법(敍實法, realis)이라고 하고 후자는 서상법(敍想法, irrealis)이라고 하는데, 명사형 어미 중에서 '-(으)ㅁ'은 상황을 실제적인 것으로 기술한다는 점에서 서실법 표지에 해당하고 '-기'는 상황을 사고의 영역에 있는 것으로 기술한다는 점에서 서상법 표지에 해당한다(임동훈 2016). 본 절에서는 서실법의 명사형 어미 '-(으)ㅁ'이 결합한 명사와 서상법의 명사형 어미 '-기'가 결합한 명사를 살펴본다.[3]

---

3   임홍빈(1974)에서는 '-(으)ㅁ' 명사화가 [+대상화], '-기' 명사화가 [-대상화]를 나타내고, '-(으)ㄴ'은 정적 상태성, '-(으)ㄹ'은 내적 동인성을 문제 삼고 있다고 했으며, 심재기(1981: 53)에서는 화자의 인식 양상으로 볼 때 '-(으)ㄴ, -(으)ㅁ'이 [+결정성]을, '-(으)ㄹ, -기'가 [-결정성]을 보인다고 했다(김창섭 1983).

4.1.1.1. 단어 형성에 참여하는 '-(으)ㅁ, -기'의 지위

기존 논의에서는 명사형 어미 결합형 명사 내부에 존재하는 '-(으)ㅁ, -기'의 지위와 관련된 논쟁이 많다. 본 절에서는 먼저 명사형 어미와 명사 파생 접미사의 차이부터 살펴본다.

'-(으)ㅁ', '-기'의 '문법적 정체가 모호하다'라고 보는 경우가 있는데 (허철구 외 2014: 110), 이는 곧 한국어에서 '-(으)ㅁ', '-기'가 어미인지 접미사인지를 밝히기 힘들다는 뜻이다. 이러한 모호성 때문에 접미사와 어미를 구분하지 않고 '명사화요소' 혹은 '명사화소(nominalizer)'를 설정한 경우가 있다.[4] 홍종선(2004)는 한국어에서 명사화 표현은 그리 복잡한 과정을 거치지 않으며 어휘 단위에서의 명사화는 명사 파생 접미사를 어기에 접미하여 나타내고, 통사적인 명사화는 명사형 어미를 용언 어기[5]에 접미하여 이룬다고 하였다. 그러나 이러한 입장에 따라 '문법화 요소'라는 하나의 용어로 묶어도 그 하위 부류로 접미사와 어미를 다시 구분해야 한다는 문제가 있다. 명사형 어미와 파생 접미사[6]는 주로 서술성 유

4 　현대 한국어에서 명사 파생 접미사에는 '-(으)ㅁ, -기, -이'가 대표적이고, 이 외에도 '-개, -애, -엉/-앙, -억/-악, -보' 등이 있다. 그러나 통사적인 명사형 어미에는 '-(으)ㅁ'과 '-기'만을 들 수 있다(홍종선 2004). 또한 홍종선(2004)에 따르면 명사화 어휘나 문장을 만드는 문법소인 '-(으)ㅁ' 또는 '-기' 등을 가리킬 때 '명사화소, 명사화 접미사, 명사화 어미, 체언화 어미' 등의 명칭을 쓸 수 있다. '접사'는 파생에서, '어미'는 굴절에서 한정하여 쓰기도 한다.

5 　홍종선(2004)에서 말하는 '어기'는 일반적으로 '어근'으로 칭한다. 최형용(2016)에 따르면 단일 어근만 어근이라고 하고 복합 어근은 어기라 하는 일도 있고 단일 어근과 복합 어근을 포괄하여 어기라고 하는 경우도 있다. 이 어기가 서양의 언어에서는 굴절 접사와 결합하는 것도 포괄하는 데 비해 한국어는 그렇게 보기 어렵다는 점에서 한국어 논의에서는 어기를 도입하는 대신 어근의 범위를 확대하는 방법을 취한다. 홍종선(2004)의 '어기'는 이 책에서 모두 어근으로 통일하여 쓰도록 한다.

6 　고영근·구본관(2018: 196-197)에 따르면 어근이나 어간과 결합하여 특정한 의

무로 구별할 수 있다. 명사형은 주어가 있거나 서술성이 있거나, 부사의 수식을 받거나 선어말어미가 쓰일 수 있지만 파생 명사는 이것이 불가능하다. '-(으)ㅁ/-기'는 명사화 접미사와 명사형 어미로 각각 기능을 하고 있다. 일부 명사형과 파생 명사는 모두 '-(으)ㅁ/-기'의 형태를 취하므로, 형태상으로는 구별이 되지 않는다. 예를 들어 '그림', '쓰기', '걸음', '웃음' 등은 명사형으로도 쓰이고 명사로도 쓰인다.

기존 논의들에서는 '-(으)ㅁ'과 '-기'가 명사형 어미인지 파생 접미사인지를 구별하기 위해 다음과 같은 예를 제시하였다.

> (1) 가. 그는 너무 빨리 <u>달리기</u> 때문에 아무도 그를 잡을 수 없다.
> 　　나. 나는 육상 종목 중 <u>달리기</u>를 좋아한다.
> (2) 가. 그가 크게 <u>웃음</u>은 조국이 전쟁에서 이겼다는 소식을 들었기 때문
> 　　　이다.
> 　　나. 나는 그의 순수한 <u>웃음</u>이 좋다.
>
> (고영근·구본관 2018: 172-173)

(1가)와 (2가)의 '-(으)ㅁ', '-기'는 명사형 어미이고, (1나)와 (2나)의 '-(으)ㅁ', '-기'는 명사 파생 접미사이다. 이는 일반적인 구별 방식이고 분석의 입장을 따랐을 가능성이 높다.

한편 최형용(2003가, 2016)은 '-(으)ㅁ'의 경우에는 파생 명사와 명사형이 '-기'와는 달리 다음과 같은 차이를 더 갖는다고 언급한 바가 있다.

미나 기능을 부여하는 형태소를 접사라 한다. 접사는 반드시 어근이나 어간과 함께 나타나야 하기 때문에 문장에서 자립적으로 나타나지 않는다. 흔히 접사라 하면 파생접사만을 의미하고 넓은 의미로는 굴절접사(어미)와 파생접사 모두를 포함한다.

(3) 가. 큰 {울음, *욺}
　　가'. 큰 {싸움, 쌈}
　　나. 크게 {울음, 욺}
　　나'. 크게 {싸움, *쌈}

(3가, 나)와 같이 어간이 'ㄹ'을 가지는 경우 명사는 '으' 탈락이 일어나지 않는데 명사형은 '으' 탈락이 일어날 수 있고, (3가', 나')에서 확인할 수 있는 것과 같이 명사는 '우'가 탈락할 수 있는 데 비해 명사형에서는 이것이 불가능하다는 것이다. 그러나 이는 명사형과 명사가 가지는 차이일 수는 있으나 '-(으)ㅁ'이 명사 파생 접미사와 명사형 어미로 구분되어야 한다는 것을 직접적으로 의미하는 것으로 받아들이기는 쉽지 않다. 명사임에도 불구하고 (3)의 원칙을 따르지 않는 것이 있기 때문이다.

(4) 가. *살음-삶
　　나. 알음-앎

동사 '살다'의 명사로 '*살음'이 존재하지 않고 '삶'만 가능하다는 것을 확인할 수 있는 데 반해 '알다'는 그것의 명사형으로 '알음'과 '앎'이 모두 쓰일 수 있다. 어떤 경우이든 '으'가 탈락한 '삶'과 '앎'이 존재한다는 것은 (4가, 나)에 대해서는 예외가 된다는 점에서 변화가 없다.[7]

그러나 이 두 가지를 형성의 입장에서 언급하기도 한다. (1)의 '달리기'를 예로 들면, 기존 대부분의 연구에서는 이를 어떤 경우에는 동사의 명사형으로 보고 어떤 경우에는 명사로 본다. 그러나 이 '-기'를 반드시 두 가지로 구분해야 하는 것은 아니다. 최형용(2016)은 '형성'의 측면에서

7　　(3), (4)의 예시와 해석은 최형용(2016)을 참고한 것이다.

보면 이 두 가지를 구별할 수 있는 방법을 찾기가 쉽지 않을뿐더러 다른 어미들도 모두 이와 같은 처리를 해야 한다는 점에서 부담이 적지 않기 때문이라고 하였다. 또한 주지하는 바와 같이 중세 한국어에서는 명사형 어미는 '-(오/우)ㅁ'으로, 명사 파생 접미사는 '-(으)ㅁ'으로 서로 형식적으로도 구분되어 있었다. 최형용(2016)에 따르면 이는 현대 한국어에서는 구분되지 않게 되었다면 그 기능을 구별할 필요가 없는 것으로 간주할 수도 있는 것이다.

이에 다음으로는 이 책에서 다루는 명사형 어미 결합형 명사의 내부에 존재하는 '-(으)ㅁ'과 '-기'의 지위가 접미사인지 어미인지 아니면 다른 것인지에 대해 논의하고자 한다. 기존 연구에서의 대표적인 견해를 정리하면 다음과 같다.

(5) '-(으)ㅁ'과 '-기'의 지위에 대한 견해들
   가. 파생 접미사: 송철의(1992), 김창섭(1996), 황화상(2009), 채현식(2003가)
   나. 어근 형성 전용 요소: 채현식(2003가)[8]
   다. 명사형 어미: 시정곤(1994/1998), 송원용(1998, 2002), 최형용(2003가, 2016), 이상욱(2004), 오규환(2016)

먼저 파생 접미사로 보는 관점을 보면, 송철의(1992)에서는 '갈림길'과 같은 예에서 '갈림'을 임시어 혹은 잠재적 파생 명사의 성격을 띤다고 보았다. 김창섭(1996: 28)에서는 '갈림길'형의 단어 형성에 참여하는 'V-(으)ㅁ', 'V-기' 등의 명사형 어미 결합형이 독립적인 단어로 될 가능성을 중시해서 잠재어(potential word)로 처리하고 이들이 다시 합성 명사를

---

8   채현식(2003가)는 '-(으)ㅁ'에 한정하여 '명사적 어근 형성 전용 요소'로 본다.

형성하는 것으로 보았다.[9] 황화상(2009)는 '갈림길, 디딤돌, 구름판' 등의
선행 요소 '갈림, 디딤, 구름'은 파생 명사는 물론 용언의 명사형과도 형
식이 같다. 그렇다고 해서 이들을 명사형으로 보기도 어렵다고 하였다.
단어형성이라는 형태론적 과정에 통사론적 차원의 굴절이 개입하는 이
유를 설명하기 어렵기 때문이다.[10] 황화상(2009)에서는 접사를 넓게 보고
파생접사와 굴절접사로 나눈다. 따라서 황화상(2009)는 '-(으)ㅁ', '-기'를
접사로 보지만 그중에서 파생접사와 굴절접사로 같이 쓰이는 것으로 보는
것은 결국 이들을 접미사와 어미로 보는 것과 엄밀하게는 차이가 없다.

이들 논의 외에 채현식(2003가)는 '-(으)ㅁ'을 어근 형성 전용 요소로

---

9   황화상(2009)는 잠재어의 설정에 부정적인 입장을 밝히고 그 이유를 설명하고
    있다. 단어의 의미와 아무런 관련이 없는 형태론적 과정을 단어 형성의 과정으로,
    그것도 최종 출력형을 만드는 과정으로 보기는 어렵다. 그리고 그런 과정을 거쳐
    서 만들어진 어형을 실재어에 대응하는 것으로, 더욱이 실재어로 쓰일 잠재력을
    갖는 것으로 보는 것도 문법적으로 자연스럽지 못하다. 물론 '갈림, 깎기, 생김'과
    같은 형태의 단어가 만들어질 수 있다. 그러나 이들 단어가 '갈림길, 깎기끌, 생
    김새'를 만들 때 만들어진 '갈림, 깎기, 생김'이 여기에 담길 적절한 개념이 확보
    되면서 실재어로 쓰이게 된 것이라고 볼 수는 없다고 하였다. 그리고 황화상
    (2009)에서 지적했듯이 잠재어가 '갈림길'형 복합명사의 선행 요소 전체를 포괄
    하지 못한다는 점도 잠재어 설정의 문법적 의의를 떨어뜨린다. '묵은밭, 가는체,
    참을성' 등에서 '묵은, 가는, 참을' 등은 단어를 만드는 과정에서 만들어진 어형이
    라는 점에서 '갈림, 깎기, 생김' 등과 다르지 않다. 그러나 이들은 단어로서 적격
    한 형태론적 구성을 갖춘 것으로 보기 어렵다. 결국 더 큰 복합어를 만들기 위하
    여 만들어진 어형 가운데 잠재어인 것과 잠재어가 아닌 것을 다시 나누어야 하는
    데, 이와 같은 구별이 어떤 문법적 의미를 가질 수 있을지 의문이다(황화상
    2009).
10 황화상(2009)에서는 '갈림길, 디딤돌, 구름판, 언덕길, 자갈돌, 강철판' 등의 예시
    를 제시하였다. 이와 같이 잠재어는 형식 면에서, 내용 면에서, 기능 면에서 단어,
    어근, 용언의 굴절형과 유사하지만 그 어떤 하나와도 문법적 속성이 동일하지 않
    은 어형을 지칭하기 위해 설정된 개념이다. 곧 잠재어는 통사부에서 독립하여 쓰
    이지 못한다는 점에서 단어와 다르며, 어휘부에 등재되지 않는다는 점에서 어근
    과 다르며, 형태론적 과정에 의해 만들어진 어형이라는 점에서 용언의 굴절형과
    다르다고 하였다.

보았다. 그 이유로는 일반적으로 파생 접사는 새로운 단어를 만들어내는 요소이지만 '누름'의 '-(으)ㅁ'은 '누름'을 새 단어로 만드는 데 목적을 둔 요소가 아니라, 동사 '누르-'를 후행 명사와 결합시켜 더 큰 구성, 곧 합성 명사를 형성하려는 목적으로 도입된 요소이다. 따라서 '누름'의 '-(으)ㅁ'은 '누름'을 새 단어로 만드는 파생 접사로 보기 어렵다. 그렇다고 '-으(ㅁ)'을 통사적 요소인 명사형 어미로 볼 수도 없다. 명사형 어미는 선행 동사와 통사규칙에 의해 결합해서 통사적 성분을 이루는 요소이다. 그러나 '-(으)ㅁ'은 형태론적 요구와 동기에 의해 도입되기 때문에 '누름'은 통사적 성분을 이루지 않는다. '누름'이 명사에 가깝지만 자립성이 없이 합성 명사 구성에 참여한다는 점에서 어근적인 성격을 띠고 있다(채현식 2003).[11][12]

앞서 언급한 바와 같이 최근에는 이 두 가지를 구분하지 않고 모두 명사형 어미로 처리하는 견해도 적지 않다. 이는 현대 한국어에서는 접미사와 명사형 어미가 형식적으로 구분되지 않는다는 사실도 고려한 것으로 보인다. 또한 한국어에는 어미뿐만이 아니라 조사 가운데도 결과적으로 단어 형성에 참여한 경우가 적지 않은데 그 경우마다 접미사를 설

---

[11] 채현식(2003가)에서는 '갈림길', '누름통'을 예로 들어 '-(으)ㅁ'은 '갈림, 누름'을 단어로 만들기 위해 도입된 요소가 아니라고 하였다. '갈림길, 누름통'이라는 더 큰 단위를 만들기 위해 도입된 요소이다. '갈림, 누름'이 어휘화되는 과정에 있는 '잠재어'로 보기 어려운 것이다. 또한 잠재어는 단어의 하위 개념으로 인식된다. 잠재어라는 의미 속에는 자립성을 갖춘 단어를 지향한다는 내포가 들어있다는 점도 '갈림, 누름'을 선뜻 잠재어의 범주에 넣기 어렵게 한다. 이들이 앞으로 자립성을 띨 가능성이 적어 보이기 때문이다. 채현식(2003가)는 이들을 명사적 성격을 띤 어근으로 보았다.

[12] 'V-(으)ㅁ/기'형의 지위에 관한 한 기존 연구들은 그것을 잠재어라 부르든 명사형이라 부르든, 명사적 어근이라 부르든 'V-(으)ㅁ/기'형이 통사적 성분으로 쓰일 수 없다는 데에 모두 동의한다는 점에서 공통된 입장을 견지하고 있다(이상욱 2004).

정하여 그렇지 않기 때문이다. 이러한 관점에 따르면 명사로서의 '잠'과 명사형으로서의 '잠'을 구분하는 것은 여전하되 앞의 '잠'은 명사형 어미 결합체가 명사화한 것으로 처리하게 된다(남기심·고영근·유현경·최형용 2019).[13]

(5다)는 '-(으)ㅁ'과 '-기'를 명사형 어미로 보는 논의들이다. 시정곤 (1994/1998)에서는 구체적인 예시를 열거하여 중세 한국어에서 어휘적 접사 '-(으)ㅁ'에 의해 형성된 명사는 '거름, 느낌, 다짐, 어름, 잠' 등의 명사로 국한된다고 하였다. 또한 이러한 몇몇 명사를 제외한 나머지 파생 명사는 모두 명사형 어미 '-(으)ㅁ'에 의해 형성된다고 지적하였다. 따라서 중세 한국어에서 어휘적 접사 '-(으)ㅁ'은 생산적이지 않으며 중세 한국어에서 '-(으)ㅁ'형 명사는 어휘적 접사 '-(으)ㅁ'에 의해 형성되는 것보다 명사형 어미 '-(으)ㅁ'에 의해 형성되는 것이 훨씬 일반적이라는 결론을 내렸다.

송원용(1998)은 '갈림길'형 단어들에서 발견되는 선행 성분의 '-(으)ㅁ'을 명사형 어미로 본다는 점에서 시정곤(1994)의 입장과 같지만 이들이 파생 명사화의 과정을 겪고 있다고 보지 않는다.

또한 최형용(2003가)는 '-(으)ㅁ'과 '-(으)기'의 지위에 대해서는 이익섭 (1965)의 '명사로 굳어진 것'이 진리에 더 가깝다고 하였다. 분석상으로는 파생 접미사로 처리한다고 해서 별다른 문제가 생기지 않을 수도 있지만 형성의 차원을 생각한다면 문제는 심각해진다. 이러한 사정은 다른 조사나 어미가 단어 형성에 참여한 것으로 보이는 데에도 동일하게 적

13 　그러나 '울음'은 명사이고 명사형으로는 '욺'이 되며 '싸움'은 명사형으로만 가능하고(오늘도 또 {싸움, ˚쌈} '쌈'으로 줄어드는 것은 명사에서만 가능하므로('닭싸움, 닭쌈') 접미사와 명사형 어미를 구분하는 것에도 여전히 근거가 없는 것은 아니다(남기심·고영근·유현경·최형용 2019).

용된다. 하나의 단어로 굳어졌다고 해서 조사나 어미가 파생 접미사로 처리되어서는 안 된다고 지적하였다.

이상욱(2004)는 파생 접사의 판별 기준에 대한 면밀한 검토를 거쳐 '-(으)ㅁ, -기'는 파생을 허용하지 않는 'X하-'와 결합하기도 하고, 매우 생산적이라는 점 등을 들어 명사형 어미라고 한다. 그리고 '-(으)ㅁ' 명사절은 관형어의 수식을 받을 수 없고, '때문에' 등의 'V-(으)ㅁ/기'는 명사절이 아니라 명사라고 한다. 즉 이 임시어들은 공시적으로 통사적 구성이 단어화한 것으로 본다.[14]

오규환(2016)에서도 한국어의 '-(으)ㅁ', '-기' 결합형은 '-(으)ㅁ', '-기' 등의 문법적 지위를 어떻게 파악하느냐에 따라 파생어 내지는 어미 결합으로 간주할 수 있다고 하였다. 오규환(2016)은 '-(으)ㅁ', '-기' 등의 문법적 지위를 어미로 파악하여(박진호(1994), 송원용 1998, 최형용 2003 등) 이들을 '어미 결합어'로 보았다. 여러 논의들에서 지적하였듯이 '-(으)ㅁ', '-기' 등에 선행하는 성분에 대한 여러 제약들을 정밀하게 설명하기 어렵기

---

14   허철구(2015) 참조. 또한 이상욱(2004)는 다음의 예시처럼 '(X+)V-(으)ㅁ', '(X+)V-기'형 임시어들이 일반 명사나 명사구를 수식하는 관형 성분으로 쓰일 수 있음을 언급하였다.

   가. 내림 마장조, 울림 사장조, 맞춤 과외, 멈춤 신호, 쏠림 현상; (새들의)지저귐 소리, 물빠짐 현상, 고저 뒤바뀜 현상 …
   나. (연예인들의) 겹치기 출연, 끝내기 홈런, 벗기기 연극, 베끼기 숙제, 밀어붙이기 행정, 줄서기 정치, 밀어내기 볼넷, …

   이상욱(2004)에 따르면 위의 예들 중에서 '내림 마장조', '울림 사장조', '맞춤 과외', '멈춤 신호', '쏠림 현상', '지저귐 소리', '겹치기 출연', '끝내기 홈런', '벗기기 연극', '베끼기 숙제' 등의 '(X+)V-(으)ㅁ', '(X+)V-기'형은 독립된 자격으로도 쓰이고 있어 결코 '잠재어'나 '명사적 어근'으로 처리할 수 없다. '물빠짐 현상', '고저뒤바뀜 현상', '줄서기 정치' 등은 '-(으)ㅁ', '-기'의 지위가 명사화 어미임을 시사해 주는 예라고 하였다.

때문이다(송원용 1998, 이상욱 2004 등).

이 책의 입장은 2장과 본 장의 시작 부분에서도 간략하게 언급하였다. '춤, 꿈 …' 등의 명사의 '-(으)ㅁ'을 접미사로 보면 [[V-(으)ㅁ]NP-N]N에서의 '-(으)ㅁ'은 어미로 파악하고 [[V-(으)ㅁ]N-N]N에서의 '-(으)ㅁ'을 접미사로 파악해야 한다. 이는 단어 형성에 참여하는 '-(으)ㅁ'에는 두 가지가 있음을 의미한다. 전자의 '-(으)ㅁ'은 통사 요소로서의 어미이고 후자의 '-(으)ㅁ'은 단어 형성에 참여하는 요소인 접미사로 본다는 것이다. 그러나 이렇게 파악하면 '-(으)ㅁ'이 나올 때마다 어느 '-(으)ㅁ'인지 논의해야 하고 또한 이러한 형식의 조어법은 생산성이 있기 때문에 더 잦게 사용되면 어미로서의 '-(으)ㅁ'이 접미사로 전환될 가능성도 있다. 따라서 이렇게 복잡하게 설정하기보다는 모두 통사적 요소로서의 '-(으)ㅁ'으로 보는 것이 더 설득력이 있다. 그리고 시정곤(1994/1998)에서 언급한 것처럼 중세 한국어에서 어휘적 접사 '-(으)ㅁ'은 생산적이지 않으며 중세 한국어에서 '-(으)ㅁ'형 명사는 어휘적 접사 '-(으)ㅁ'에 의해 형성되는 것보다 명사형 어미 '-(으)ㅁ'에 의해 형성되는 것이 훨씬 일반적이라는 것을 구체적인 예를 통해서 검증했기 때문에 이 '-(으)ㅁ'과 '-기'를 어미로 보는 것에 하나의 의미 있는 증거가 된다.

다시 한 번 강조하자면 이 책에서는 단어 형성에 참여하는 '-(으)ㅁ'과 '-기'를 모두 어미로 본다. 이들은 원래 어미이지만 단어 형성에 참여하거나 단어화의 과정을 겪은 것이다. 그래서 단어를 분석할 때 이들을 접미사로 분석할 수 있다. '-(으)ㅁ', '-기' 등의 명사형 어미로 만들어진 명사형 가운데 일부가 명사가 될 수도 있다. 이때 명사가 된 것들에 존재하는 어미는 접미사로 분석할 수 있다. 이러한 측면에서 지금까지 '-(으)ㅁ'과 '-기'를 접미사로 보았던 견해는 모두 '분석'의 측면을 고려한 것들이라 할 수 있다. 그러나 이 책에서는 형성의 측면을 중시하여 이들을 어미로 보고자 한다. 따라서 형성의 측면에서는 이들 명사도 파생 명사가 아니라고 본다.

4.1.1.2. 명사형 어미 '-(으)ㅁ, -기' 결합형 명사의 양상

명사형 어미 결합형 명사의 경우는 다른 조사·어미 결합형 명사에 비해 그 양상이 다양하다. '명사형 어미'의 명칭 그대로 명사형 어미가 단어 형식의 중간에 오든 끝에 오든 명사가 만들어질 수 있기 때문이다. 왕사우(2018가)는 조사 결합어와 어미 결합어를 조사나 어미가 최종 단어의 직접구성요소일 경우와 그렇지 않은 경우로 세분화한 바가 있다. 본 절에서는 왕사우(2018가)에 따라 명사형 어미 '-(으)ㅁ, -기' 결합형 명사를 명사형 어미가 최종 단어의 직접구성요소가 아닌 경우와 직접구성요소인 경우로 나눈다. 그리고 후자의 경우는 이른바 '종합 합성어'[15]('끝맺음', '줄넘기'형 명사)가 포함되어 있다. 이에 대해서는 뒤에서 따로 언급할 것이다.

(1) 명사형 어미가 최종 단어의 직접구성요소가 아닌 경우

명사형 어미 '-(으)ㅁ' 결합형 명사의 예는 다음과 같이 세 가지 유형으로 나눠서 제시할 수 있다.[16]

---

15   결론부터 말하자면 이 책에서는 기존 연구에서 '종합 합성어'로 다뤘던 명사형 어미 결합형 명사를 합성 명사가 아니라 어미 결합형 명사로 간주한다. 그러나 논의의 편의를 위해 일단 '종합 합성어'로 부른다.

16   본 절의 예시는 황화상(2001), 최형용(2003가), 채현식(2003나), 송원용(2005), 허철구 외(2014) 등 논의에서 제시한 예와 필자가 추가한 것을 아울러서 정리한 것이다.

(6) 가. 명사형 어미 '-(으)ㅁ' 결합형+명사

갈림길, 거름종이, 거스름돈, 걸림돌, 곰국, 곰탕, 구김살, 구름판, 높임법, 높임말, 누름단추, 누름돌, 누름양, 누름틀, 다림판, 닮음소리, 닮음꼴, 데림사람, 돌림감기, 돌림판, 디딤돌, 디딤기계, 떨림판, 떨림수, 떨림소리, 딸림소리, 딸림조각, 딸림음, 딸림화음, 뜀틀, 따옴표, 마침법, 마침꼴, 마침표, 막음돌, 막음벽돌, 말줄임표, 맞춤말(-옷), 매김말, 맺음말, 모음곡, 모음악보, 보쌈만두, 볶음밥, 부림말, 싸움닭, 쉼터, 쉼표, 씻김굿, 올림말, 울림소리, 지름길, 지름시조, 차림표(-새), 헹굼틀

나. 명사형 어미 '-(으)ㅁ' 결합형+의존명사

붙임성, 가림판,[17] 노림수,[18] 속임수

다. 명사형 어미 '-(으)ㅁ' 결합형+접미사

가려움증, 느림보, 느림뱅이, 닦음새, 다림질, 돌림병(-빵), 되새김질, 만듦새, 믿음성, 박음질, 밝힘증,[19] 붙임성, 배림꾼, 옮보, 이음새, 졸음증, 지짐질, 흘림체; 눈떨림증, 목마름증, 쥐물림증, 침흘림증, 코안막힘증, 피부마름증, 행동잃음증, 모베름꾼

'갈림' 등의 명사형은 자립성이 없는 형식이지만, 단어 형성에 생산적으로 참여한다. (6)의 단어들은 그 형태를 보면 '-(으)ㅁ' 결합형의 후행 성분이 명사, 의존명사, 접미사 등인 것을 확인할 수 있다. 이때 선행 형식은 명사형이지만 명사로 자리 잡은 것이 아니다. 또한 (6다)의 경우는 다시 두 가지의 하위 유형으로 나눌 수 있다. 'N-V-(으)ㅁ+접미사'형 명사의 경우는 어미 결합형 내에 명사도 포함되어 있는 것이다. 이들 단어 내에 존재하는 명사형은 김창섭(1996: 19-27, 117-130, 199)에서 언급한 '단어 형성 전용 요소' 또는 '잠재어'에 해당한다.[20] 그러나 '현재 없지만, 앞으

---

17   가림판: 양쪽을 구분 짓기 위하여 또는 보이거나 통하지 못하도록 막아 세운 판.
18   '수'는 『표준국어대사전』에는 의존명사, 『우리말샘』에는 접사로 등재되어 있다.
19   밝힘증: 겉으로 드러낼 만큼 지나치게 좋아하고 탐을 내는 병적인 증세.

로 나타날 가능성이 있는 단어'라는 말을 뒤집어 생각하면, 그 성격이 통사적 구와 다르지 않다. 즉 '가림, 갈림, 구김, 노림, 닦음, 닮음, 돌림, 되새김, 말줄임, 맞춤, 매김, 맺음, 박음, 밝힘, 볶음, 붙임, 비빔, 속임, 쉼, 올림, 이음, 지름, 차림, 흘림' 따위는 단독으로 쓰이지 못하는데, 이러한 현상은 통사적 구의 '-(으)ㅁ' 결합형이 보충어나 주어 없이 쓰일 경우에 나타나는 불완전한 현상과 동일하기 때문이다(허철구 외 2014).

> (7) 꿈자리, 얼음낚시, 얼음판, 볶음국수, 볶음밥, 볶음짜장, 흐름관, 흐름길, 흐름곡선, 뜀틀, 마름자, 비빔밥, 비빔국수, 비빔냉면, 비빔면, 찜닭

(7)은 [[V-음]N-N]N형 명사이고 '꿈자리, 얼음낚시, 볶음밥, 흐름관, 흐름길, 흐름곡선, 뜀틀, 마름자, 비빔밥' 등의 단어들은 이 책에서 다루는 명사형 어미 결합형 명사와 같은 형식이지만 앞 절에서 언급한 바와 같이 이들 단어 내부의 '-(으)ㅁ'을 접미사로 보는 관점도 있다. (7)의 단어들은 명사로 자리를 잡았는데 이들 단어의 형성 과정을 고려하면 단어 내부에 존재하는 '-(으)ㅁ'(혹은 다음에서 제시할 '-기')는 역시 명사형 어미로 볼 수 있다.[21]

---

20 황화상(2009: 각주1)에 따르면 잠재어(potential word)는 Allen(1978)의 과잉생성 형태론(overgenerating morphology)에서 제안된 개념으로서 단어형성 규칙의 잠재적인 적격 출력(potential well-formed outputs of a WFR)을 뜻한다. 실재하지 않지만 단어형성 규칙의 출력형으로 잠재어를 설정하는 것은 이들 어형이 다른 단어형성 규칙의 입력이 된다고 보기 때문이다.

21 명사형 어미 '-으(ㅁ)' 결합형 명사는 현대 한국어에서 많이 존재한다. 채현식(2003나)에서 지적했듯이 이들 단어는 [[V-음]-N]N와 [[V-음]N-N]N는 구별된다. 전자가 '갈림길', '누름통'에서처럼 자립성을 띠지 못한 '갈림', '누름' 형식이 들어 있는 틀이라면, 후자는 '꿈자리', '얼음낚시'의 '꿈', '얼음'처럼 자립성을 띤 명사가 포함된 틀이다. 이에 따라 [V-음]은 '갈림'이나 '누름'의 구조를, [V-음]N

명사형 어미 '-(으)ㅁ' 외에 '-기' 결합형 명사도 많이 존재하는데 이에 해당하는 예는 다음 (8)과 같이 제시할 수 있다.

> (8) 가. 명사형 어미 '-기' 결합형+명사
> 구멍뚫기끌,[22] 보기신경, 보기기관, 깎기끌, 듣보기장사,[23] 보내기 번트, 버티기 작전, 버티기싸움, 버티기투쟁,[24] 떠넘기기 수법, 몸풀기 운동, 잘살기 운동, 다리꺾기 기술, 뒤집기 한판, 숨쉬기 운동, 끝내기 안타, 끝내기 묘수, 힘겨루기 싸움, 널뛰기 장세
> 나. 명사형 어미 '-기' 결합형+의존명사
> 고기궤기판(북한어)
> 다. 명사형 어미 '-기' 결합형+접미사
> 말짓기증, 포개놓기법(북한어)[25]

'-기' 결합형 명사 또한 '-(으)ㅁ' 결합형 명사와 같이 후행 요소로서 명사, 의존명사, 접미사 등이 올 수 있다. '-(으)ㅁ' 결합형 명사의 경우 (8)처럼 명사형 어미 결합형 자체가 명사인 경우가 있지만 '-기' 결합형의 경우는 선행 요소로서의 '-기' 결합형이 임시 형태인 경우가 대부분이다. 송원용(2005)에서는 이 단어들은 충분한 유형 빈도를 보이지 않을 뿐 아니라 작위적인 단어 형성 과정을 통해 형성된 것이므로 현대 한국

은 '꿈'이나 '얼음'의 구조를 나타내는 틀로 쓸 수 있다. 허철구 외(2014:115)는 이와 같은 형식들의 어기도 본질적으로 단어 초과 어기에 해당한다고 하였다.

22 구멍뚫기끌: 나무 따위에 구멍을 파는 데 쓰는 끌. 날이 두껍고 폭이나 자루가 튼튼하며, 자루 머리에는 망치로 때릴 때 파손되지 않도록 쇠로 만든 덮개를 씌운다.

23 듣보기장사: 한군데 터를 잡고 하는 장사가 아니라 시세를 듣보아 가며 요행을 바라고 하는 장사.

24 '버티기싸움', '버티기투쟁' 등은 '농성'의 북한어이다.

25 포개놓기법(法): [명사], [북한어], [수학] 한 도형을 옮겨서 다른 도형 위에 겹쳐 놓고 하는 증명법.

어 화자의 공시적 직관으로는 어색하게 느껴진다. 현재로서는 이들 단어가 어떤 단어로부터 유추된 것인지는 확인하기 어렵다. 이는 관련성 있는 어휘 연결망이 확인되지 않기 때문이라고 지적하였다.

(2) 명사형 어미가 최종 단어의 직접구성요소인 경우

'-(으)ㅁ', '-기'가 최종 단어의 직접구성요소가 아닌 경우와 비교하면 '-(으)ㅁ', '-기'가 최종 단어의 직접구성요소인 경우는 이들을 접미사로 보는 경우가 많다. 송원용(2005)는 이들은 이른바 파생 접사 '-(으)ㅁ, -기'에 의해 파생된 단어라고 보는데, 이들 '-음, -기'가 지금도 자율적 통사 단위로 기능하고 있다는 점에 주목한다. 즉 이들 가운데 대용되는 통사 구성의 형성이 공시적으로 가능하고 개별 단어의 의미가 대응 통사 구성의 그것과 동일하면, 해당 단어들이 통사 구성의 단어화로 형성된 것으로 논의하였다.

동사나 형용사 다음에 명사형 어미를 붙는 예만 들면 다음과 같다.[26]

> (9) 가. 가르침, 가뭄, 갈음, 갚음, 걸음, 굶주림, 그림, 그을음, 꿈, 놀림, 느낌, 뉘우침, 다짐, 닮음, 도움, 되새김, 띔, 맞춤, 모임, 무침, 묶음, 물음, 믿음, 받침, 벌음, 보살핌, 보탬, 볶음, 비웃음, 삶, 싸움, 앎, 얼음, 울음, 움직임, 웃음, 잠, 조림, 졸음, 죽음, 지짐, 짐, 찜, 춤, 튀김, 흐름
> 나. 간지럼, 게으름, 괴로움, 귀여움(귀염), 그리움, 기쁨, 노여움(노염), 두려움, 무서움(무섭), 미끄럼, 미움, 반가움, 부끄러움(부끄럼), 서글픔, 서러움, 수줍음, 슬픔, 쓰라림, 아픔, 어둠, 외로움, 즐거움

---

26 (9)와 다음으로 제시할 (10)의 예들은 송철의(1992)와 송원용(2005)에서 제시된 예를 정리한 것이다.

(9가)는 동사에 명사형 어미를 붙인 경우이고 (9나)는 형용사에 명사형 어미를 결합한 것이다. 송철의(1992)를 비롯한 여러 논의에서는 '-(으)ㅁ'을 파생 접미사로 보고 단어 전체를 파생어로 보았다. 그러나 주지하는 바와 같이 명사 파생 접미사인 '-이'는 매우 생산적인 것이다. 송철의(1992)에 따르면 (9)의 경우는 명사나 어근 혹은 의성 · 의태어를 어기로 하는 경우가 없다는 점에서 '-이'와는 차이가 있으며 단일형태소 동사 어간이나 단일형태소 형용사 어간으로부터도 '-이'보다는 생산적으로 명사를 파생시키는 것으로 보인다고 하였다. 그러면 여기서 주목할 것은 '-(으)ㅁ'에 의해 명사 형성이 '-이'보다 더 생산적이라는 점이다. 명사형 어미들이 수시로 명사형을 만들 수 있다는 것처럼 꽤 생산적인 것이면 이때의 '-(으)ㅁ'은 과연 접미사로 볼 수 있는지를 의심할 수밖에 없다. 이는 또한 이 책에서 단어 형성에 참여하는 '-(으)ㅁ'을 어미로 보는 하나의 근거가 된다. 따라서 여기에서 제시한 단어들도 명사형에서 명사로 변화하는 것으로 볼 수 있다.

'용언 어간+-(으)ㅁ'의 형식의 단어 또한 상당수 존재하는데, 이는 중세 한국어 시기부터 존재하는 형태이다.[27] 구본관(1996)에서는 '-음'은 동사에 결합되며, '…하는 행위에 의해 나타나는 현상' 정도의 의미를 가진다. 어기의 모음이 음성 모음일 경우에는 이형태로 '-음'이 나타난다. '-음'은 중세 한국어에서 높은 생산성을 가지고 있었던 것으로 보인다.

---

27   채현식(2003나)에서는 명사형 어미 '-(으)ㅁ' 결합형 명사의 예를 다음과 같이 제시하였다. '마름(을 하다)', '뜀(을 뛰다)', '맺음(을 하다)', '비빔(밥이나 국수 따위에 고기나 나물을 넣고 양념이나 고명을 섞어서 비빈 음식)', '흐름(을 읽다)'은 명사로서 사전에 등재되어 있다. 이들이 명사로 굳어졌다면 '갈림길'류에서 제외되어야 할 것이다. 그러나 일반 화자의 의식 속에서 명사로서의 지위가 확고하지 않은 것도 있어 언급하는 것이다.

그런데 현대 한국어로 오게 되면서 '-음'은 비슷한 기능을 하는 '-기'의 생산성이 높아짐에 따라 점차 생산성이 낮아진 것으로 생각된다고 언급하였다.

명사형 어미 '-기'의 경우 역시 '-(으)ㅁ'과 큰 차이가 없다. 다음은 '-기' 결합형 명사의 예이다.

> (10) 가. 걷기, 걸기, 겨루기, 겹치기, 곱하기, 굳히기, 그리기, 기울기, 꺾
> 기, 꿰매기, 끝내기, 나누기, 내기, 누르기, 다듬기, 다지기, 달리
> 기, 더하기, 던지기, 덮치기, 돋보기, 되치기, 되팔기, 뒤집기, 뜀
> 뛰기, 말하기, 맛보기, 맞서기, 보기, 보태기, 빼기, 손보기, 쓰기,
> 읽기, 조르기, 짜깁기
> 나. 굳기, 굵기, 밝기, 빠르기, 얼뜨기, 크기

(10가)는 동사의 '-기' 결합형이고 (10나)는 형용사의 '-기' 결합형으로 된 명사들이다. (10)의 예들은 그것을 파생어로 보는 견해가 주된 것이었지만 이 책에서는 이들이 명사형에서 변해온 것이라는 형성의 과정을 중시하여 이를 파생어로 보지 않는다. 또한 송철의(1992)에 따르면 이들 예시는 대체로 동사 어간과 결합하면 행위 명사나 사건 명사가 되고 형용사 어간과 결합하면 척도 명사가 된다.[28]

다음으로 언급할 명사형 어미 결합형 명사는 기존 연구에서 이들을 '종합 합성어'로 명명해 온 것들이다. 합성어를 '어근 합성어(root compound)'

---

28   '-기' 결합형 명사와 관련하여 송철의(1992)는 단일형태소 동사 어간이나 형용사 어간으로부터의 '-기' 명사 파생은 아직은 그렇게 생산적이라고 말하기 어렵고 특히 형용사 어간을 어기로 할 때는 척도 명사를 만들 때만 쓰인다는 제약이 있다. 명사 파생 접미사로서의 '-기'는 '-이'나 '-(으)ㅁ'에 비해 시간적으로 후대에 나타난 것이라고 할 수 있겠는데 점차 생산력을 확보해 가고 있는 것으로 언급했다.

와 '종합 합성어(synthetic compound)'[29]로 분류하는 것은 합성어를 구성하고 있는 형태에 따라 나누는 것이다. 어근 합성어는 '손발, 덮밥, 오르내리다'와 같이 단일어 어근이 결합하여 만들어진 것이다. 반면에 종합 합성어는 구성 요소의 하나가 어미나 접사인 경우인데(허철구 외 2014), 이러한 '종합 합성어'는 파생어인지 합성어인지 판단하기 어려운 것들이다. 예를 들어 '끝맺음', '줄넘기' 등은 기존 연구에서 종합 합성어로 보기도 한다. 즉 이들 단어는 분석의 측면에서든 형성의 측면에서든 두 가지 해석 방식이 있다는 것이다. 이들 단어를 복합어로 보는 관점도 있고 파생어로 보는 관점도 있기 때문이다. 다시 말하면 이들은 [N-[V-음/기]]N형 명사인지 [[N-V]-음/기]N형 명사인지를 말하기가 어려운 것들이다.[30] 이에 이들 명사형 어미는 최종 단어의 직접구성요소인지도 확언하기 어려운 것이다. 이 책에서 이들 단어를 조사·어미 결합형 명사로 귀속시키는 이유는 이들은 어떻게 형성되는지에 앞서 무엇이 단어 형성에 참여하는지를 중시하기 때문이다.

먼저 '-(으)ㅁ/-기' 결합형의 '종합 합성어'의 예시는 다음과 같이 제시할 수 있다.[31]

---

29 'synthetic compound'는 '통합 합성어', '동사 합성어' 등으로 번역되기도 한다. '종합 합성어'로 쓰는 것은 전상범(1995)에 따른 것이다. 허철구 외(2014) 참조.

30 Livio Gaeta(2010)에서는 종합 합성어에 대해 다음과 같이 서술하였다.
"To understand what is synthetic in a synthetic compound, it is usually referred to a double operation which seems to take place at once: an operation of compound formation, in which the verb/noun relation naturally looks like being an argumental nature, and an operation of deverbal noun formation."

31 (11)은 허철구 외(2014: 185)에서 가져온 예시이다. 허철구 외(2014)는 '고기잡이, 구두닦이, 손톱깎이, 해돋이, 귀걸이; 이쑤시개, 발싸개, 오줌싸개' 등 예시도 같이 제시하였다. 그러나 이들이 기존의 '종합 합성어'에 속하지만 접미사가 단어 형성에 참여하는 경우로서 이 책의 연구 대상에 포함되어 있지 않기 때문에 생략

(11) 가. 눈가림, 입가심, 무릎맞춤, 끝맺음
　　　나. 줄넘기, 글짓기, 김매기, 널뛰기

(11가)는 '-(으)ㅁ' 결합형 명사의 경우이고 (11나)는 '-기' 결합형 명사의 예이다. 이들을 분석하면 '끝맺음'을 [끝[맺음]]이나 [[끝맺]음]으로 분석할 수 있으며 '줄넘기' 역시 [줄[넘기]]와 [[줄넘]기]로 분석할 수 있다. 전자의 분석 방식대로 하면 이들은 명사형 어미가 최종 단어의 직접구성요소가 아닌 경우에 해당하고 후자의 방식대로 분석하면 명사형 어미가 최종 단어의 직접구성요소인 경우에 해당하는 것이다. 그러나 이들 단어의 의미는 다음과 같다.

(12) 끝맺음: 어떤 일이나 글의 끝을 마무리하는 일.
　　　줄넘기: 가. (기본의미) 두 사람이 긴 줄의 양끝을 쥐고 커다란 원을 그리면서 돌리고 나머지 사람들이 그 줄을 뛰어넘는 놀이.
　　　　　　　 나. [체육] 줄의 두 끝을 양쪽 손에 쥐고 돌려 머리 위로 넘기며 그 줄을 뛰어넘는 운동. 또는 그렇게 하는 줄.

(12)는 『고려대 한국어대사전』에서 등재되어 있는 뜻풀이를 가져온 것이다. 이들의 의미는 '[끝을 마무리하는] 일'과 '[줄을 뛰어넘는] 운동/놀이'로 간단하게 설명할 수 있다. 그러면 이들 단어를 분석할 때 또한 의미를 고려하면 명사형 어미가 최종 단어의 직접구성요소의 경우로 취급할 수 있다. 따라서 이 책에서는 이를 이른바 '종합 합성어'인 제삼의 유형으로 별도 제시하지 않고 명사형 어미가 최종 단어의 직접구성요소

하기로 한다.

인 경우의 예로 제시하였다. 사실상 송철의(1992)를 비롯한 기존의 논의에서도 이를 파생어로 귀속시키는 경우가 많다. 그러나 서론에서 언급했듯이 고영근·구본관(2018)처럼 '웃음, 부끄러움; 던지기, 빠르기' 등을 파생 명사로 보고 '말다툼, 몸가짐' 또한 '줄넘기, 글짓기' 등을 합성어로 보는 논의도 있다. 이는 [말[다툼]], [줄[넘기]]의 분석 방식을 따른 것으로 볼 수 있다.

4.1.1.3. '-(으)ㅁ, -기' 결합형 명사의 형성

명사형 어미 결합형 명사의 형성은 '-(으)ㅁ', '-기'의 지위에 대한 견해와 관련된다. 기존 연구에서 이들 단어의 형성에 대한 관점을 다음의 세 가지로 정리할 수 있다.

> (13) '-(으)ㅁ, -기' 결합형 명사의 형성에 대한 견해들
>   가. (ㄱ). '-(으)ㅁ', '-기'를 접미사로 보는 견해는 '-(으)ㅁ', '-기'가
>   최종 단어의 직접구성요소인 경우를 파생법에 의해 형성
>   된 것으로 보고, 최종 단어의 직접구성요소가 아닌 경우의
>   명사 결합형을 잠재어로 보고 뒤의 'X'와 결합해서 이들
>   단어가 형성된다는 것이다.
>   (ㄴ). '-(으)ㅁ', '-기'를 어미로 보는 견해는 주로 이들 단어는 단
>   어화를 겪은 것으로 본다.
>   나. 채현식(2003가)처럼 이를 유추에 의해 형성된 것으로 보는 관점
>   도 있다.[32]

---

[32]   채현식(2003가)는 '-(으)ㅁ' 결합형 명사에 한정하여 논의를 진행하였다. 또한
       송원용(2005) 역시 유추에 의해 형성된 명사형 어미 결합형 명사가 존재한다는
       입장이다.

(13가)의 첫 번째 관점은 송철의(1992: 173-174)와 김창섭(1996: 28)이 대표적이다. 이들 논의에서 '-(으)ㅁ'와 '-기'를 파생 접미사로 보고 명사형 어미가 최종 단어의 직접구성요소인 경우에는 파생 명사로 간주한다. 명사형 어미가 최종 단어의 직접구성요소가 아닌 경우에 대해 'V-(으)ㅁ', 'V-기'를 잠재적인 파생어로 간주하여 다시 후행 성분과 결합해서 '-(으)ㅁ, -기' 결합형 명사가 형성된다고 주장한다. 즉 '갈림길'형의 합성에 참여하는 명사형을 잠재적 파생 명사로 처리하고 이들이 다시 합성 명사를 형성하는 것으로 보았다. 이때 'V-(으)ㅁ', 'V-기'형은 오직 단어의 내부에서만 나타나고 통사적인 구성을 이룰 수 없어 '갈림길'형의 합성 명사들은 '구의 단어화'로써는 이루어질 수 없음을 밝히었다(이상욱 2004).

그러나 이 선행하는 명사형을 잠재어로 보는 것도 설명력이 불충분한 면이 있다. 잠재어의 설정에 대해 부정적인 의견을 보여준 황화상(2009)에서는 '갈림길'의 형성은 다음과 같은 두 가지 가능성이 있다고 하였다.

(14) 가. '갈림'의 형성→'갈림길'의 형성: 하나는 두 개의 단어형성 과정을 차례대로 거쳐서 만들어진 것이다.
　　 나. '갈림길'의 형성: 다른 하나는 선행 요소가 단어형성 규칙의 출력형이 아니라면 단일한 단어형성 과정을 거쳐서 만들어진 것이라고 보는 것이다.

(14)의 두 가지 관점에서 '갈림'을 단어형성의 최종 출력형과 중간 출력형이라는 점에서 본질적인 차이가 있다. 황화상(2009)는 잠재어의 형성과 단어의 형성을 다르게 본다. 단어는 일정한 형태와 일정한 의미를 가지며, 단어형성은 새롭게 만들어진 의미(혹은 개념)를 담을 수 있는 적절한 형태를 만드는 과정이다. 그러나 잠재어를 형성하는 과정은 단순히

다음에 있을 단어형성 과정을 위해 적절한 형태를 만드는 과정일 뿐 단어 의미와는 관련이 없다고 지적하였다.[33] 다시 말하면 이는 결과적으로 잠재어를 형성하는 '접사'가 특정한 의미를 갖지 않는다는 것을 뜻한다. 김창섭(1983: 93)에서도 '-(으)ㅁ, -기, -이, -개' 등의 접사는 '갈림길'형 복합명사 형성의 중간 단계인 'V+suffix'를 만드는 기능을 띨 뿐 어떤 의미를 지니지 않는다고 보았다(황화상 2009).

이상의 논의와 달리 (13ㄴ)는 단어의 형성을 단어화로 보는 것이다. 예컨대 송원용(2005)는 송철의(1992)를 비판하면서 명사형 어미가 최종 단어의 직접구성요소인 경우의 단어 형성을 통사 구성의 단어화로 보았다. 그 이유 중의 하나는 대응되는 통사 구성의 형성이 공시적으로 가능하고 개별 단어의 의미가 대응 통사 구성의 그것과 동일하다는 것이다. 그러나 송원용(2005)에서도 인정한 바와 같이 '그림, 무침, 묶음, 받침, 볶음, 조림, 짐, 찜, 튀김, 술적심' 등은 통사 구성의 단어화에 의해 형성된 것이 아니거나 의미가 특수화되었다고 별도로 설명을 해야 한다. 송원용(2005)의 설명 방식 역시 예외가 있다는 것이다.

시정곤(1994: 126-127)에서는 '-(으)ㅁ'을 파생 접미사가 아닌 명사형 어미로 보고 통사적 구성이 굳어지고 있는 과정에 있다고 주장한다. 그리고 '-(으)ㅁ'을 명사화 어미라고 주장한 시정곤(1994/1998)에서도 잠재적 파생어의 문제점을 지적하고 'V-(으)ㅁ'형을 단어화의 과정을 밟고 있는 중간 단계라 하였다. 이상욱(2004)는 '갈림길'형 단어들의 형성 역시 통

---

33   황화상(2009: 각주9)에서 '손톱깎기'의 예를 들어 만드는 과정은 '손톱을 깎는 기구'라는 의미를 담을 수 있는 형태를 만드는 과정이다. 한편 단어형성의 과정은 단어 형태의 형성뿐만 아니라 단어 의미의 형성까지를 포괄하는 넓은 의미로 이해할 수 있다.

사론적 구성의 단어화에 의한 것임을 주장한다. 즉 관형 성분으로 쓰인 '(X+)V-(으)ㅁ', '(X+)V-기'형 임시어와 후행명사의 결합으로 '갈림길'형 단어의 형성을 설명할 수 있다(이상욱 2004).[34] 명사형 어미가 최종 단어의 직접구성요소인 경우와 그렇지 않은 경우를 모두 고려하면 완벽한 형성법이 아닐 수도 있지만 이는 형성의 측면을 중시하고 파생으로 보는 관점과 비교하면 단어의 본질에 가까워졌다는 느낌을 준다.

이외에는 (13나)처럼 이들 단어가 유추에 의해 형성된다는 관점도 있다. 이 관점은 주로 명사형 어미가 최종 단어의 직접구성요소가 아닌 경우에 대해 적용한 것이다. 채현식(2003가)에서는 'V-(으)ㅁ'형의 '-(으)ㅁ'이 독립된 파생어를 형성하기 위해 도입된 요소가 아니라는 점과 '-(으)ㅁ' 결합형이 통사적 성분을 이루지 않는다는 점을 들어 '-(으)ㅁ'을 '명사적 어근 형성 전용 요소'라 명명하고 있다. 이때 '갈림길'형 합성 명사의 형성은 '춤꾼', '얼음눈'과 같이 독립적인 'V-(으)ㅁ'형 명사가 참여한 합성 명사에 유추된 것으로 보았다. 채현식(2003가)에 따르면 이들 단어는 'V-(으)ㅁ'이 명사로 굳어져서 합성에 참여한 단어들에 유추되어 형성된 것으로 파악하고 'V-(으)ㅁ'의 '-(으)ㅁ'을 합성을 위한 어근을 형성하는 요소로 규정하고 있다. 송원용(2002가)는 종래 송원용(1998)에서

---

34 한편, 오규환(2008)은 이상욱(2004)에서 제기된 통사적 구성의 단어화를 다음과 같이 도식화를 하였다.

발화 상황에 주어진 개념·대상→명명의 욕구
→통사론의 원리에 따른 통사원자 배열+창의적 의미 부여

이상욱(2004)는 '통사적 구성의 단어화'를 공시적인 단어 형성 원리로 수용하게 되면 '동일한 구조의 통사적 구가 늘 먼저 존재해야 할 필요는 없다'고 설명하고 있다. 오규환(2008)은 이 이론을 명사형 어미 결합어('-(으)ㅁ, -기' 결합어)의 형성 원리를 설명하는 데에 전적으로 동의한다는 입장을 취한다.

제시한 유추의 틀을 수정하고 채현식(2003가)의 논의를 수용하고 있다(이상욱 2004).[35]

이 연구에서는 명사형 어미가 최종 단어의 직접구성요소인 경우와 그렇지 않은 경우를 아울러서 고려하여 단어의 형성이 단어화의 과정과 유추의 틀이 서로 보완함을 주장하고자 한다. 명사형 어미가 최종 단어의 직접구성요소가 아닌 경우를 보면 어미 결합형이 하나의 실질적인 단어로 보기도 어렵고 '어미 결합형+X'를 형성하기 위해 거치는 중간적인 과정일 뿐이다. 그러면 이들 단어의 형성을 '동사/형용사의 명사형+X'의 틀에 의해서 만들어진 것으로 보면 설득력이 강한 것이다. 그러나 이때 (7)의 '얼음판, 볶음국수, 비빔밥, 찜닭' 등 단어의 형성 과정이 합성이 아닌가 하는 의문도 제기할 수 있다. 결론부터 말하자면 이들을 분석할 때는 합성어로 분석할 수 있지만 엄밀하게는 합성에 의해 형성된 것이 아니라고 본다. 이들 단어의 선행 성분인 '얼음, 볶음, 비빔, 찜' 등은 단어 내에서 하는 역할은 명사가 아니고 명사형임을 강조할 필요가 있다. '얼음판', '볶음국수'를 예로 들자면, '얼음'과 '얼음판', '볶음'과 '볶음국수'의 해석은 다음과 같다.

    (15) 가. 얼음: 물이 얼어 굳어진 것.
       가'. 얼음판: 물이 얼어서 너르게 펼쳐진 곳.
       나. 볶음: 어떤 재료에 양념을 하여 번철 따위에 볶는 조리법. 또는

---

35   송원용(1998)은 이 단어들에서 발견되는 선행 성분의 '-(으)ㅁ'을 명사형 어미로 본다는 점에서 시정곤(1994)의 입장과 같지만 이들이 파생 명사화의 과정을 겪고 있다고 보지 않는다. 송원용(1998)은 이러한 유형의 명사 중 일부가 '유추의 틀'에 의해 형성됨을 주장하였다. 송원용(1998: 89-90)에 의하면 명사화 어미 '-(으)ㅁ', '-기' 결합형은 '산길', '들길' 등의 합성 명사에 유추되어 다시 '갈림길'과 같은 합성 명사를 형성한다는 것이다.

그렇게 만든 음식.

나'. 볶음국수: 채소를 볶다가 약간 덜 삶은 국수를 넣고 볶은 음식.

(15)는 『고려대 한국어대사전』에서 제시한 뜻풀이이다. 이 뜻을 보면 '얼음판'은 오직 명사 '얼음'과 '판'이 결합하여 만들어진 것으로 보면 무리가 있다. 만약 그렇게 본다면 '얼음+판'은 '명사+명사'형 합성 명사로 볼 수 있다. 그런데 그 뜻은 '얼음으로 만든 판'이 아니고 '물이 얼어서 너르게 펼쳐진 곳'이라 단순한 '얼음'과 '판'을 합쳐서 만들어진 것이 아님을 증명할 수 있다.[36] 그리고 '볶음국수' 역시 '볶음'과 '국수'에서 나온 것이 아니고 '국수를 볶다'의 의미에서 비롯된 것이다. 그래서 이 단어는 단순히 '볶음'이란 명사와 '국수'를 더한 것이 아니다. 따라서 (7)의 단어들의 경우 그의 형성 방법을 고려하면 합성 명사로 보기가 어렵다.

이는 '보기신경' 등 예를 고려하면 더 명백한데, '보기신경'에서의 '보기'는 명사형이 명사로 굳어진 '보기'와 의미가 다르다. '보기신경'의 '보기'는 '시각(視覺)'이라는 의미여서 명사형인 '보기'임에 틀림이 없다. 『우리말샘』에서 '쓰기단(端)'이라는 단어를 찾을 수 있다. 단어로 굳어진 '쓰기'는 '국어 학습에서, 글 쓰는 사람의 생각이나 느낌을 글로 정확하게 표현하는 일'이라는 뜻이지만 '쓰기단'은 '자기 테이프나 자기 디스크에서 정보를 기록만 할 수 있는 부분'의 뜻하는 것으로 '쓰기'는 명사형임을 확인할 수 있다.

그러나 여기서 '꿈자리'의 경우를 별도로 언급할 필요가 있다. '꿈자리'는 사전에서 '꿈에 나타난 길흉의 징조. 앞의 길흉을 판단할 수 있는

---

36 '얼음과자, 얼음귀신, 얼음그릇, 얼음길, 얼음꽃, 얼음냉수, 얼음덩어리, 얼음덩이, …' 등과 같이 '얼음X' 형식의 단어는 그 유형 빈도가 높다. 이러한 점에서 '얼음판, 얼음낚시'는 대치 혹은 틀에 의해 형성된 것일 가능성도 있다.

조짐이 되기도 한다.'라고 해석하고 있다. 이 단어의 어원을 보면 15세기
의 ≪두시언해≫에서 처음으로 등장한 것이다.

(16) 다ᄅᆞᆫ ᄀᆞ올히 와 ᄭᅮᆷ자리 하니 버들 일코 내 머므러 잇노라
    (他鄕饒夢寐, 失侶自迍邅)

≪두시언해 20:20ㄱ≫

(16)은 ≪두시언해≫에서 볼 수 있듯이 'ᄭᅮᆷ자리'는 한자 '夢寐'를 번역
한 것이다. 즉 'ᄭᅮᆷ자리'의 형성은 번역의 욕구에 의한 것이다. '夢寐'에
대응하는 고유어 단어를 만들어야 할 때 생긴 단어이다. 여기의 'ᄭᅮᆷ' 또
한 15세기 문헌에서부터 나타난 것이다. 『우리말샘』에서의 설명을 참고
하면 'ᄭᅮᆷ'은 동사 '꾸다'의 옛말인 'ᄭᅮ-'에 명사형 어미 '-움'이 결합한
활용형이 명사가 된 것이다. 따라서 'ᄭᅮᆷ'이란 단어의 형성은 명사형 'ᄭᅮᆷ'
이 굳어진 것으로 보고 'ᄭᅮᆷ자리'는 '명사형+X'의 틀대로 만들어진 것으
로 볼 수 있다.

이상의 해석 방식으로는 명사형 어미가 최종 단어의 직접구성요소가
아닌 경우를 설명할 수 있으며 명사형 어미가 최종 단어의 직접구성요
소인 경우는 명사형에서 단어화된 것으로 볼 수 있다. 이러한 설명 방식
으로는 모든 명사형 어미 결합형 명사의 형성을 파악할 수 있다. 그리고
명사형 어미가 최종 단어의 직접구성요소가 아닌 경우의 형성에 대해서
도 따로 합성과 유추의 틀로 나눌 필요가 없다.

이 책의 입장은 채현식(2003가)와 송원용(2005)을 적극적으로 받아들인
것이다. 채현식(2003가)는 '누름통'의 예를 들어 '누름'의 '-(으)ㅁ'은 독립
된 파생어를 형성하기 위해 도입되지 않았다는 점에서 파생 접사로 보
기도 어렵다. '누름'은 기존의 합성 명사들인 '춤가락, 춤꾼, 춤동작, 춤

마당, 춤판; 얼음과자, 얼음귀신, 얼음길, 얼음꽃, 얼음끌, 얼음낚시, 얼음 덩이, 얼음물, 얼음사탕' 등으로 이루어진 계열체로부터 추상된 [[V-음]N-N]N틀에 유추되어 도입된 요소이다. 즉 '누름'은 후행 명사와 결합시켜 더 큰 구성을 형성하려는 데 목적이 있는 것이므로 파생으로 보기는 어렵다고 보았다. 송원용(2005: 142-143)는 이들 단어의 두 직접구성요소는 모두 단어 이상의 문법적 지위를 가지지만 그 결합 방식의 특이성으로 인하여 개별 단어에 대응하는 통사 구성을 공시적으로 생성할 수 없다고 보았다. 송원용(2005)는 이들 단어가 개별 후행 성분을 주축으로 삼아 진행되는 유추적 합성을 통해 형성된 것으로 파악하였다. 예를 들면 '갈림길, 지름길, 에움길, 나름길, 달림길, 돌림길' 등은 서로 어휘관계망을 이루고 있는데, 그 가운데 '갈림길'은 '지름길, 에움길'을 유추의 기반으로 하여 형성된 것으로 보인다. 즉 '지름길, 에움길'의 후행 성분 '길'을 유추의 주축으로 삼고 해당 단어들의 선행 성분인 'V-(으)ㅁ' 성분을 '갈림'이 대치함으로써 명사 '갈림길'이 형성되었다는 것이다(송원용 2005).[37]

이상에서 논의한 바와 같이 이 책에서도 명사형 어미가 최종 단어의 직접구성요소가 아닌 단어는 '명사형+X'란 틀에 의해서 형성된 것임에 이견이 없다. 송원용(2005)에서 제시된 것처럼 처음에는 유추에 의해 형성되었지만 단어들이 활발하게 만들어지면서 '갈림길'형에서 확대되어

---

37 또한 송원용(2005: 각주179)에 따르면 '갈림길'의 옛말이 '가름길'인 것으로 확인되는데, 이것은 '갈림길'은 '가름길'의 대체형으로 비교적 후대에 형성되었다는 사실을 보여준다. 또 『표준국어대사전』의 최초 출현형 정보를 통해 확인한 바에 따르면 '지름길, 에움길'의 소급형은 '가름길'보다 앞선 시대의 문헌에서 확인되므로 '갈림길'이 '지름길, 에움길'을 유추의 기반으로 하여 형성되었다는 점을 뒷받침해 준다.

'명사형+X'의 틀로 발전한 것이다.[38] 이렇게 단어 형성을 파악하는 이유는 본 절에서 연구하는 명사형 어미 결합형 명사가 매우 생산적이기 때문이다. 단어 형성에 참여하는 어미 또한 접미사가 아니고 어미로 보는 이유 중의 하나가 이는 일반적인 접미사보다 상당히 생산적이라는 것이다.[39] '-(으)ㅁ'과 '-기'를 어미로 보고 명사형 어미가 최종 단어의 직접구성요소인 경우를 명사형에서 단어화된 것으로 보면 단어의 형성이 생산적임을 설명할 수 있다. 이 경우 명사형이 얼마든지 생길 수 있으며 이들 명사 또한 매우 활발하게 만들어진다. 명사형 어미가 최종 단어의 직접구성요소가 아닌 경우는 '명사형+X'의 틀에 의하여 단어가 형성된다. 이 경우에도 명사형이 수시로 만들어질 수 있으며 이것이 뒤의 'X'와 결합만 하면 새로운 단어가 생성될 수 있다.[40] 여기에서 'X'는 명사일 수도 있고, 접미사일 수도 있다. 즉 어미가 최종 단어의 직접구성요소가 아닌 경우는 명사형이 다시 명사와 결합할 수도 있으며 접미사와 결합할 수도 있다. 그러나 여기에서의 접미사는 '명사'로 간주해도 무방하다. 대부분의 접미사가 한자어이거나 어휘적 의미를 더하는 것이기 때문이다. 이는 일반적인 명사와 큰 차이가 없다고 볼 수 있다. 따라서 이러한 해석 방식으로는 명사형 어미 결합형 명사의 형성 및 생산성을 쉽게 설명할 수 있다. 그리고 무엇보다 형성의 측면에서 고려하면 이러한 형성 방식이 가장 설득력이 있다. 또한 한국어에서 명사형 어미를 비롯한 어미가 단어 형성에 참여하는 현상을 보다 쉽게 이해할 수 있다.[41]

---

38 이 책에서는 틀의 형성이 귀납에 의한 것으로 본다.
39 예를 들어 '졸음운전' 등 단어는 이 '명사형+X'의 틀로 생긴 것이다.
40 가령 최근에 나타난 단어로 '멍때리기 대회'라는 말이 있다. 이는 '명사형+X'의 틀로 만들어진 것으로 보인다. 물론 틀의 기반이 되는 것은 먼저 단어화에 의해 형성된 것이다.

이상의 내용을 정리하자면 논의한 '-(으)ㅁ'과 '-기'의 문제는 조어법을 연구하는 두 가지 방식과 관련이 있다. 분석의 측면에서는 이들을 접미사로 분석할 수 있지만 형성의 측면에서는 이들을 접미사로 보기가 어렵다. 따라서 이 책은 이 명사형 어미 결합형 명사는 단어화나 유추의 틀에 의해서 형성된 것으로 본다. 이처럼 단어 형성에 참여하는 '-(으)ㅁ', '-기'를 명사형 어미로 보고 오직 단어를 분석할 때 이들을 '접미사'로 분석할 가능성이 있다.

4.1.2. 관형사형 어미 '-(으)ㄴ, -(으)ㄹ' 결합형 명사

관형사형 어미 '-(으)ㄴ', '-(으)ㄹ'의 의미와 관련된 논의가 많이 있으며 혼란을 일으킬 수 있다. 이 책은 임동훈(2009)에 따라 전자는 서실법에 속하는 것이고 후자는 서상법에 속하는 것으로 본다. 이는 '-(으)ㅁ, -기'의 처리 방식과도 일맥상통한다. 다시 말해 서상법 표지에는 '-(으)ㄹ'과 '-기'가 있고, 서실법 표지로는 '-(으)ㄴ'과 '-(으)ㅁ'이 있다.[42]

다음으로 관형사형 어미에 대해 간단하게 정리해 보면, 임동훈(2016)

---

41 새로이 성립된 개념은 새로운 단어를 요구한다. 특히 현대에 와서 새로운 물건의 발명에 따른 명명, 외국어 단어의 번역, 기존의 한자어를 고유어로 바꾸는 작업 등에 따라 새로운 명사들이 활발히 만들어지고 있는데 그중에서도 '줄넘기'형과 '갈림길'형이 가장 생산적으로 만들어지고 있는 것으로 보인다. 또한 그들의 의미도 구성적(compositional)이다(김창섭 1983).

42 서법은 서실법(realis)과 서상법(irrealis)으로 갈리는데, '-을'은 서상법에 속하고 '-은'은 서실법에 속한다. 서실법은 상황을 실현된(actualized) 것으로, 그리하여 직접 지각하여 알 수 있는 것으로 기술하는 방식이며, 서상법은 상황을 순전히 사고의 영역에 있는 것으로, 그리하여 상상을 통해서만 알 수 있는 것으로 기술하는 방식이다. 서법은 굴절형으로 실현되면서 화행과 관련되거나 필수성을 동반하는 경우를 가리킨다. 서실법, 서상법 체계는 보통 시제 체계와 함께 나타나지 않고 과거와 현재는 서실법으로, 미래는 서상법으로 나타남이 일반적인데, '-(으)ㄹ'과 '-기'도 모두 미래 상황에 쓰일 수 있다는 공통점이 있다(임동훈 2009).

에 따르면 '-(으)ㄴ' 앞에는 무표의 완결상 표지, 현재 비완결상 '-느-', 과거 비완결상 '-더-'가 올 수 있으나 '-(으)ㄹ' 앞에는 과거를 나타내는 '-었-'과 비과거를 나타내는 '-었-'의 부재형이 올 수 있다. 임동훈(2016)에서는 다음과 같은 예시를 제시하였다.

> (17) 가. 철수가 만난(←만나+ø+ㄴ) 사람
> 나. 철수가 만나는(←만나+느+ㄴ) 사람
> 다. 철수가 만나던(←만나+더+ㄴ) 사람
> 라. 철수가 만났을(←만나+았+을) 사람
> 마. 철수가 만날(←만나+ø+ㄹ) 사람

(17다)와 (17라)의 경우는 이 책에서 다루는 관형사형 어미 결합형 명사에 나타나지 않는다. 즉 '-던'이나 '-았/었을'이라는 형태를 포함하는 명사가 없다는 것이다. 이 책에서 다루는 관형사형 어미 결합형 명사는 '-(으)ㄴ' 결합형에는 동사나 형용사가 선행할 수 있는 반면에 '-(으)ㄹ' 결합형에는 동사만 선행할 수 있다. '-(으)ㄹ'은 앞말이 관형어 구실을 하게 하고 추측, 예정, 의지, 가능성 등 확정된 현실이 아님을 나타내는 어미이기 때문이다.[43] 또한 관형사형 어미 '-(으)ㄴ'이 결합하는 경우, 동사('만나다'로 예를 들면)가 선행하면 완결상인 '만난'이나 현재 비완결상의 '만나는'이 될 두 가지 가능성이 있고 형용사('예쁘다'로 예를 들면)가 선행하면 무표의 완결상 표지가 붙인 '예쁜'만으로 나타난다. 그리고 '-(으)ㄹ'의 경우는 동사가 선행하는 예만 있다.[44]

본 절에서는 먼저 단어 형성에 참여하는 '-(으)ㄴ'과 '-(으)ㄹ'의 지위

---

43   '-(으)ㄹ'에 대한 해석은 『표준국어대사전』을 참조한 것이다.
44   관형사형 어미의 의미와 범주에 대해 임동훈(2009)에서 구체적으로 논의하였다.

를 논의하고자 한다. 그 다음으로 관형사형 어미들이 단어 형성에 참여
하는 양상을 살펴보고자 한다. 이상에서 제시된 바와 같이 '-(으)ㄴ' 결
합형 명사의 경우는 선행 성분이 동사와 형용사인 것으로 나눌 것이고
'-(으)ㄹ' 결합형 명사의 경우는 선행 성분이 동사인 경우만 있다. 따라
서 주로 이 세 가지로 나눠서 제시할 것이다. 마지막으로 관형사형 어미
결합형 명사의 형성을 논의하고자 한다.

4.1.2.1. 단어 형성에 참여하는 '-(으)ㄴ, -(으)ㄹ'의 지위

명사형 어미 결합형과 마찬가지로 단어 형성에 참여하는 '-(으)ㄴ, -(으)
ㄹ'의 지위가 무엇인지를 살펴볼 필요가 있다. 명사형 어미 결합형 명사
의 경우는 명사형 어미를 접미사로 보는지가 주된 논쟁거리였으며 본
절에서도 역시 이를 접사로 보는 관점에 대해 의문을 제기할 것이다. 그
러나 본 절에서는 접미사보다 이를 삽입 접사로 보는 관점에 대해서도
논의하고자 한다. 정리하자면 본 절의 내용은 두 가지이다. 하나는 '-(으)
ㄴ, -(으)ㄹ'이 접미사인지의 문제이고 하나는 이들이 단어 내부에서는
통사적 구성과 달리 아무런 의미가 없는 일종의 '삽입 접사'로 보는지의
문제이다. 그리고 전자와 관련된 논의는 명사형 어미 결합형 명사 부분
에 충분히 논의되었기 때문에 전자보다는 후자의 문제를 중점으로 다루
고자 한다.

김인택(2003)처럼 이들을 파생 접미사로 보고 '받은'이란 구성이 다시
'돈'과 결합하여 '파생' 후 '합성'으로 보는 관점이 있다. 이때의 '접사'는
어미와 어떻게 구별하고 이들의 관계를 어떻게 파악하는지 등의 여러
가지 문제가 존재한다. 또한 명사형 어미 '-(으)ㅁ', '-기'의 경우는 '-(으)

ㅁ', '-기'로 끝나는 명사가 많고 파생 명사도 전형적인 명사 형식이라 접사로 볼 수도 있지만, '-(으)ㄴ', '-(으)ㄹ'의 경우 '-(으)ㄴ', '-(으)ㄹ'로 끝나는 관형사가 워낙 전형적이지 않기 때문에 이런 형식을 '파생 관형사'로 보기가 어렵다. 관형사형 결합형은 관형사보다는 구 구조에서의 관형어로 보는 것이 더 설득력이 있다.

명사형 어미 결합형 명사와 비슷하게 관형사형 어미 결합형도 자체가 관형사가 될 수 있다. 물론 이는 이 책의 연구 대상에 포함되어 있지 않다. 그러나 '다른, 바른, 아무런, 모든; 빌어먹을, 염병할, 우라질, 제미붙을' 등과 같은 단어들에서도 '-(으)ㄴ, -(으)ㄹ'을 접미사로 보기는 어렵다. 이들 단어에서 '-(으)ㄴ, -(으)ㄹ'이 하는 역할은 관형사형 어미와 차이가 그다지 없으며 명사형 어미의 경우와 마찬가지로 관형사형 자체가 단어화된다는 것으로 보아야 마땅하다. 그리고 비록 표준어가 아니지만 '늙은네'와 '늙으신네'의 두 단어가 존재한다는 것을 보면 '-(으)ㄴ'이 어미라는 관점에 대해 증거를 더 제공해 주는 것이다. 이는 '-(으)시-'와 결합할 수 있다는 점에서 보아도 어미임을 확인할 수 있다. 따라서 이 책에서는 이를 파생 접사로 보지 않고 구 구성에서와 같이 관형사형 어미로 본다.[45]

그러나 명사형 어미 '-(으)ㅁ', '-기'의 경우와는 달리 관형사형 어미 '-(으)ㄴ', '-(으)ㄹ'이 단어의 구성성분으로서의 문법적인 의미를 갖지 않는다는 점을 들어 이들이 어미가 아니라 일종의 삽입 접사일 뿐이라는 주장도 있다. 예컨대 황화상(2001), 김동찬(2005) 등이 이렇게 주장하고 있다. 허철구(2015) 역시 이에 대해 논의했으나 결국은 이들 어미가

---

45   본 절의 연구 대상은 명사형 어미 결합형 명사 내부의 '-(으)ㅁ', '-기'를 어미로 보는 데에 증거를 제공해 줄 수 있다.

단어 형성에 참여할 때도 어미로 본다는 것이다.

황화상(2001)은 이들 관형사형 어미가 단어 형성에 참여하는 경우뿐만 아니라 조사, 명사형 어미나 연결어미, 종결어미 등 이 책의 연구 대상에 포함되어 있는 것들을 모두 삽입접사로 보았다.[46][47] 정한데로(2018가)에서 북한의 연구로서 김동찬(2005)를 소개하였다.[48] 김동찬(2005: 117-126)은 단어 내부의 'ㄴ'과 'ㄹ' 형태를 '련결자음'으로 해석하였다. '어음론(음운론)적 조건'에 따라 특별한 의미를 추가하지 않고 '련결모음'과 '련결자음'이 단어 형성에 관여할 수 있다고 보는 것이다. 김동찬(2005: 123-124)는 '들가방, 멜끈' 등과 같이 'ㄹ'이 단어 구성 내부에 참여한 단어들의 경우, 이때 'ㄹ'이 지니는 문법적 기능이 없다는 점에서 단순히 음운론적 요인에 이끌려 'ㄹ'이 단어 내부에 참여한 것으로 본다. 'ㄴ'도 마찬가지이다.[49]

---

46   다만 '도'는 제외된다.

47   이에 대해 2장에서도 언급하였다. 황화상(2001)에서는 이들을 관형사화 접사로 본다. 황화상(2001)은 김창섭(1996)에서 제기한 '잠재어'를 반대하는 이유 가운데 하나가 잠재어의 개념을 통한다고 하더라도 '작은집, 참을성, 멜꾼, …' 등의 형성 과정에서 임시적으로 만들어지는 '작은, 참을, 멜, …' 등의 형태 단위에 대해서는 어떠한 언급도 할 수 없다는 데 있다. 따라서 '잠재어'로 앞에서 언급한 명사형 어미 결합형을 설명할 수 있더라도 관형사형 결합형을 설명하기 어렵다. 시정곤(1994)에서는 복합 명사의 두 형성 요소 사이에 삽입되는 접사 '-은, -는, -을, -음 …' 등과 복합 동사의 두 형성 요소 사이에 삽입되는 접사 '-어'를 모두 통사적 기능접사(C)로 설정했다. 황화상(2001)에서는 '참을성, 노는꾼, 멜꾼, 작은집, 흰밥, 노는계집,…' 등과 같이 후행 요소가 접사인 경우에도 이들 복합어가 통사부에서 형성된다고 가정하기 어려우며, 따라서 관형사화 접사 '-은, -는, -을' 또한 통사적 접사라고 보기 어렵다고 하였다. 황화상(2001) 참조.

48   이하 김동찬(2005)의 내용은 모두 정한데로(2018가)에서 가져온 것이다.

49   김동찬(2005)는 다음과 같이 서술하였다.
      "가. 이렇게 보게 되는 것은 의미부들이 결합될 때 그 사이에서 [리]소리가 덧나는 것이 많은데 그 [리]가 형태조성의 ≪ㄹ≫토가 아니기 때문이다. (중략) ≪들가방≫, ≪멜끈≫, ≪디딜방아≫와 같은 합성어에서 ≪ㄹ≫는 시

허철구(2015)에서 이처럼 단어 내부에 존재하는 '-(으)ㄴ', '-(으)ㄹ'에 대해 구체적인 예를 통해서 보다 자세하게 논의했다.

(18) 가. 나는도마뱀/나는다람쥐: 날도마뱀/날다람쥐
　　　나. 미는끌(나무를 밀어서 깎는 끌): 밀돌(곡식 따위를 밀어서 부스
　　　　　리뜨리는 돌)
　　　다. 듣는힘: 들을힘(북)
　　　라. 누운와: 누울와
　　　마. 미는목: 밀문
　　　바. 도는문(북): 돌길
　　　사. 나느물: 썰물
　　　아. 여는다리(북. 위로 열리는 다리): 열창(열고 닫을 수 있는 창)
　　　자. 가는기계(북. 공작물을 회전시켜 가는 기계): 갈돌(열매 따위를
　　　　　가는 돌)
　　　차. 기는줄기(땅 위로 기어서 뻗는 줄기): 길벌레(기어 다니는 벌레)

　허철구(2015)에서 지적한 점은 (18)의 '-(으)ㄹ' 개재 단어들은 통사적 구성의 미래 시제, 미완료상, 추측 등의 양태 등의 기능을 가져야 할 것이나, 그러한 의미를 찾을 수 없고 통사부에서 구별되는 '-는' 관형형과의 의미 차이도 찾기 어렵다는 것이다.[50]

　그러나 단어 내부에서의 '-(으)ㄹ'과 '-(으)ㄴ'이 의미 차이가 없다는 문제로 이 '-(으)ㄹ'과 '-(으)ㄴ'을 아무런 의미 없는 '삽입 접사'로 간주

　　　간의 문법적의미와는 아무런 관계도 없다. 그저 ≪ㄹ≫가 붙은 의미부가 그뒤의 의미부와 규정어-피규정어의 관계로 이어주는 역할을 할뿐이다.
　　나. 바로 이렇게 단어조성적성분이 뜻을 가지지 않고 의미부들의 련결을 어음상 원활하게 하여주는 자음이 련결자음인것이다. (중략) 련결자음으로서 ≪ㄹ≫다음으로 두드러지는것은 ≪ㄴ≫이다."

50　물론 허철구(2015)는 이들을 어미로 보았다. 이상에서 제시한 것은 허철구(2015)에서 후속 논의를 마련하기 위해 제시할 것일 뿐이다.

하는 것도 신중을 기할 필요가 있다. 임동훈(2009)에서 통사 구성일 경우에 양자 간에 선택에 대해 설명을 하였다. 특정한 상황에서 '-은'을 선택하느냐 '-을'을 선택하느냐 하는 것은 핵어 명사의 지시성과 연관된다. 이러한 특성은 '-을'이 명사구 보문 구성에서 '때, 무렵' 등과 같은 명사 앞에 쓰일 때에도 발견된다. '때' 앞에 '-은'이 올 때에는 화자가 특정한 때나 정해진 때를 염두에 두는 경우인 반면, '-을'이 쓰일 때에는 불특정한 때를 가리키는 것으로 이해된다(임동훈 2009). 그리고 한자에 대해 새김을 할 때 사용하는 '-(으)ㄹ'도 같은 선상에서 설명할 수 있다. [갈 去]와 같은 한자의 새김에서 '-을'을 쓰는 이유도 마찬가지로 이해된다. 임동훈(2009)에 따르면 '갈 去'류는 관계절 구성이 아닌 보문 구성으로서 이때 보문 명사는 사전 표제어 구실을 한다. 그런데 사전에서 표제어 기능을 하는 한자는 특정한 글자가 아니라 추상적인 대상이므로 선행하는 관형사형은 특정한 사건을 가리키기 어렵다. 이런 점에서 '-(으)ㄴ, -(으)ㄹ' 중에서 '-(으)ㄹ'이 선택된 것이라고 지적하였다.[51]

따라서 단어 형성에 참여하는 '-(으)ㄴ, -(으)ㄹ'이 통사 구성에서와 달리 아무런 의미가 없다는 점을 들어 '삽입 접사'로 보는 것도 문제가 있다. '-(으)ㄴ, -(으)ㄹ'의 선택 문제는 단어 내부뿐만 아니라 통사 구성에서도 마찬가지이기 때문이다. 이상의 설명으로는 '-(으)ㄴ, -(으)ㄹ'의 의미와 선택에 존재하는 의문이 해소될 수 있다.

관형사형 어미 '-(으)ㄴ, -(으)ㄹ'이 단어 형성에 참여하는 경우와 관련

---

51 임동훈(2009)에서는 '大[큰 대], 白[흰 백]' 등 일부 고빈도 형용사에서 '-(으)ㄴ'이 쓰이는 것은 예외라 하였다. 그리고 '大[큰 대], 白[흰 백]'을 '巨[클 거], 素[횔 소]'와 비교해 보면 새김에 '-은'이 쓰인 글자가 언중들에게 더 친숙한 한자였음을 짐작할 수 있다(임동훈 2009). 한편, 한자 새김을 할 때 쓰이는 '-(으)ㄴ, -(으)ㄹ'에 대해 심재기(1979)를 참조할 수 있다.

된 논의가 많다. 특히 이때의 '-(으)ㄴ, -(으)ㄹ'이 접사인지 어미인지에 대해 논쟁의 여지가 있다. 이 책의 2장에서 밝혔듯이 '받은돈', '참을성' 등 단어에서 '-(으)ㄴ, -(으)ㄹ'이 단어의 중간에 존재하기 때문에 이들이 하는 역할은 접사로 보기에는 어렵다. 물론 이들을 파생 접미사로 보고 '받은'이란 구성이 다시 '돈'과 결합하여 '파생' 후 '합성'으로 보는 관점 (김인택 2003)도 있지만 이때의 '접사'는 어미와 어떻게 구별하고 이들의 관계를 어떻게 파악하는지 등과 같은 여러 가지 문제가 존재하기 때문에 이 책에서는 이를 파생 접사로 보지 않는 관점을 취한다. 또한 단어 형성에 참여하는 '-(으)ㄴ, -(으)ㄹ'의 의미가 통사 구성에서의 의미와 다를 뿐만 아니라 양자 간의 의미 차이도 희미하고, 양자 간의 선택 역시 문제가 있다는 점을 들어 삽입 접사로 보는 견해도 있다. 이 책에서는 이러한 의미 차이의 문제, 선택의 문제는 통사 구성에서도 존재한다는 이유로 이를 반론하였다. 따라서 이 책의 입장을 다시 강조하자면 단어 형성에 참여하는 '-(으)ㄴ, -(으)ㄹ'도 통사적 요소인 어미로 보고자 한다.

4.1.2.2. 관형사형 어미 '-(으)ㄴ, -(으)ㄹ' 결합형 명사의 양상

명사형 어미 결합형 명사의 경우는 어미가 최종 단어의 직접구성요소 인 경우와 직접구성요소가 아닌 경우로 나눌 수 있다. 그러나 관형사형 어미 결합형 명사의 경우는 '-(으)ㄴ, -(으)ㄹ'이 최종 단어의 직접구성요 소가 아닌 경우만 발견된다. 이 점에서도 명사형 어미 결합형 명사와 차이가 난다.

먼저 관형사형 어미 '-(으)ㄴ' 결합형 명사의 예시를 살펴보겠다. 이 책에서는 이들 단어를 크게 동사 어간인 것과 형용사 어간인 것으로 나

눈다.[52]

(19) 동사(완결상)가 선행하는 관형사형 어미 '-(으)ㄴ' 결합형 명사
  가. 동사 관형사형+명사
    간밤, 고인돌, 건넌방, 군고구마, 군밤, 눋은밥, 닳은꼴, 들은귀,
    들은풍월, 뜬눈, 뜬내, 뜬구름, 뜬소문, 묵은눈, 묵은밭, 묵은세
    배, 묵은쌀, 묵은장, 묵은지,[53] 묻은때, 미친개, 받은돈, 빈말, 빈
    집, 산낙지, 산울타리, 선돌, 식은땀, 준말, 찐빵, 식은밥, 지난
    밤, 지난번, 앉은가래, 앉은자리,[54] 앉은키,[55] 앉은걸음,[56] 앉은
    장사,[57] 앉은부채,[58] 앉은벼락, 앉은계원, 앉은호박(북한), 앉은
    땅호박(북한)
  나. 동사 관형사형+의존명사
    간이, 갓난이, 글쓴이, 난이, 늙은이, 못난이, 박은이, 잘난이,[59]
    지은이, 찍은이, 펴낸이
  다. 동사 관형사형+접미사
    갓난쟁이, 늙은데기, 늙으신네, 덴둥이, 미친증, 앉은뱅이(앉은뱅
    이책상, 앉은뱅이꽃), 얼근배기(방언), 얼근보(방언), 허튼뱅이

(19)에서 제시한 것과 같이 동사 완결상이 결합한 예는 '동사의 관형
사형+명사', '동사의 관형사형+의존명사', '동사의 관형사형+접미사'의

52　(19)의 예시들은 최형용(2003ㄱ)와 송원용(2005)에서 제시한 예시와 필자가 추
　　가한 예시를 모아서 정리한 것이다.
53　묵은지: 오랫동안 숙성되어 푹 익은 김장 김치.
54　앉은자리: 어떤 일이 벌어진 바로 그 자리.
55　앉은키: 두 다리를 모아 넓적다리는 수평이 되게 하고 종아리와 상체는 수직이
　　되도록 걸상에 앉았을 때, 걸상면으로부터 머리끝까지의 키.
56　앉은걸음: 앉은 채로 걷는 걸음걸이.
57　앉은장사: 한곳에 가게를 내고 하는 장사.
58　앉은부채: [식물] 천남성과의 여러해살이풀.
59　'못나다'와 '잘나다'는 『표준국어대사전』에서 동사로 등재되어 있지만 『고려대
　　한국어대사전』에서는 형용사로 처리된다.

세 가지 경우로 정리할 수 있다. (19가, 나)의 단어들은 그에 대응하는
통사 구성과 일치한다. 즉 이들을 띄어 쓰면 그에 대응하는 통사 구성을
만들 수 있다. 그러나 (19다)의 단어들은 후속 성분이 접미사이기 때문
에 통사적으로는 성립하지 않는 구성이다. 이 접미사들의 명사적인 성질
을 고려하면 통사론적으로 성립하지 못하는 구성이지만 그것이 형성된
과정은 어느 정도 이해할 수 있다.[60] 그리고 이들 단어를 보면 '식은땀,
준말, 찐빵, 식은밥' 등처럼 일상생활에서 많이 쓰는 단어들이 상당수 존
재한다. 또한 '앉은자리, 앉은키, 앉은걸음, 앉은장사, 앉은부채, 앉은벼
락, 앉은계원, 앉은호박, 앉은땅호박(북한); 앉은뱅이' 등과 같은 '앉은+X'
형태의 단어를 주목할 필요가 있다. 이들은 '앉은+명사'뿐만 아니라 '앉
은+뱅이'처럼 '앉은+접미사'의 구성인 단어도 존재하는 것을 보면 '앉은
+X' 형태의 단어가 꽤 생산적임을 알 수 있다. 그리고 '앉은뱅이'를 기
초로 한 '앉은뱅이책상, 앉은뱅이꽃' 등 단어도 존재한다. 또한 '묵은밭'
과 '묵은장'의 경우 관형사형 어미 '은'을 결합하지 않는 '묵밭, 묵장'과
공존한다는 점도 흥미롭다.

동사 완결상의 경우 외에 동사의 현재 비완결상과 결합하는 경우도
여러 예시를 제시할 수 있다.

> (20) 동사(현재 비완결상)가 선행하는 관형사형 어미 '-(으)ㄴ' 결합형
>   명사
>   가. 동사 관형사형+명사
>   감는목,[61] 감는붕대, 노는계집, 듣는힘, 떠는잠(簪),[62] 맺는말,

먹는장사, 세는나이, 쉬는화산, 싣는무게, 씹는담배, 우는살,[63]
우는소리, 웃는쇠,[64] 죽는소리,[65] 죽는시늉,[66] 지새는달[67]

나. 동사 관형사형+의존명사
받는이,[68] 배우는이[69]

다. 동사 관형사형+접미사
노는꾼(방언)[70]

(20)에서 볼 수 있듯이 동사의 현재 비완결상과 관형사형 어미가 결합한 '-는' 형태의 경우는 (19)와 유사하게 '동사의 관형사형+명사', '동사의 관형사형+의존명사', '동사의 관형사형+접미사'의 세 가지로 나눌 수 있다. 여기의 (20나)의 두 예는 의학, 불교의 전문용어이고 (20다)의 '노는꾼'은 제주 방언이다.[71] 이처럼 동사의 '는' 결합형 명사는 (20)에서 제시한 예들 외에 대부분의 명사들이 특정 분야의 전문용어이다. 이들을 다음과 같이 제시할 수 있다.

---

62 떠는잠(簪): 머리꾸미개의 하나. 큰머리나 어여머리의 앞 중심과 양옆에 한 개씩 꽂는다. 떨새를 붙인 과판 같은 것이다. 비슷한 말로는 '떨잠(簪)'도 있다.

63 우는살: 예전에, 전쟁 때에 쓰던 화살의 하나. 끝에 속이 빈 깍지를 달아 붙인 것으로, 쏘면 공기에 부딪혀 소리가 난다. [<우는살<두시언해>←울+ᄂᆞ+-ㄴ+살]

64 웃는쇠: 남사당패의 은어로, '오씨'를 이르는 말.

65 죽는소리: 변변찮은 고통이나 곤란에 대하여 엄살을 부리는 말.

66 죽는시늉: 변변찮은 고통이나 곤란에 대하여 엄살을 부리며 하는 몸짓.

67 지새는달: 먼동이 튼 뒤에 서쪽 하늘에 보이는 달. 또는 음력 보름 무렵의 달.

68 받는이: [의학] 타인의 장기를 제공받아 이식 수술을 하는 환자.

69 배우는이: [불교] 불도를 닦고 행하는 사람.

70 노는꾼: '마을꾼'의 방언(제주).

71 [동사 '는'형+접미사]의 형태로서 허철구(2015)에서는 '철모르는쟁이'도 제시하였다. 그러나 사전 표제어로서의 '철모르는쟁이'가 없고 대신에 '어간+접미사' 형태의 '철모르쟁이'가 존재한다.

(21) 가. 감는수 [공예], 감는줄기 [식물], 곱하는수 [수학], 기는미나리아
재비 [식물], 기는줄기 [식물], 꼬리감는원숭이 [동물], 꼴없는이
름씨 [언어], 꼴있는이름씨 [언어], 끓는거품소리 [의학], 끓는점
[화학], 끓는점법 [화학], 나누는수 [수학], 나뉘는수 [수학], 나
는다람쥐 [동물], 나는물 [해양], 내리는물고기 [동물], 노젓는소
리 [음악], 녹는쇠 [전기 · 전자], 녹는열 [화학], 녹는염 [화학],
녹는점 [화학], 놓는꼴 [언어], 단발령넘는사위 [민속], 더는수
[수학], 더하는수 [수학], 들어누르는표 [음악], 떠는목 [음악],
떠는소리 [음악], 떠는음 [음악], 매는꼴 [언어], 매는법 [언어],
맺는상 [민속], 메기는소리 [음악], 문잡는굿 [민속], 미는끌 [건
설], 받는소리 [음악], 밤에피는선인장 [식물], 배기는가락 [민
속], 배끄는소리 [음악], 볶는염불 [음악], 볶는염불장단 [음악],
볶는타령 [음악], 붓는병 [한의], 살없는창 [건설], 성문여는굿
[민속], 쉬는표 [언어], 실없는유카 [식물], 쓰는소리 [음악], 아
가미썩는병 [수의], 아는수 [수학], 어는점 [물리], 우는토끼 [동
물], 잇는수 [공예], 자라는평판 [의학], 자루없는잎 [식물], 중허
리드는자진한잎 [음악], 지르는낙시조 [음악], 지르는편자진한잎
[음악], 타는점 [화학], 풀베는소리 [음악], 풀써는소리 [음악]
　나. 감는목, 깎는목, 꺾는목, 꺾는소리, 꺾는음, 꺾어내는소리, 끊는
목, 너는목, 다는목, 떼는목, 마는목, 미는목, 엮는목, 조으는목,
줍는목, 짜는목, 찍는목, 튀는목, 파는목, 푸는목, 흝는목

　(20)과 (21)은 동사의 ‘는’ 결합형 명사를 하나도 빠짐없이 제시한 것
이라고 하기에는 어렵지만 이 형태의 단어의 거의 전부가 제시되어 있
다. (21가)는 여러 분야의 전문용어를 정리한 것이고 (21나)는 특히 판소
리와 관련된 단어들이다. 이 단어들이 일정한 규칙을 지키면서 수가 많
기 때문에 별도로 제시한 것이다.

　여기서 ‘어른’에 대해서도 언급할 필요가 있다. ‘어르다’는 동사로서
‘ㄴ’의 붙임으로써 명사인 ‘어른’이 된다는 것이다. ‘어른’과 관련된 예시

는 다음과 같이 제시할 수 있다.

> (22) 어른(바깥어른, 어르신, 어르신네, 어른값, 어른벌레, 어른스럽다, 어
> 른스레, 어른씨름)

(22)는 이 예시들은 최형용(2003가)에서 가져온 것이다. 관형사형이 명
사로 발달하는 경우라 할 수도 있으나 중세 한국어 시기의 '-(으)ㄴ'이
동명사형 어미라는 주장도 있다. '어르다'는 중세 한국어에서 '혼인하다'
의 뜻이었는데,[72] 이 뒤에 동명사형 어미인 '-(으)ㄴ'를 결합하여 '어른'
이 된다는 것이다.[73] 안병희 · 이광호(1990: 257)에서도 '-(으)ㄴ'를 언급한
바가 있다.

> (23) "중세국어의 동명사어미는 '-ㄴ, -ㄹ(ꥤ)'과 같이 주로 체언 앞에서
> 관형어로 쓰이게 하는 것과, '-옴/움, -기'와 같이 명사적 용법을 가진 것이
> 그것이다. 전자는 관형사형 어미, 후자는 명사형 어미라고 한다. 중세국어
> 에서는 드물지만 전자도 조사를 가지고 명사와 같이 사용되기도 하였다.
> 그러나 일반적인 용법으로는 역시 현대국어와 같이 두 종류로 나누는 것이
> 타당하다."
>
> 안병희 · 이광호(1990: 257)

---

[72]　『우리말샘』에서 '어른'에 대해 다음과 같이 설명하고 있다.
　　　 "얼운(15세기~19세기)>어룬(16세기~19세기)>어른(20세기~현재)
　　　 현대 한국어 '어른'의 옛말인 '얼운'은 15세기 문헌에서부터 나타난다. 15세기
　　　 의 '얼운'은 동사 '어르-'에 사동접미사 '-우-', 관형사형 어미 '-ㄴ'이 결합한
　　　 '얼우-'의 관형사형이 명사로 굳어진 것이다. 16세기에 'ㄹ' 뒤에 오는 유성후
　　　 두마찰음 'ㅇ'[ɦ]이 완전히 탈락하면서 제1음절의 종성이 연철되어 '어룬'으로
　　　 나타나게 되었다. 이후 19세기까지 '얼운'과 '어룬'이 공존하다가 19세기 이후
　　　 에 제2음절 모음 'ㅜ'가 'ㅡ'로 바뀌어 현대 한국어와 같은 '어른'이 된 것이다."
[73]　동명사 어미 '-(으)ㅁ'과 '-(으)ㄹ'은 고대 한국어에서부터 확인할 수 있는 형태이
　　　 다. 김완진(1957), 심재기(1979), 徐泰龍(1980) 등 참조.

안병희·이광호(1990)은 'ㄴ'의 동명사형 어미설을 지지하는 입장이 아니지만 이를 참조하면 '어른'의 형성 과정은 두 가지 가능성으로 설명할 수 있다. 하나는 '-(으)ㄴ'을 동명사형 어미로 보고 명사 '어른'이 만들어진다는 것이고, 다른 하나는 '-(으)ㄴ' 역시 관형사형 어미로 보고 관형사형이었던 '어른'이 명사로 굳이졌다는 것이다. 어느 가능성이든 그 예가 많이 존재하지 않기 때문에 한쪽이 설득력이 더 강하다고 말하기도 어렵다. 이 책에서는 이를 특이한 예로서 제시만 하는 데 그친다. 다만 '어른'을 제시함으로써 관형사형 어미 결합형 명사를 보다 전면적으로 다룰 수 있다는 점에서는 언급할 필요성이 있다.

앞서 언급했듯이 형용사는 '-(으)ㄴ'과 결합한 예만 보이는데, 형용사의 경우 역시 매우 생산적이기 때문에 그에 해당하는 예가 많다. 다음 (24)는 형용사가 선행하는 관형사형 어미 결합형 명사의 예들이다.[74]

> (24) 형용사가 선행하는 관형사형 어미 '-(으)ㄴ' 결합형 명사
> 가. 형용사 관형사형+명사
> 가는소금, 가는줄기,[75] 가는체, 거센소리, 검은깨, 검은돈, 검은색, 검은종덩굴, 고린내, 굳은살,[76] 굵은베, 궂은비, 깊은숨, 노란색, 늦은가락, 단밥, 더운물, 더운밥, 둥근톱, 매운탕, 먼동, 밭은기침, 붉은말, 센물, 싼값, 아귀매운탕, 얕은꾀, 작은댁, 작은딸, 작은아들, 작은아버지, 작은집, 짠물, 찬밥, 큰딸, 큰물, 큰소리, 큰집, 큰아들, 큰어른,[77] 큰이십팔점박이무당벌레, 큰집, 큰형, 푸른빛, 흰

---

(24)의 예시들도 최형용(2003가)와 송원용(2005)에서 제시한 예시와 필자가 추가한 예시를 모아서 정리한 것이다.

75 가는줄기: [생명] 하나의 진균에서 두 개의 가근을 연결하는 균사 구조.

76 '굳은살'의 선행 성분은 '굳다'의 관형사형인데 '굳다' 동사로서의 품사도 있고 형용사로서의 품사도 있다. 이 책에서는 이를 형용사로 간주하고자 한다.

77 큰어른: (1) (기본 의미) 어른들 가운데서도 나이나 지위, 항렬이 가장 높은 사람.
(2) 어떤 분야에서 중요한 업적을 내거나 덕망을 지녀 존경할 만한 어른.

떡, 흰밥
나. 형용사 관형사형+의존명사
늙은이, 못난이, 어린이, 예쁜이, 잘난이, 젊은이
다. 형용사 관형사형+접미사
센둥이, 어린둥이, 젊은네, 흰둥이

형용사가 선행하는 경우도 '형용사의 관형사형+명사', '형용사의 관형
사형+의존명사', '형용사의 관형사형+접미사'의 세 가지로 나눌 수 있다.
형용사의 관형사형 어미 결합형 명사의 경우는 '어린이, 젊은이, 검은깨,
검은색, 작은집, 큰소리' 등과 같은 일상어도 있고 '가는줄기, 검은종덩
굴' 등과 같은 전문용어도 있다. 특히 형용사 '가늘다'의 관형사형 '가는'
으로 시작하는 식물 명칭, 곤충 명칭, 동물 명칭 등이 많다.[78] 이들을 제

---

[78] 이에 해당하는 식물 명칭, 곤충 명칭, 동물 명칭 등의 단어들을 다음과 같이 총
80개로 정리할 수 있다.

"가는가래, 가는갈퀴, 가는갈퀴나물, 가는개발나물, 가는개수염(鬚髯), 가는개
여뀌, 가는갯능쟁이, 가는고비, 가는골무꽃, 가는괴불주머니, 가는금불초(金佛
草), 가는금빛챙찍벌레, 가는기름나물, 가는기린초(麒麟草), 가는꽃장대, 가는
날개수염어(鬚髯魚), 가는날개표(豹)범나비, 가는네잎갈퀴, 가는다리말랑게, 가
는다리애기좀진드기, 가는다리장구채, 가는다리좀진드기, 가는대나물, 가는데
스미아, 가는돌고기, 가는돌쩌귀, 가는동자(童子)꽃, 가는둥갈퀴, 가는마디꽃,
가는명아주, 가는바디, 가는범꼬리, 가는벗풀, 가는베, 가는보라색(色)우무, 가
는보풀, 가는뻐꾹이끼, 가는뿔개미기생(寄生)벌, 가는사초(莎草), 가는살갈퀴,
가는솔리에리아, 가는솜방망이, 가는쇠고사리, 가는실잠자리, 가는실타래갯지
렁이, 가는쑥부쟁이, 가는앞구멍아메바, 가는애기별, 가는오이풀, 가는잎개고
사리, 가는잎개별꽃, 가는잎구절초(九節草), 가는잎꽃버들, 가는잎백산(白山)
차, 가는잎벚나무, 가는잎보리장나무, 가는잎산들깨, 가는잎삽주, 가는잎소루
쟁이, 가는잎쐐기풀, 가는잎쑥, 가는잎잔대, 가는잎정향(丁香)나무, 가는잎조팝
나무, 가는잎족제비고사리, 가는잎천선과(天仙果), 가는잎할미꽃, 가는잎향유
(香薷), 가는장구채, 가는장(長)대, 가는종(鐘)수레벌레, 가는줄돌쩌귀, 가는짝
지발이끼, 가는참나물, 가는청동(靑銅)머리먼지벌레, 가는털양(羊), 가는통바
닷지렁이, 가는포아풀, 가는풀색깡충이, 가는할미꽃(가는잎-할미꽃)"

외한 '가는'으로 시작하는 단어로는 '가는고리, 가는관(管), 가는귀, 가는 끈적살, 가는잎송진내, 가는눈, 가는다시마, 가는대, 가는대구덕, 가는먼지, 가는바람, 가는소금' 등도 제시할 수 있다. '희다, 작다, 크다' 등을 비롯한 다른 형용사의 경우도 그 수가 적지 않을 것이다. 흥미로운 것은 '검은종덩굴-검종덩굴, 굳은돌-굳돌, 맞은바람-맞바람' 등처럼 관형사형 어미가 존재하는 예와 존재하지 않는 예가 모두 찾을 수 있는 단어들도 있다.

이상에서는 동사나 형용사가 관형사형 어미 '-(으)ㄴ'과 결합하는 구체적인 예를 제시하였다. 송원용(2005)에서는 동사와 '-(으)ㄴ'의 결합형인 '고인-, 굳은, 눌은, 늙은-, 덴-, 미친-, 식은-, 준, 묵은-, 산-' 등과 같이 선행 성분이 동사인 경우 그로부터 과거 시제라는 문법적 의미를 갖는다고 주장하였다. 이는 앞서 언급한 임동훈(2016)에서 관형사형 어미 '-(으)ㄴ' 앞에 무표의 완결상 표지가 연결된 것으로 보았다. 이에 따라 '꺾는소리'의 경우는 관형사형 어미 '-(으)ㄴ' 앞에 현재 비완결상 '-느-'가 결합된다. 또한 송원용(2005)에서는 형용사가 선행 성분에 사용된 경우에는 '검은-, 고린-, 노란-, 누린-, 더운-, 둥근-, 먼-, 밭은-, 붉은-, 비린-, 센-, 싼-, 얕은-, 짠-, 푸른-' 등과 같이 현재 시제의 의미를 확인할 수 있다고 했다. 그러나 이러한 해석은 같은 표지이지만 동사가 선행할 때와 형용사가 선행할 때 표현하는 의미가 다르기 때문에 논쟁의 여지가 있을 수 있다. 따라서 앞에서 제시한 임동훈(2016)의 해석 방식이 더 설득

위의 예들은 필자가 『우리말샘』에 등재되는 단어를 참고하여 정리한 것이다. 물론 이상은 '가늘다'의 관형사형을 포함하는 식물 명칭, 곤충 명칭, 동물 명칭 등 단어들의 전부를 제시한 것이라고 할 수는 없지만 전체 목록을 제시해도 위에서 제시한 것에서 큰 차이가 없을 것이다.

력이 있는 것으로 보인다. 즉 동사의 경우와 형용사의 경우가 일치하지 않은 해석보다 임동훈(2016)처럼 형용사의 경우는 관형사형 어미 '-(으)ㄴ' 앞에 무표의 완결상 표지가 결합한다고 설명하면 이러한 모순이 없어진다.

다음으로는 관형사형 어미 '-(으)ㄹ' 결합형 명사의 예를 살펴보고자 한다. '-(으)ㄹ' 결합형 명사의 경우는 동사가 선행하는 예만 있다.[79]

> (25) 관형사형 어미 '-(으)ㄹ' 결합형 명사
> 　가. 동사 관형사형+명사
> 　　갈돌, 갈판, 갈판돌, 감칠맛, 건널목, 걸그림, 걸그물, 걸낫, 걸대, 걸등, 걸쇠, 견딜힘, 경칠수, 귀뺄목, 길벌레, 길쓸별, 길짐승, 깔돌, 깔방석, 깔유리, 깔종, 깔창, 깔축, 깔틈막이대, 깔판, 꽂을대, 꽂을땜, 꿸줄방, 끌그물, 끌낚, 끌낚시, 끌대, 끌신, 끌줄, 끌차, 끌통, 끌힘, 날숨, 날짐승, 내릴톱, 데릴사위, 돋을볕, 들것, 들그물, 들머리, 들숨, 디딜방아, 땔감, 땔나무, 먹을거리, 밀굽, 밀낫, 밀대, 밀물, 볼일(별볼일), 볼품, 빨판, 살길, 살날, 솟을대문, 쓸모, 열쇠, 죽을맛, 죽을상(相), 쥘부채, 쥘손,[80] 지닐재주, 질통[81]
> 　나. 동사 관형사형+의존명사
> 　　견딜성, 참을성, 읽을거리, 탈것, 샐녘
> 　다. 동사 관형사형+접미사
> 　　앉을뱅이, 멜꾼, 끄실상(狀)

(25)에서 제시한 것처럼 관형사형 어미 '-(으)ㄹ' 결합형 명사도 '동사

79　예문 (25)도 기존 연구에서 나온 것과 필자가 추가한 것을 정리한 것이다.
80　쥘손: 1. 어떤 물건을 들 때에, 손으로 쥐는 데 편리하게 된 부분.
　　　2. 어떤 일을 하는 도구나 수단을 비유적으로 이르는 말.
81　질통: 1. 나무나 함석 따위로 만들어서 물을 긷는 데 쓰는 통.
　　　2. 광석이나 버력, 흙 따위를 져 나르는 데 쓰는 삼태기나 나무통.

관형사형+명사', '동사 관형사형+의존명사', '동사 관형사형+접미사' 등
으로 나눌 수 있다. 본 절의 앞부분에서도 언급했듯이 '-(으)ㄹ' 결합형
단어들의 선행 성분은 모두 동사의 관형사형이다. 여기서 '열쇠'와 '날짐
승'의 두 예를 주목할 필요가 있다. 원래 동사 어간에 'ㄹ'을 갖는 단어
인 '열쇠'와 '날짐승'과 같은 것을 관형사형 어미 결합형 명사에 포함하
는 이유는 최형용(2016: 68)에서 지적한 바 있다. '열쇠'와 '날짐승'은 각
각 '열-'과 '날-'을 포함하고 있지만 반의어인 '자물쇠'와 '길짐승'을 참
고한다면 '열쇠', '날짐승'의 'ㄹ'은 어간의 일부가 아니라 관형사형 어미
임을 알 수 있기 때문이다(최형용 2016). 그리고 여기서 주의를 기할 필요
가 있는 것은 '죽을상(相)'와 '끄실상(狀)'의 '상'이 서로 다르다는 점이다.
전자는 얼굴에 나타나는 표정을 뜻하는 것이고 후자는 모양을 뜻하며,
하나는 명사이고 하나는 접미사라는 점이다.

이들 단어들은 모두 그에 대응하는 통사 구성을 만들 수 있다. 예컨대
'건널 목, 걸 쇠, 길 짐승, 돋을 볕' 등이 각각 '건널목, 걸쇠, 길짐승, 돋
을볕'에 대응되는 통사 구성이다(송원용 2005). 송원용(2005)에 따르면 이
단어들의 선행 성분이 보여주는 시제 관련 의미도 이들이 통사 구성과
밀접한 관련을 가진다는 점을 드러낸다. '건널, 걸, 길, 돋을'은 대응 통
사 구성의 선행 성분인 '동사의 -(으)ㄹ 관형사형'이 가지는 사건 또는
사태의 미완료라는 상적 의미를 그대로 유지하고 있기 때문이다.

그리고 '-(으)ㄹ' 결합형 명사도 '돋을새김-돋새김, 죽을상-죽상' 등처
럼 관형격 조사가 존재하는 예와 존재하지 않는 예가 모두 찾을 수 있는
단어들도 있다.

위에서 제시한 예들은 관형사형 어미 '-(으)ㄹ'과 결합한 선행 용언이
공시적으로 존재하는 경우이다. 이 외에 공시적으로 선행 용언을 확인하

기 어려운 예들도 존재한다. 그것은 다음 (26)을 통해서 확인할 수 있다.

> (26) 가. 거꿀가랑이표, 거꿀날름쇠, 거꿀막이, 거꿀밑씨, 거꿀바소꼴, 거
> 꿀분수, 거꿀삼발점, 거꿀수, 거꿀알꼴, 거꿀염통꼴, 거꿀원뿔꼴,
> 거꿀원소
> 나. 물때썰때, 썰물
> 다. 열구름, 열손님
> 라. 두겁닫이자물쇠, 맹꽁이자물쇠, 붕어자물쇠, 선자물쇠, 쌍룡자
> 물쇠, 은혈자물쇠, 자물쇠, 자물쇠청, 자물쇠통; 자물단추, 자물
> 통, 자물함

(26)은 최형용(2003가)에서 제시한 예들이다. 이들도 관형사형 어미 '-(으)
ㄹ'이 단어 형성에 참여하는 경우에 해당하지만 선행하는 단어가 현대
한국어에서 확인하기 어려운 것들이다. 가령 '거꿀-'류는 현대 한국어에
서 '*거꿀다'를 확인할 수 없다는 문제를 가진다. 그러나 이들 예에는 '-(으)
ㄹ'이 참여하고 있다는 데 이론(異論)이 있을 수 없다(최형용 2003).[82]

여기서는 '거꿀', '썰', '열', '자물' 등을 포함하는 단어를 하나씩 선택
하여 설명하고자 한다. '거꿀가랑이표'의 '*거꿀-'은 중세 한국어에서
'거꾸로 된다'를 뜻하는 '갓ᄀᆞᆯ-'에서 유래된 것일 가능성이 크다. '거꿀
가랑이표'는 '거꾸로된 가랑이표' 정도로 해석된다는 점을 통해서도 그
의미를 확인할 수 있다. '썰물'[83]은 '퇴조(退潮)'를 뜻하는 말인데『우리말

---

82 이외에 최형용(2003가)에서 '넨장맞을, 넨장칠, 떡을할, 배라먹을, 빌어먹을, 염
병할, 오라질, 우라질, 제미붙을, 제밀할, 젠장맞을, 젠장칠' 등 예도 같이 제시하
였다. 이들은 관형사형 어미 '-(으)ㄹ'이 체언 상당어를 수식하지 않고 단어화에
참여한 경우를 보인 것이다. 대체적으로 욕이나 그와 비슷한 정도의 비속어들이
라고 하였다.
83 썰물: 조수의 간만으로 해면이 하강하는 현상. 또는 그 바닷물. 만조에서 간조까
지를 이르며 하루에 두 차례씩 밀려 나간다.

샘』에 따르면 이는 19세기 문헌에서부터 '썰물'로 나타나 현재까지 이어진 것이다.[84] '썰물'은 "끌다"라는 뜻의 '혀-/혈'에 관형사형 어미 '-ㄹ'과 '물'이 결합된 것이다.[85] '열구름'은 '지나가는 구름', 즉 '행운(行雲)'을 뜻하는 말이다. 『우리말샘』에서는 여기의 '*여다'를 중세 한국어의 "녀다"인 것으로 해석하고 있다. '자물쇠'의 경우도 '(문을) 잠그다'의 옛말인 동사 'ㅈᄆ-'에 관형사형 어미 '-ㄹ', 명사 '쇠'가 결합한 것으로 볼 수 있다.[86]

이상에서 본 바와 같이 관형사형 어미 결합형 명사의 경우는 구성 요소에 공시적으로 사용되고 있는 동사가 존재하지 않는다는 점이 흥미롭다. 명사형 어미 결합형 명사의 경우는 '갈림길'과 같은 예가 있기는 하나, 여기서의 명사형인 '갈림'은 유일하게 '갈림길'에서만 나타난다는 점도 특이하다. 그러나 이상의 예에서 확인할 수 있는 '*거꿀다, *여다, *써다, *자무다' 등은 통시적으로만 설명할 수 있다는 점에서 명사형 어미 결합형 명사의 경우와 차이가 있다. 또한 특히 '거꿀-'로 시작하는 예가 많기 때문에 '거꿀-'을 '오솔길', '아름답다'의 '오솔-', '아름-'처럼 특이 형태소로 보기도 어렵다. 이는 통시적으로 확인할 수 있는 것으로서 과거의 형태가 흔적으로 남아 있는 것이라고 이해할 수 있다. 그리고 공시

---

84   19세기: ((썰물)) 썰물 退潮 ≪1895 국한 180≫ 『우리말샘』 참조.

85   『우리말샘』에 따르면 '혈물', '혈물'은 "끌어당기는 물"이라는 뜻이고 '밀물'은 "밀려오는 물"이라는 뜻인데 이 '밀물'을 뜻하는 '밀믈'은 15세기 문헌에서부터 나타나지만 '썰물'은 19세기 문헌에서부터 나타난다.

86   『우리말샘』 참조. 한편 『우리말샘』에 따르면 15세기에는 'ㅈᄆ-'에 '-ㄹ'이 결합한 후, 관형격 조사 'ㅅ'이 결합하고 다시 '쇠'가 결합한 'ㅈᄆᆳ쇠'의 예도 보이는데, 이때의 어미 '-ㄹ'은 명사형 어미의 기능으로 쓰인 것이다. 또한 『우리말샘』에서는 어미 '-ㄴ, -ㄹ'은 고대 한국어에서부터 전기 중세 한국어 시기까지 명사형 어미로 많이 쓰였는데, 후기 중세 한국어에 와서는 그러한 예가 드물게 보인다고 하였다. 이는 앞에서 보았던 '어른'을 설명할 때도 언급한 바 있다.

적으로 확인하기 어렵더라도 통시적으로 이를 해석할 수 있으며 해당하
는 예도 적지 않기 때문에 (26)의 예들을 관형사형 어미 결합형 명사로
보는 것이 타당하다.

4.1.2.3. 관형사형 어미 '-(으)ㄴ, -(으)ㄹ' 결합형 명사의 형성

본 절에서 다루는 관형사형 어미 결합형 명사의 경우 이들이 통사적
구성과 그 형식이 같다는 점에서는 이견이 없다.[87] 기존 연구에서 관형
사형 어미 결합형 명사에 대한 논의는 명사형 어미 결합형 명사와 비교
하였을 때에는 활발하게 전개되었다고 보기 어렵다. 그러나 이 책에서
연구하는 다른 유형의 단어들(예컨대 3장에서 다루는 조사 결합형 명사나 본 장 후
속 논의에서 나올 연결어미 결합형 명사, 종결어미 결합형 명사 등)과 비교하면 논의
가 많이 이루어졌다고 할 수 있다. 관형사형 어미 '-(으)ㄴ', '-(으)ㄹ' 결
합형 명사의 형성에 대해서는 주로 두 가지 관점이 있다. 하나는 단어화
로 보는 것이고, 다른 하나는 유추나 유추의 틀로 보는 것이다. 단어화
로 보는 논의로는 김일병(2000), 최형용(2003가), 한주희(2016) 등이 있고,
단어화에 의해 형성된 것도 있으며 유추에 의해 형성된 것도 있다고 논
의로는 송원용(2005)[88] 등이 있다. 또 유추의 틀로 보는 논의로는 허철구
(2015)가 있다.

김일병(2000)에 따르면 이들 단어는 동사나 형용사의 관형형이 명사를
수식하는 구조로 단어화[89]된 경우이다. 이 논의에서는 관형사형 어미 결

---

87   물론 '참을성, 멜꾼'과 같이 통사 구조에서 구를 이룰 수 없는 것도 있다.

88   송원용(2005)는 이들 단어의 형성에 대해 보다 상세하게 논의하였으며, 이들 단
    어가 단어화에 의해 형성된 것도 있고 유추의 의해 형성된 것도 있다는 입장을
    밝혔다.

합형 명사에 대하여 동사나 형용사의 어간에 관형사형 어미 '-(으)ㄴ/-(으)ㄹ'이 결합하여 후행 명사와 '통사적 합성어'를 형성한 것이라고 설명하였다. 최형용(2003가)는 이들 단어의 형성을 단어화로 본다. 최형용(2003가)에서는 형용사가 선행하는 경우 가운데 상당수는 명명적 욕구에 의한 것이나, 모두 관형사형 어미 '-(으)ㄴ'이 공시적으로 분석된다는 사실은 공통적이라고 하였다(예 (21)의 경우). 그리고 이때 어미 '-(으)ㄴ'은 단어화의 과정에서 모두 이른바 관형사형 어미의 기능을 충실히 수행하고 있다고 지적하였다. 한주희(2016)은 지명어를 중심으로 통사적 구성의 단어화를 연구하였다. '남은골, 못안에, 머리없은바우' 등과 같은 것이 지명어에서 통사적 구성의 단어화를 보이는 용례들로 확인된다. 지명어는 고유 명사로서 단어 내부 구조에서도 일상어와는 다른 면모를 보여 주고 있어서, 일반 언어학적 관점에서의 단어 형성 과정 체계를 연구하는 데 뒷받침이 될 만하다고 판단된다(한주희 2016).

송원용(2005)도 대부분의 관형사형 어미 결합형 명사가 단어화의 과정을 겪은 것으로 본다. 송원용(2005)는 일상어의 예시를 통해 '-(으)ㄴ', '-(으)ㄹ' 결합형 명사의 형성을 논하면서 이 단어들이 통사구성의 단어화를 통해 형성된 것으로 간주한다.[90] 한편, 송원용(2005)는 관형사형 어미 결합형 단어 중에는 단어화에 의한 것도 있고, 일반적인 유추에 의한 것도 있으며 유추적 합성에 의해 형성된 것도 있다고 보았다.[91]

---

89   김일병(2000)에서는 '어휘화'라고 표현하였지만 여기에서는 이 책의 용어에 따라 '단어화'로 통일한다.

90   송원용(2005)에 따르면 통사구성형 전문용어 및 순화어의 형성은 통사구성의 단어화라는 단어 형성 기제의 절차적 속성에 배치되는 단어 형성 과정이다. 통사구성의 단어화는 형성과 등재가 분리된 과정이지만, 통사구성형 전문용어 및 순화어의 형성은 형성과 등재가 통합된 과정이기 때문이다. 한편, 송원용(2005)에서 말하는 '단어화'는 '통시적 단어화'이다.

(27) 가. 굳은수시렁이; 굳은납, 굳은목, 굳은씨앗, 굳은어깨, 굳은입천장,
　　　굳은초전도체, 굳은흰자질

　　나. 뜬구조, 뜬기초, 뜬용, 뜬잎, 뜬자망, 뜬장여, 뜬주낙, 뜬창방, 뜬
　　　풀

　　다. 앉은버꾸놀이, 앉은사위, 앉은상, 앉은소리, 앉은좁쌀풀

　　라. 날도, 날개, 날걸, 날윷, 날밭

　　마. 돋을무늬; 돋을새김

　　바. 들낚시, 들그물, 들기술

　　사. 솟을나무, 솟을대공, 솟을대문, 솟을동자, 솟을무늬, 솟을문, 솟
　　　을빗살문, 솟을살문, 솟을삼문, 솟을새김, 솟을지붕, 솟을화반

　　아. 쥘힘

　(27)은 송원용(2005)에서 제시된 예인데, 이 가운데 선행 성분의 유형
빈도가 비교적 낮은 (27마, 바, 아)의 단어들은 관련 일반어를 유추의 기
반으로 한 합성을 통해 형성된 것으로 보이며, 여타의 단어들은 유추적

91　　송원용(2005)에서는 '흰갈퀴, 흰담비, 흰대극, 흰피톨; 검은담비, 검은가죽버섯,
　　　검은개선갈퀴; 노란누룩곰팡이, 노란실잠자리, 노란잠자리; 붉은가시딸기, 붉은강
　　　낭콩, 붉은개구리밥; 붉은피톨; 푸른갯골풀, 푸른거북, 푸른곰팡이' 등 단어의 대
　　　부분이 선행 성분인 형용사의 관형사형이 빠진 형식(즉, '담비', '가죽버섯', '누룩
　　　곰팡이', '갯골풀' 등)의 관련 단어를 가진다고 지적하였다. 또한 송원용(2005)는
　　　통사적 구성의 단어화의 두 조건을 언급하였다. 첫째는 대응 통사 구성의 공시적
　　　생성이고, 둘째는 의미의 동일성 유지이다. 그런데 이 단어들은 두 번째 조건을
　　　충족시키지 못하는 것으로 보인다. 자연종명 '흰담비'는 대응 통사 구성 '흰담비'
　　　보다 매우 좁은 외연을 가진다. 이것은 '흰담비'의 형성이 특정 자연종을 명명하
　　　는 과정에서 이루어진 것이기 때문이다. 또한 통사 구성의 단어화는 통사구성이
　　　빈번한 사용으로 인해 하나의 단어가 되는 과정이라고 지적했다. 그러나 '흰담비'
　　　의 형성 요인인 명명이라는 화용론적 상황은 빈번한 사용이라는 통사 구성의 단
　　　어화가 가지는 화용론적 조건을 충족시킬 수 없다는 이유로 이 단어들이 통사 구
　　　성의 단어화를 통해 형성된 것이 아님을 설명했다. 이에 송원용(2005)는 어휘부
　　　에 등재된 관련 단어들의 관계망을 통해 접근한다면 이들 단어는 성분 대치로 처
　　　리될 수 있다고 하였다. 그런데 송원용(2005)는 유추의 주축으로 기능한 선행
　　　직접 성분 '흰'은 형용사의 관형사형으로, 단어보다 큰 문법적 지위를 가지기 때
　　　문에 이를 유추적 합성으로 볼 수 있다고 하였다.

합성을 통해서 형성된 것으로 파악된다(송원용 2005).

허철구(2015)에서는 먼저 관형사형 어미 결합형 단어의 일부는 단어화에 의해 형성된 것이 아니라는 점을 논증했다. 앞서 살펴보았듯이 허철구(2015)에서도 '-(으)ㄹ'이 나타나는 형태에 대하여 의미의 문제, 통사부에서 기능을 갖지 않는 문제, '-(으)ㄹ'과 '-(으)ㄴ'의 선택의 문제를 지적하고, 일부의 단어가 단어화에 의해 형성된 것이 아님을 주장했다. 또한 이들이 '[V{은, 는, 을} N]'의 틀에 의해서 형성된 것일 가능성을 제기했다. 그러나 '죽을죄, 살길, 볼일, 들은풍월' 등의 단어의 경우, 관형사형 어미의 통사 구성과 동일한 의미와 기능을 갖는다는 점에서 단어화에 의해 형성된 것으로 보았다.[92]

이 책에서는 형성의 측면에서 볼 때 관형사형 어미 결합형 명사는 어미라는 통사적 요소가 단어 형성에 참여한 것이므로, 기존의 합성이나 파생의 개념으로는 설명하기 어렵다고 본다. 그러면 이들 단어는 모두 단어화에 의해 형성된 것인가? 먼저 '관형사형 어미 결합형+접미사' 형식의 단어가 존재하고, 이에 해당하는 통사구성은 없다는 점에서 모든 관형사형 어미 결합형 명사가 단어화에 의해 형성되었다고 보기는 어렵다. 이 책에서는 관형사형 어미 결합형 단어 중 일부는 단어화에 의해 형성된 것으로 보고, 다른 일부는 유추의 틀에 의해 형성된 것으로 보고자 한다. 그리고 단어화에 의해 형성된 단어들에는 공시적 단어화에 의해 형성된 것뿐만 아니라 통시적 단어화에 의해 형성된 것도 포함된다.

앞 절에서 제시한 (26)과 같이 해당하는 선행 성분이 현대 한국어에

---

[92] 허철구(2015)는 이들 단어들이 통사부에서 형성되어 단어화된 것도 있고, 통사 구성에서의 기능과 의미를 갖지 않는 경우는 어휘부에서 형성된 것으로 간주하여 일종의 단어 형성 규칙을 상정할 수 있음을 주장하고 있다.

존재하지 않는 예들을 통시적 단어화에 의해 형성된 것으로 간주할 수 있다. 예를 들어 '자물쇠'는 15세기 문헌에서부터 확인할 수 있기 때문에 이는 통시적 단어화의 과정을 겪은 것일 가능성이 크다.[93] 그러나 (26라)에서 볼 수 있듯이 '자물쇠'를 포함한 단어는 매우 많은데, 이들 단어는 모두 '자물쇠'를 기반으로 확장하여 생긴 단어들이다. 또한 이외에 '자물단추, 자물통, 자물함' 등의 단어도 있다. 이들은 통시적으로 확인하기 어려운 단어로서 후대에 만들어진 것임을 추측할 수 있다. 지금까지 확인할 수 있는 '자물+X'류의 단어는 위에서 제시한 것 정도만 있기 때문에 '자물+X'라는 틀을 상정하기는 어렵다. 그러나 현대 한국어에는 '*자무다'라는 단어가 존재하지 않기 때문에 이들은 '자물쇠'라는 단어를 참조하여 이 형태에서 '쇠'를 대치함으로써 형성된 것일 가능성이 크다.

또한 (26)에 제시된 '썰물', '열구름' 등의 단어도 이른 시기의 문헌에서부터 해당하는 구성이 확인되며, 나중에 발음이나 표기법의 변화에 따라 오늘날의 '썰물', '열구름'으로 형태가 바뀌었다고 볼 수 있다. 물론 이들은 형성 당시에 공시적으로 형성되었을 가능성도 배제할 수 없다.

93　옛 문헌을 보면 '자물쇠'가 15세기에는 'ㅈ·ᄆᆞᆯ쇠'나 'ㅈ·ᄆᆞᆳ쇠'로 나타난 것으로 보인다. 이는 다음의 예를 통해서 확인할 수 있다.

　ㄱ. 자디 아니ᄒᆞ야셔 門ㅅ ㅈ·ᄆᆞᆯ쇠 여로믈 듣고 ᄇᆞᄅᆞᆷ 부로믈 因ᄒᆞ야 玉珂ㅅ 소리를 스치노라(不寢聽金鑰, 因風想玉珂) ≪1481 두시언해 6:14ㄴ≫

　ㄴ. ㅈ·ᄆᆞᆯ쇠를 ᄲᆞᆯ리 믄듯 닫디 몯ᄒᆞ도다 (鍵捷欻不閉) ≪1481 두시언해 24:30ㄴ≫

　ㄷ. 鍵은 ㅈ·ᄆᆞᆳ쇠라 ≪1463 법화경언해 4:131ㄱ≫

물론 'ㅈ·ᄆᆞᆯ쇠/ㅈ·ᄆᆞᆳ쇠'는 15세기 당시에 공시적 단어화를 통해 만들어졌을 가능성도 배제할 수 없다.

이에 대해서는 여러 문헌 자료를 통해서 논증해야 한다.

다음으로 (26가)의 '거꿀X'류 단어를 살펴보고자 한다. 이들은 '자물쇠', '썰물', '열구름'처럼 옛 문헌에 나타나는 것이 아니라는 점에 유의할 필요가 있다. 사실상 '거꿀X'류의 단어는 (26가) 외에도 그 예를 많이 찾을 수 있다는 점에서 상당히 생산적이다. (26가)에 다른 예를 너 추가하여 제시하면 다음과 같다.

> (28) 거꿀가랑이표 [매체], 거꿀교배 [생명], 거꿀난시 [의학], 거꿀날름
> 쇠 [기계], 거꿀눈보개 [의학], 거꿀달걀꼴, 거꿀막이 [기계], 거꿀밑
> 씨 [식물], 거꿀바소꼴 [식물], 거꿀반응 [화학], 거꿀분수 [수학],
> 거꿀삼발점 [매체], 거꿀상 [물리], 거꿀수 [수학], 거꿀알꼴, 거꿀염
> 통꼴 [식물], 거꿀원뿔꼴 [수학], 거꿀원소 [수학], 거꿀잇기 [언어],
> 거꿀전류 [전기·전자], 거꿀치 [동물], 거꿀형성 [의학]

(28)에서 볼 수 있듯이 이들 단어 가운데 보통 명사인 것은 '거꿀달걀꼴'과 '거꿀알꼴'의 두 개뿐이다. 이외의 단어들은 모두 전문용어이다. 특히 현대 과학 기술과 관련된 용어가 많기 때문에 이는 이른 시기부터 있던 단어가 아님을 알 수 있다. 즉 이들은 통시적인 단어화가 아니라 명명의 욕구에 의해 형성된 단어이다. 그런데 이때 '*거꿀-'이 현대 한국어에는 없는 단어 형태인데 어떻게 명명을 할 때 사용하게 되었는가의 질문이 생길 수 있다. 그에 대한 답은 다음과 같다. 현대 한국어에는 '*거꿀다'라는 동사가 없지만 '거꿀X'류의 틀이 활발하게 사용될 수 있다. '거꾸로'라는 부사도 이 동사에서 파생된 단어인데 이는 현대 한국어에서 활발하게 사용되고 있다. 이와 마찬가지로 '거꿀'이라는 형식도 '거꿀X'의 형식으로 단어 형성을 할 수 있다. 흥미로운 것은 '*거꿀다'라는 옛 형식의 흔적이 틀에 남아 있다는 것이다.

이상의 논의를 통해서 알 수 있듯이 현대 한국어에서 선행 성분을 확인하기 어려운 (26)의 예들은 단어화나 틀에 의해서 형성된 것이다. (26)의 예들 외에 일반적인 관형사형 어미 결합형 명사 또한 이 두 가지 방식에 의해 형성되었다고 볼 수 있다. 먼저 이들은 대부분이 단어화(통시적 단어화 혹은 공시적 단어화)에 의해 형성된 것이다. 앞서 논의한 것처럼 옛 문헌에서도 확인할 수 있는 단어들의 경우, 통시적 단어화에 의해 형성된 것일 가능성이 크다. 그러나 많은 관형사형 어미 결합형 명사가 전문용어나 현대 사회에 나타난 물건의 명칭임을 고려하면, 이러한 단어들은 공시적 단어화에 의해 형성된 것일 가능성이 크다. 예컨대 '쉬는화산, 듣는힘, 건넌방, 찐빵, 검은돈, 단밥, 볼일, 살길' 등의 단어들은 통사적 구성의 공시적 단어화에 의해 형성된 것으로 볼 수 있다. 그러나 앞 절에서 살펴본 '가는'류, '앉은'류, '굳은'류, '솟을'류처럼 매우 생산적인 것들은 단어화에 의해 형성된 것이 아닐 가능성이 있다. 즉 이러한 경우는 단어의 수가 많아짐에 따라 '가는+X', '앉은+X', '굳은+X', '솟을+X'의 틀이 생겨나고, 나중에 명명할 필요가 있거나 어떠한 의미를 표현하는 전문용어가 필요할 때 이 틀에 의해 단어를 만들 수 있다는 것이다. 이러한 입장을 취하면 '앉은뱅이'처럼 후행 성분이 접사인 경우도 쉽게 설명할 수 있게 된다. 앞서 본 '거꿀+X'류도 이와 같이 이해할 수 있다.

따라서 이 책에서는 송원용(2005), 허철구(2015) 등의 논의를 참고하여 관형사형 어미 결합형 명사 가운데 일부는 단어화에 의해 형성된 것이고, 생산적인 유형은 고정된 틀에 의해서 형성된 것으로 보고자 한다.

4.2. 연결어미 '-아/어' 결합형 명사

한국어의 연결어미는 '-고, -지만, -거나, -아서/어서, -(으)면, -아도/어도, -(으)며, -다가, -(으)러, -게, -아/어, -지, …' 등이 있는데, 연결어미 결합형 명사는 '-아/어'가 결합한 것이 비교적 많다. '-고' 결합형 단어는 상당히 많이 있지만(예: '갈고닦다, 고리고, 두고두고, …') '-고' 결합형 단어 중에서 명사는 그다지 많지 않다. 최형용(2003가: 97)에서는 '짓고땡'은 '-고'가 용언의 연결이 아닌 데 나타난 경우라고 하면서 이는 매우 특이한 예라고 하였다. '-아/어' 결합형 명사 중에도 매우 드물기는 하지만 이러한 예가 발견된다. '-고' 결합형 명사의 경우는 '짓고땡'의 예만 발견되기 때문에 본 절에서는 이에 대해 따로 논의하지 않고 '-아/어' 결합형 명사를 주요 연구 대상으로 삼기로 한다.

이상에서 언급한 전성어미 결합형 명사와 달리 본 절에서 다루고자 하는 '-아/어' 결합형 명사는 종래 '비통사적 합성어'로 분류되어 왔다.[94][95] 김유범(2011)에서는 한국어의 비통사적 합성 명사를 다음과 같이 정리하였다.

---

[94] '관형사형 결합형+접미사'의 경우 통사적인 구성이 아니지만 후행하는 접미사가 명사적 성격이 강하여 수식을 받는다고 이해할 수 있다. 그러나 본 절에서 다루는 연결어미 결합형 명사는 후속 성분이 연결어미 결합형에 의해서 수식을 받는다고 하기 어렵다.

[95] 현대 한국어의 통사적 구성(통사적 합성어)에서 구성 성분이 결합할 때는 일정한 원칙을 준수해서 결합한다. 즉 선행 성분이 동사이고 후행 성분이 명사일 때 동사가 명사와 결합하기 위해서는 반드시 동사가 관형형으로 활용이 되어야 한다. 그런데 동사의 관형형이 아닌 연결형이 바로 명사와 결합하는 경우가 있는데, 이러한 결합은 통사적 구성에 나타날 수 없는 것이기 때문에 비통사적 합성어로 보아야 한다(손뢰 2015).

(29) 가. 명사+ㅅ+명사: 콧물
　　　나. 명사+엣+명사: 귀엣말
　　　다. 동사 어간+명사: 접칼
　　　라. 동사 연결형+명사: 섞어찌개
　　　마. 동사 종결형+명사: 먹자판
　　　바. 형용사 어간+명사: 늦잠
　　　사. 부사+명사: 뻐꾹새
　　　아. 불규칙 어근+명사: 보슬비

　(29라)와 (29마)는 동사의 연결형 및 종결형 뒤에 바로 명사가 결합해 합성어가 되었다는 점에서 통사성이 지켜지지 않은 경우라고 할 수 있다(김유범 2011). 그중 (29라)는 본 절의 연구 대상에 해당하는 것이다. '-아/어'는 연결어미로서, 통사적 구조에서 두 개의 절을 연결하는 역할을 한다. '돌아가다, 올라가다, 내려가다' 등은 '-아/어' 결합형 단어의 전형적인 예이다. 즉 연결어미 '-아/어'는 단어 형성의 측면에서 두 개의 동사를 연결하는 경우가 일반적이다. 그러나 연결어미가 단어 내부에서, 특히 앞 내용과 뒤의 명사 혹은 접사를 연결하는 것은 매우 특이한 현상이다. 본 절에서는 연결어미 '-아/어' 결합형 명사의 양상을 살펴보고 그 형성 방식을 고찰하고자 한다.

4.2.1. 연결어미 '-아/어' 결합형 명사의 양상

　우선 연결어미 결합형 명사는 다음 (30)처럼[96] '연결어미 결합형+명사', '연결어미 결합형+접미사', '연결어미가 표면적으로 나타나지 않음'

96　예시 (30)은 최형용(2016: 462)과 손뢰(2015: 90)에서 제시한 예를 모아서 다시 정리한 것이다.

의 세 가지 경우로 나눌 수 있다.

> (30) 연결어미 결합형 명사의 예:
>> 가. 연결어미 결합형+명사: 말라깽이, 비켜덩이, 살아생이별, 살아
>> 생전, 살아평생, 섞어찌개, 을러방망이, 풀쳐생각, 걸어매듭(북
>> 한말)
>> 나. 연결어미 결합형+접미사: 꺾어쟁이, 따라쟁이, 잘라뱅이, 짤라
>> 뱅이, 얼거배기(방언), 얼어배기(방언), 얼어뱅이(방언)
>> 다. 연결어미 결합형이 표면적으로 나타나지 않음: 까까머리, 까까
>> 중

이상에서 볼 수 있듯이 한국어 연결어미 결합형 명사의 예는 그다지
많지 않다. 그런데 연결어미 결합형 명사는 그 예가 많지 않음에도 불구
하고 다양한 양상을 보인다.

(30가)는 '연결어미 결합형+명사'의 경우로서 해당하는 예가 가장 많
다. 먼저 '말라깽이'는 '몸이 몹시 여윈 사람을 속되게 이르는 말'이다.
이 단어는 동사 '마르다'의 연결어미 결합형과 접미사 '-깽이'가 결합한
것으로 볼 수 있다. 이 접미사에 대해서는 다음 절에서 자세하게 다루고
자 한다. '비켜덩이'는 '김을 맬 때 흙덩이를 옆으로 빼내는 일, 또는 그
흙덩이'를 가리킨다. 이 단어는 동사 '비키다'의 연결어미 결합형과 명사
'덩이'가 결합한 것으로 볼 수 있다.

'살다'의 연결어미 결합형인 '살아'와 명사가 결합한 형식으로는 '살아
생이별', '살아생전', '살아평생'의 세 단어가 있다. 앞서 살펴본 것처럼
연결어미 결합형 명사의 수는 많지 않은데, 그중 '살아'류가 세 개를 차
지하고 있다. '살아생전'을 예로 들어 보면, '살아생전 이 사람을 만날
생각이 없다.'라는 문장에서처럼 연결어미 결합형 명사는 일상생활에서

도 활발하게 사용되고 있다. '섞어찌개'는 '고기와 여러 가지 야채를 섞어서 끓인 찌개'를 가리킨다. 의미상 '섞는찌개'나 '섞음찌개'의 형태로 나타날 법한데 '섞어찌개'로 부르는 것이 흥미롭다. '으러방망이'는 동사 '으르다'와 연결어미 '-어'가 결합한 형식인 '으러'가 '방망이'와 결합한 것이다. 이 단어는 '때릴 것처럼 자세를 취하며 겁을 주려고 으르는 짓'을 뜻한다. 한국어는 오른쪽 핵 언어이기 때문에 왼쪽의 '으러'는 수식하는 기능을 가지고 오른쪽의 '방망이'는 피수식 성분인 것이 일반적인데, '으러방망이'는 '방망이'가 아니기 때문에 이는 외심적 단어라고 할 수 있다. 앞의 '살아생이별, 살아생전, 살아평생, 섞어찌개' 등은 모두 내심적 단어로 볼 수 있지만 '으러방망이'는 이들과 다른 모습을 보인다. '풀쳐생각'은 '맺혔던 생각을 풀어 버리고 스스로 위로함'이라는 의미로, '풀치다'의 연결어미 결합형 '풀쳐'와 '생각'이 결합한 것으로 볼 수 있다.

또한, 북한말인 '걸어매듭'도 있다. 이는 '밧줄을 잇는 데 쓰는 매듭의 하나. 밧줄의 코다리를 엇걸어 맨 매듭'을 뜻하는데, 이는 '걸다'의 연결어미 결합형과 '매듭'이 결합한 형태이다.

(30나)는 '연결어미 결합형+접미사'의 경우로, '꺾어쟁이, 따라쟁이, 말라깽이, 비켜덩이, 잘라뱅이' 등이 이에 해당한다. '꺾어쟁이'는 농업 분야의 전문용어로서 '호미로 파낸 흙을 먼저 파낸 자리에 엎어 덮는 애벌 김매기'를 지칭하는 것이다. 이는 '꺾다'의 연결어미 결합형인 '꺾어'와 '-쟁이'가 결합한 형태이다. '따라쟁이'는 '남의 행동, 유행, 업적 따위를 따라 하는 사람을 놀림조로 이르는 말'이다. 여기서 접미사 '-쟁이'는 동사 '따르다'의 연결어미 결합형인 '따라-'에 결합된 것으로 보인다. '잘라뱅이'는 '짧게 된 물건'을 가리키는 말로, 동사 '자르다'의 연결어미 결합형과 접미사 '-뱅이'가 결합된 형식이다. '짤라뱅이'는 '짤막하게 생긴

물건을 속되게 이르는 말'로서 '잘라뱅이'와 의미가 비슷하다. 이 '짜르다'는 북한말에서 '자르다'의 강조 형태이며, 남한에서는 비규범적 표기이다. 그리고 방언에서는 '얼거배기, 얻어배기, 얻어뱅이' 등의 예가 나타난다. '얼거배기'는 '얽다'의 연결어미 결합형이 접미사 '-배기'와 결합한 형식이며, '얻어배기'와 '얻어뱅이'도 각각 '얻다'의 연결어미 결합형이 '-배기'나 '-뱅이'와 결합한 형식이다.

(30다)의 '까까머리'와 '까까중'은 연결어미 결합형이 표면적으로 나타나지 않은 형태이다. '까까머리'는 '빡빡 깎은 머리 또는 그런 머리 모양을 한 사람'을 가리키는데, 선행 요소 '까까-'는 '깎-+-아'의 연철 형태로서 단어 형성에 참여한 것으로 보인다(손뢰 2015). '까까중'도 비슷하게 '까까머리를 한 중 또는 그런 머리'를 가리킨다.

4.2.2. 연결어미 '-아/어' 결합형 명사의 형성

기존 연구에서 명사형 어미 결합형 명사나 관형사형 어미 결합형 명사에 대한 논의가 활발하게 진행되어 온 데 비해, 연결어미 결합형 명사에 대한 연구는 매우 적다. 선행 연구를 살펴보면 '-아/어' 결합형 명사에 대한 언급이 있기는 하나, 이러한 단어를 위주로 한 연구는 이루어지지 않았다. 다음에서는 (30)의 예문 순서대로 세 가지 유형의 단어의 형성에 대해 논의하고자 한다.

먼저 '연결어미 결합형+명사' 형식의 단어부터 살펴보겠다. '살아생이별, 살아생전, 살아평생'의 세 단어는 모두 '살아'라는 공동된 선행 요소를 갖는다는 점에서 이 세 단어의 형성은 서로 연관성이 있을 수 있다. 가령 '살아생전'이라는 단어는 '이 세상에 살아 있는 동안'을 가리키는 말인데 의미를 보면 '살아 있다'를 강조하는 느낌을 준다. 따라서 '사는 생전' 같은 형태를 사용하지 않고 '살아생전'을 사용하면 '살아 있'는 기간을 표현할 수 있다. 다른 두 개의 단어도 같은 선상에서 이해할 수 있다. 비록 통사적 구성은 아니지만 더 긴 형식에서 축약된 느낌을 준다. 외심적 단어인 '을러방망이' 역시 동작의 과정을 강조하는 단어인 듯하다. 그 행동의 과정을 강조하는 경우에 연결어미 '-아/어'를 사용하는 것으로 해석할 수 있다.

　'섞어찌개'의 경우도 앞서 언급했듯이 '섞는찌개'나 '섞음찌개'가 아니라 '섞어찌개'라고 한 것에는 이유가 있을 듯하다. 이 단어의 형성과 관련하여서는 두 가지 설명이 가능하다. 먼저 '섞어서 먹는 찌개'이기 때문에 선후의 순서를 강조하는 느낌을 줄 수 있다는 점에서는 '섞어찌개'라는 명칭이 적당하다. 다른 하나는 '섞어'가 발음상 '섞는', '섞음'보다 더 간단하기 때문에 이를 사용하게 되었다고 할 수 있다. 즉 언중들이 '섞어찌개'라고 말하는 것은 발음하기에 더 편하고 습득하기 쉽기 때문일 수 있다. 한편 단어화의 측면에서 '섞어찌개'는 공시적인 단어화나 통시적인 단어화의 가능성이 모두 있다. 이는 '통사적 합성어'가 아니기 때문에 통사적 구성의 단어화에 의해 형성되었다고 보기도 어렵다. 또한 동일한 형식의 단어가 소수이기 때문에 어떤 틀에 의해 형성된 것으로 보기도 어렵다. 따라서 이는 언중의 말 습관에 따라 사용하게 된 것일 가능성이 있다. 손뢰(2015)에서는 '섞어'류의 단어로 '섞어찜'과 '섞어씨뿌리기'의 두 예를 언급한 바 있다. '섞어찜'은 사전 등재어가 아니지만, 요즘 자주 쓰이는 말이다. 이는 '섞어찌개'가 먼저 형성되고 나서 사전에 등재된 '섞어찌개'로부터 유추된 것으로 보인다. '섞어씨뿌리기'는 북한어인데, '혼파(混播)'의 순화어로 볼 수 있을 듯하다(손뢰 2015).

'풀쳐생각'이라는 단어는 김동식(1994)에서 논의한 바 있다. '풀쳐생각'의 기저문장으로 '풀쳐 생각하다'를 상정할 수 있지만, '하다'를 제외한다면 통사적 구조로서 '풀쳐'가 '생각'을 수식하는 것은 불가능하다. 따라서 김동식(1994)에서는 이러한 것들은 통사적 과정이 아니라 형태적 형성 과정을 겪었다고 하였다.[97] 김동식(1994: 398)은 이들 모두를 먼저 뒤 성분이 형성되고 다음에 앞 성분이 복합되는 과정으로 이해하는 것이 낫다고 하였다. 이것은 첫째 복합명사의 형성에서 통사적 선입견을 벗어남을 의미한다. 복합명사의 형성에서는 뒤 성분이 행위성을 띠고 있을 경우 '풀쳐생각' 등 비통사적인 형성이 가능하다고 하였다. 즉 '풀쳐생각'이 '풀쳐 생각하다'에서 '하다'가 생략되어 형성되었다고 보는 것은 문제가 있으며, 형태부에서 '풀쳐'와 '생각'이 결합하였다고 보아야 한다는 것이다. 본 절에서 다룬 다른 단어를 고려하였을 때 '풀쳐 생각하다'라는 기저문장을 상정하지 않을 수도 있다. '생각'은 서술성 명사이기 때문에 이렇게 가정할 수 있지만 '섞어찌개'같은 경우는 기저문장의 상정이 어렵다. 또 앞서 서술하였듯이 '풀쳐 생각'의 경우도 '생각'의 과정이나 방식을 중시하여 연결형 어미를 선택한 것으로 설명할 수 있다.

'말라깽이'의 '깽이'는 현대 한국어에서 그 형태를 찾을 수 없지만 '괭이'의 방언 정도로 이해할 수 있다.[98] '괭이'는 사전에서 '땅을 파거나 흙

---

97   이러한 접근 방법은 생략과 관련이 있다. 그러나 예를 들어 '나뭇집'은 '-를 파는'이, '냇가'는 '-의'가, '옷고름'은 '-을 묶는'이 생략된 것이라고 한다면, 생략되는 요소가 너무 다양할 뿐더러 기저문장이 어느 것인지도 불분명하다. 이처럼 위와 같은 단어들이 통사적인 규칙에 의해 형성된다고 보는 것은 상당한 문제를 가지고 있다. 따라서 복합어 형성 규칙은 형태적 규칙으로 처리하는 것이 타당하다. 이것은 복합명사가 형태론 내부의 단위라는 것과도 호응이 될 수 있는 것이다(김동식 1994).

98   『우리말샘』에서는 '깽이'를 '괭이'의 방언(경상, 전남)으로 해석하는 항목이 있다.

을 고르는 데 쓰는 농구의 한 가지'와 '고양잇과에 속한 짐승'으로 풀이
되고 있다. 또한 '깽이'로 끝나는 '부지깽이'는 사물을 지칭하는 말이다.
'말라깽이'는 사람을 지칭하는 말인데 여기서는 의물화(擬物化)[99]된 것으
로 볼 수 있다. 흥미로운 것은 『표준국어대사전』에서 '말라괭이'를 '말
라깽이'로 해석하고 있다는 점이다. 한편, '말라깽이'와 '비켜덩이'의 경
우는 왼쪽 성분이 오른쪽 성분을 수식하는 것으로 이해할 수 있다.

다음으로는 '연결어미 결합형+접미사'의 경우를 살펴보겠다. 이 유형
에 나타나는 접미사는 '-쟁이', '-뱅이'의 두 가지가 있다. 이들 접미사의
종류에 따라 차례대로 논의를 진행하고자 한다.

먼저 '꺾어쟁이'를 보면, 이는 '꺾다'의 연결어미 결합형과 접미사 '-쟁
이'가 결합한 것이다. 『표준국어대사전』에 제시된 접미사 '-쟁이'에 대한
해석은 다음과 같다.

(31) 쟁이: [접사] (일부 명사 뒤에 붙어)
　　가. '그것이 나타내는 속성을 많이 가진 사람'의 뜻을 더하는 접미사.
　　　　예: 겁쟁이, 고집쟁이, 떼쟁이
　　나. '그것과 관련된 일을 직업으로 하는 사람'의 뜻을 더하는 접미
　　　　사. 그런 사람을 낮잡아 이를 때 쓴다.
　　　　예: 관상쟁이, 그림쟁이, 이발쟁이

'-쟁이'는 일반적으로 사람을 가리키기 위한 것인데, '꺾어쟁이'라는
단어에서는 농업에서 사용하는 도구를 가리키는 데 쓰였다. 여기서 선행

99　　의물화(objectification, 擬物化): 사람을 동물이나 사물에 비기거나 A를 B로 비
　　　유하는 수사(修辭) 방식이다. 네이버 『중국어사전』 참조. 한편, 전혜영(2005)에
　　　따르면 남자, 여자를 물건으로 '의물화'하는 경우도 은유(metaphor)가 담겨 있
　　　는 것이다.

동사인 '꺾다'는 도구의 기능을 지칭하는 말이고, 그 뒤에 '-쟁이'가 붙어 이 도구를 의인화(personification, 擬人化)하는 느낌을 준다. 이때의 수사 방식은 앞서 본 '말라깽이'의 경우와 반대된다. 인지언어학적 측면에서 이 두 단어에는 은유(metaphor)가 담겨 있다고 볼 수 있다.[100] 그리고 이 단어 역시 통사적 구성의 단어화로 보기는 어렵다. 그러나 여기서 '-쟁이'가 피수식 성분이 되어 도구의 기능을 나타내는 '꺾어'의 수식을 받는다고 해석하는 것도 가능하다. 앞서 '섞어찌개'의 형성을 논의할 때도 언급한 바 있는데, 연결어미 '-아/어'는 앞 항목과 뒤 항목의 선후 순서와 관련이 있다. '꺾어쟁이'는 '애벌 김매기'를 지칭하는 것으로, '애벌'은 '같은 일을 여러 차례 거듭하여야 할 때에 맨 처음 대강 하여 낸 차례'라는 뜻이다. 따라서 '꺾어쟁이'라는 단어 안에도 순서를 강조하고 있을 가능성이 있다. 즉 '따라쟁이'도 '따르다'를 강조하여 '따라서 하다'의 순서를 두드러지게 나타내기 위해 단어가 만들어질 때 '-아/어' 연결어미를 사용한 것일 가능성이 있다.

다음으로 '-뱅이'의 경우를 살펴보겠다. 『표준국어대사전』에서는 '-뱅이'에 대해 다음과 같이 설명하고 있다.

> (32) -뱅이 [접사] (몇몇 명사 뒤에 붙어)
>   '그것을 특성으로 가진 사람이나 사물'의 뜻을 더하는 접미사.
>   예: 가난뱅이, 게으름뱅이, 안달뱅이

'자르다'는 '말이나 일 따위를 길게 오래 끌지 아니하고 적당한 곳에서 끊다'라는 뜻으로, '잘라 말하다' 등과 같이 사용할 수 있다. 따라서

---

100   단어, 언어에 나타나는 '은유'에 대해서는 전혜영(2005, 2006, 2010), 최형용(2018)을 참조할 수 있다.

'잘라뱅이'라는 단어는 '자르다'라는 과정을 강조하기 위해서 연결어미 '-아/어'를 쓰게 된 것일 수 있다. '잘라뱅이'와 '짤라뱅이'는 자음 하나의 차이일 뿐, 의미상으로 큰 차이가 없다.

마지막으로 연결어미 결합형이 표면적으로 나타나지 않는 경우로서 '까까머리', '까까중'을 살펴보겠다. '까까중'은 '까까머리'에 의해 형성된 것일 수 있다. 이를 확대한 것으로 '까까중머리, 까까중이, 까까중이머리' 등의 예가 있다. 그런데 '까까'류의 단어들이 왜 다른 예들과 다르게 연철 표기를 하는지는 쉽게 이해하기 어렵다.

이상의 단어를 관찰해 보면 '섞어찌개, 꺾어쟁이, 까까머리, 까까중' 등의 단어는 모두 선행 동사가 쌍받침인 'ㄲ'을 갖는다. 쌍받침의 경우는 발음상의 편의를 위해 뒤에 관형사형 어미나 명사형 어미를 결합하지 않고 연결어미와 결합하는 경향을 보일 가능성도 있다. '비통사적 합성어'로서의 연결어미 결합형 명사의 형성은 이 책의 다른 조사나 어미 결합형 명사와 달리 통사적 구성과 연관시키기가 어렵다. 오히려 발음상의 편의 때문에 이렇게 만들어진 것일 가능성이 있다. 그리고 앞서 언급한 바와 같이 그 행위의 선후 순서나 과정을 강조하기 위해 연결어미를 사용하게 된 것일 가능성도 배제할 수 없다.

연결어미는 앞말에 결합하여 앞말과 뒷말을 연결해 주는 기능을 한다. 연결어미 결합형 단어는 연결어미가 결합된 형태에 명사나 접미사를 결합하여 단어를 형성하는 것이다. 이 유형은 특히 선후 순서나 과정을 강조할 때 사용된다. 그러나 다음 (33)에서 제시했듯이 해당 단어의 수가 매우 적을 뿐만 아니라 유형 빈도도 낮은 편이라 '연결어미 결합형+X'의 틀을 상정하기는 어렵다.

(33) 가. 말라깽이, 비켜덩이, 섞어찌개, 을러방망이, 풀쳐생각, 걸어매듭
　　　 (북한말)
　　 나. 꺾어쟁이, 따라쟁이, 얼거배기(방언)
　　 라. 까까머리, 까까중
　　 마. 잘라뱅이, 짤라뱅이
　　 바. 얻어배기(방언), 얻어뱅이(방언)
　　 사. 살아생이별, 살아생전, 살아평생

　　따라서 이러한 명사는 연결어미 결합형이 수식 성분으로서 오른쪽의 'X'와 결합한 '연결어미 결합형+X' 구성 전체가 단어화된 것으로 볼 수 있다. 물론 김창섭(1996)처럼 이들 단어의 선행 성분인 연결어미 결합형을 어근화된 요소로 보는 관점도 있다. 그러나 이를 어근화된 요소라고 하더라도, 이는 분석의 측면에서 나올 수 있는 용어이며 형성의 측면에서는 어근화된 요소라고 명명하기가 어렵다. 단어를 분석할 때 '섞어찌개'란 단어는 어근 '섞어'와 어근 '찌개'로 분석할 수 있지만 형성의 측면에서는 '(고기와 여러 가지 야채를) 섞어서 끓인 찌개'라는 구 구성에서 일부 내용이 생략되고 대표적인 구성 요소만 남아서 단어화된 것으로 볼 수 있기 때문이다. 이처럼 연결어미 결합형 명사의 경우는 해당 통사 구성을 상정할 수 있다. 한편, 정한데로(2018나)에서는 '얻어뱅이'가 '얻어먹다, 얻어걸리다'와 관련성이 있는지에 대한 의문을 제기했다. '얻어뱅이'의 경우는 단어 형성 과정에서 영향을 받았을 가능성도 배제할 수 없다. '얻어뱅이'는 '(남에게서 밥을) 얻어서 사는 뱅이(사람)'과 같은 통사적 구성을 상정할 수 있다. 이는 '얻어먹다' 등의 단어를 참조하여 '얻어뱅이'로 단어화된 것일 가능성이 있다. '말라깽이'의 형성 과정에서도 '말라붙다, 말라빠지다' 등의 단어가 참고가 될 수 있다. 공교롭게도 연결어미 결합형의 명사의 경우 '풀쳐생각'[101]을 제외한 모든 단어들에서 '연결어미 결

합형'으로 시작하는 '동사+-아/어+동사'의 형식(예: '살아나다, 살아가다', '따라오다, 따라잡다' 등)을 찾을 수 있다. 이는 '연결어미 결합형+X'의 형성에 참고가 될 수 있다는 주장에 근거를 제공한다. 따라서 연결어미 결합형 명사는 '연결어미 결합형+X'의 전체가 통사적 구성에서 생략의 과정을 겪어서 단어화된 것으로 볼 수 있다. 이때의 단어화는 공시적 단어화와 통시적 단어화의 두 가지 가능성이 모두 있다.

본 절의 검토를 통해서 한국어의 명사 중에는 이처럼 연결어미 결합형과 후행 성분을 바로 연결하는 형식도 있음을 확인할 수 있었다. 만약 더 많은 문헌이나 사전 등재어에서 예를 발견하게 되면 이러한 형성 방식에 대해 더 깊이 있게 연구할 수 있을 것이다.

연결어미가 단어 내부에 존재하는 현상은 한국어뿐만 아니라 일본어에서도 나타난다. 즉 일본어에서 한국어의 연결어미에 해당하는 것이 단어 형성에 참여하는 경우를 발견할 수 있다.[102] 그 예로는 '着た切り雀,[103] 寝たきり老人, 振り込め詐欺'[104] 등의 단어가 있다. 이를 고려하면 다른 교착어에도 이러한 형식의 단어가 존재할 가능성이 있다.

---

101 '풀쳐생각'이라는 단어는 아직 사전 등재어가 아니라는 점도 참고할 만하다.

102 한국어의 어미는 일본어에서 '조사'의 일부와 '조동사'에 해당하는 것이다. 지경래(1995), 崔炯龍·劉婉瑩(2015) 참조.

103 着た切り雀(きたきりすずめ): (「舌切雀したきりすずめ, 혀 자른 참새」의 음조를 빗댄 말) 늘 같은 옷만 입고 있는 사람.

104 振り込め詐欺(ふりこめさぎ): 전화엽서 등으로 허위의 청구나 애원을 하여 지정 계좌로 돈을 입금시키는 사기.

4.3. 종결어미 '-다, -해, -해요, -구려, -자, -료(-리오), -더라, -지마, -라' 결합형 명사[105]

종결어미 결합형 명사는 종결어미가 단어 형성에 참여하는 명사들이다. 현대 한국어에서는 문장의 종결형이 단어화를 겪어 생긴 명칭이 많이 보인다. 예를 들어 '수고했소'라는 인형의 이름, '제자리에서', '우로봐' 등 군대의 용어가 그것이다. 본 장에서 말하는 '종결어미 결합형 명사'는 종결어미 결합형이 단어화된 것뿐만 아니라 종결어미가 포함되는 명사 형식 전반을 의미한다. 예를 들어 '먹자골목, 섰다판' 등은 '청유형 종결어미', '평서형 종결어미'가 각각 결합한 예이다. 통사적 요소로서의 어미가 단어 형성에 참여하는 것이 특이한데 문장을 마치는 종결어미가 단어 내부에 존재하는 것은 더욱 자연스럽지 않은 일이다. 이들 단어는 종결어미가 포함되어 있기 때문에 '먹자', '섰다' 등은 하나의 종결형인데 단어 형성에 참여하는 것은 흥미롭다. 본 절에서는 이들 단어의 양상을 살펴보고 이들의 단어 형성 방식을 논하고자 한다.

본 절의 대상이 되는 종결어미 결합형 단어는 최형용(2003가), 송원용(2005), 주지연(2008), 오민석(2011), 정한데로(2011), 손뢰(2015) 등에서 다룬 바 있다. 최형용(2003가)는 '싸구려, 싸구려판, 섰다, 섰다판, 먹자골목' 등 예시를 제시하고 이들은 단어화된 통사적 결합어(어미 결합어)로 보았다. 송원용(2005: 110)에서는 '걸어총, 세워총' 등 동사의 종결형과 명사가 직접성분으로 분석되는 단어를 'V-ending-N'형이라고 부르고 이들을 통사구성의 단어화로 보고 있다. 주지연(2008)에서 어미 결합형의 형성 과

105 　 이 절은 왕사우(2018나/2020)을 토대로 수정 · 보완한 것이다.

정을 어근화와 단어화의 두 가지를 언급하였다. 어근화는 '야타, 신기료,[106] 문지마'처럼 단독으로 쓰이지 않는 것, 단어화는 '부랴부랴(<불이야불이야), 싸구려, 와따(<왔다)' 등 단독적 쓰임을 보이는 것이다(주지연 2008).[107] 오민석(2011)은 '종결어미 결합형+N' 형식의 구성을 문장형 단어형성요소로 명명하고 종결어미 결합형의 단어형성요소화 과정을 자세하게 설명하였다. 또한 문장형 단어형성요소가 관여하는 합성명사[108] 유형이 의미 있는 단어 형성법임을 확인하였다. 정한데로(2011)은 '가려막, 다모아점' 등의 예를 제시하면서 종결어미 결합형 단어의 형성과 공인화를 언급하였다. 손뢰(2015)는 비통사적 합성 명사의 단어 구조를 다루면서 이러한 종결어미 결합형 명사를 '어근화요소+명사'라고 칭하여 종

---

106 '-료'는 중세 한국어의 종결어미 '-리오'의 축약형이고 ('이다'의 어간, 받침 없는 용언의 어간, 'ㄹ' 받침인 용언의 어간 또는 어미 '-으시-', '-으오-' 뒤에 붙어) 혼잣말에 쓰여, 사리로 미루어 판단하건대 어찌 그러할 것이냐고 반문하는 뜻을 나타내는 종결어미이다. 한탄하는 뜻이 들어 있을 때도 있으며, '-랴'보다 장중한 느낌이 있다.(『표준국어대사전』 참조). 주지연(2008)에 따르면 '신기료'는 신을 기워 주는 사람이 호객 행위를 하는 "신기우료"라는 말이 고정적 피인용문으로 굳어지고, 그것이 신을 깁는 일을 하는 사람을 가리키는 말이 되었다. 그런데 근래에는 '신기료'라는 단어가 단독으로는 거의 쓰이지 못하고, 대체로 다른 단어 앞에 붙어서 사용되는 것으로 보인다. 손뢰(2015)에서도 '신기료'에 대해 자세한 설명이 있다. '신기료'는 구두수선업자의 호객행위로서 "신을 깁겠는가?", "신을 기우료?"의 의미를 갖는 의문문이 음운변화를 거쳐 굳어진 것으로 ([신+깁+-(으)리외]의 구성으로) 볼 수 있다. 이는 합성명사의 선행요소로서 "신을 깁겠는가"의 의미에서 "구두수선"이라는 특수화된 의미를 갖게 된 것이다.
107 주지연(2008)에서는 발화문의 어휘화 과정을 다루면서 반복적으로 인용되는 발화문 '불이야불이야', '싸구려', '왔다' 등이 인용 과정에서 어휘화와 단어화를 겪은 후 '부랴부랴', '싸구려', '와따'와 같은 단어가 된 반면에, '야타', '문지마', '신기료' 등이 단독으로 쓰이기보다는 주로 다른 요소와 함께 사용되므로 어근화를 겪었다고 지적하였다. 손뢰(2015) 참조.
108 결론부터 말하자면 이 책은 단어 형성의 측면을 고려하여 이를 합성명사가 아니고 어미 결합어에 귀속시킨다. 인용하는 논문에서 합성 명사로 칭하기 때문에 원문에 나온 것을 그대로 인용하기로 한다. 뒷부분에서 나올 '합성 명사'도 모두 이와 같은 이유이다.

결어미 결합형의 어근화를 위주로 논의했다.

종결어미 결합형에 대한 연구는 앞에서 제시한 연구들이 거의 전부이다. 전형적인 합성 명사, 파생 명사에 비해 종결어미 결합형 명사는 그동안 큰 주목을 받지 못한다고 할 수 있다. 또한 신어 연구에서도 종결어미 결합형의 단어를 언급하지 않는 경우가 많다. 종결어미는 문장을 끝맺는 것인데 단어 내부에 존재하는 것은 특이하다.

4.3.1. 종결어미 결합형 명사의 양상

종결어미 결합형 명사는 두 가지로 나눌 수 있다. 하나는 종결어미 결합형 자체가 단어화되어 단어로 발달하는 경우이고 다른 하나는 종결어미 결합형이 명사/접미사/부사와 결합하여 단어로 발달한 경우이다.

종결어미 결합형 자체가 단어화되어 명사로 존재하는 경우는 다음과 같은 예시를 제시할 수 있다.

  (34) 제자리에서, 우로봐, 싸구려,[109] 섰다

왕사우(2018가, 각주14)에서는 '제자리에서'를 언급한 바가 있다. 군사 전문용어로서의 '제자리에-서'에서 '서'는 동사 '서다'의 활용형이고 이 구성은 '제자리에 서!'란 명령문이 단어화되어 명사나 감탄사로 정착했을 가능성이 크다. 이는 주지연(2008)에서 언급한 '부랴부랴'의 예와 유사하

다. '불이야 불이야'란 문장은 잦은 사용에 따라 점점 '부랴부랴'란 부사로 굳어진다는 것이라고 하였다.

하지만 대부분의 종결어미 결합형 명사는 주로 종결어미 결합형 다음에 명사/접미사/부사를 결합한 형식이다. 이런 형식의 단어는 사전에 등재되어 있는 단어로 존재하기도 하고 특히 신어와 임시어가 많다.[110] 김용선(2008)은 신어의 어기(즉, '어근')[111] 중에는 용언의 종결어미 뒤에 다른 말이 결합하여 만들어진 단어들로 '떴다방, 놀자판, 묻지마관광, 우리가남이냐족'[112] 등의 예를 들었다. 이들은 '-다', '-자', '-마', '-냐' 등의 종결어미에 어근이나 접미사가 결합하여 만들어진 단어이다. 한국어 어법과 비교해 보면 부자연스러운 결합이다. 그러나 신어의 어근에 꽤 생산적으로 나타난다. 평서형 종결어미 '-다', 청유형 종결어미 '-자', 의문형 종결어미 '-냐' 등이 결합된 용언이 어근으로 쓰이기도 하고 드물게 '우리가남이냐족'처럼 완전한 문장의 어근이 단어 형성에 참여하는 경우가 있다.

한주희(2016)에서는 '묻지마관광, 섰다판'처럼 용언 어간에 종결어미가 결합한 형태도 단어 형성에 참여하는 것으로 보면 형성의 관점 즉 통시성을 떼어 놓고는 설명할 수 없음을 확인해 주고 있다.[113] 金蓮麗(2012:

---

110   정한데로(2011: 각주16)에서 언급한 바와 같이 단어 형성을 주제로 한 많은 연구가 사회적으로 이미 널리 통용되고 있는 사전 등재어를 중심으로 논의해 왔다. 1990년대 이후의 단어 형성론이 그간의 분석 중심의 연구 방법을 벗어나 형성 차원의 접근을 시도하였지만, 여전히 그 대상 자료는 사전 등재어에 머물러 있었다는 점은 비판을 면하기 어렵다.

111   김용선(2008)에서 말하는 '어기'는 이 책에서 모두 어근으로 통일한다. 앞서 명사형 어미 결합형 명사 부분에서도 설명했다.

112   우리가남이냐족: 퇴근 후에 직장 동료나 친구들과 어울려 시간을 보내는 사람, 또는 그런 무리를 가리키는 말이다.

113   그러나 한주희(2016)은 어떤 이유에서 이것이 통시성과 관련되는가를 보여주는

77-78)는 '안다박수, 일하기싫어병' 등 예시를 제시하였다. '안다박수'는 용언의 평서형 '안다'에 명사 '박수'가 결합하여 만들어진 단어이고, '일하기싫어병'은 구에 명사 '병'이 결합하여 만들어진 단어이다. 이들을 비통사적 합성어로 된 신어로 보았다.

손뢰(2015)는 동사의 종결형이 관여하는 '비통사적 합성명사'를 선행요소인 문장의 문형에 따라 평서형, 명령형, 의문형, 청유형, 감탄형이 관여한 예들로 나눴다. 손뢰(2015)에서 제시한 예를 정리하면 다음과 같다.[114]

<표 9> 문형에 따른 종결어미 결합형 명사

평서형	가. 궁금해놀이, 나가요걸(girl, 2003), 떴다방, 몰라박수, 안다박수(2004), 싸구려판, 섰다판,[115] 일하기싫어병(2003), 뚫어뻥 나. 카더라괴담, 카더라기사, 카더라뉴스, 카더라다이어트, 카더라방송, 카더라보도, 카더라식, 카더라통신
명령형	가. 걸어총, 긁어주(2002), 받들어총, 받들어칼, 배째라식, 보라장기, 부셔이즘(2003),[116] 세워총, 세워칼, 안돼공화국(2005), 우로어깨걸어총, 좌로어깨걸어총, 헤쳐모여식(2000) 나. 묻지마방화(2003), 묻지마재수(2003), 묻지마채권(2003), 묻지마테러(2003) 나'. 묻지마식, 묻지마검색, 묻지마관광, 묻지마데이트, 묻지마범죄, 묻지마살인, 묻지마상한가, 묻지마선물, 묻지마수주, 묻지마시험, 묻지마여행, 묻지마원단, 묻지마청약, 묻지마폭행, 묻지마택배, 묻지마투자, 묻지마파업, 묻지마현상

근거를 제시하지 않았다.

114 손뢰(2015)에서는 평서형의 예로서 '맛나분식'도 제시했지만 이 책에서는 이를 종결어미 결합형으로 볼 수 있는지 생각할 여지가 있기 때문에 제시하지 않기로 한다.

115 '섰다판'은 선어말어미와 어말어미가 공존하는 경우이다. 이에 대해 본 장의 '소결' 부분에서 다시 언급할 것이다.

116 부셔이즘(←부숴+-ism): 미국에 저항하는 약소국을 악의 축으로 보아 강한 군사력을 바탕으로 완전히 제압해야 한다는 외교 논리. 특히, 미국의 조지 부시 대통령이 이라크전에서 보인 독선적인 외교 논리에 대해 놀림조로 이르는 말이다.

의문형	가. 매죄료장수[117] 나. 신기료장수[118] 나'. 신기료가게, 신기료궤짝, 신기료기술, 신기료대학생, 신기료사내, 신기료 아저씨, 신기료아줌마, 신기료영감, 신기료장사, 신기료큰아버지, 신기료 할아버지
청유형	가. 먹자골목, 먹자판, 먹자타령(2004), 놀자판 가'. 먹자거리, 먹자길, 먹자단, 먹자라인, 먹자몰, 먹자빌딩, 먹자상가, 먹자촌, 먹자클럽, 먹자타운 나. 사자세(勢), 사자전략, 사자주(株), 사자주문, 팔자세, 팔자전략, 팔자주, 팔 자주문 다. 하자모임, 하자센터, 하자클럽, 하자학교
감탄형	나몰라라식(2003),[119] 싸구려판[120]

종결어미가 단어 형성에 참여한다는 현상은 다섯 가지 문형에서 모두 확인할 수 있다. 이들은 일반적으로 구 구성에서 많이 나타나지만 단어 형성에 참여하는 것은 생각지 못한 일이다. 손뢰(2015)는 <표 9>의 단어들을 모두 '비통사적 합성 명사'로 칭하지만 이 단어들은 기존의 합성어에 해당하는 것도 있고 파생어에 해당하는 것도 있으므로 이들을 모두 비통사적 합성 명사로 귀속시키면 무리가 있다. 이 책은 단어 형성의 측면을 중요시하여 이 예시들을 '종결어미 결합형+명사', '종결어미 결합

---

117 손뢰(2015: 96)에 따르면 '매죄료([매+조이-])+-(으)리오'는 호객행위로서 "매를 조이겠는가?", "매를 조이료?" 등의 의미를 갖는 의문문이 음운변화를 거쳐 굳어진 것이다. '매죄료장수'를 낮잡아 이르는 말은 '매조이꾼'이다. '-(으)리오'는 혼잣말에 쓰여, 사리로 미루어 판단하건대 어찌 그러할 것이냐고 반문하는 뜻을 나타내는 종결어미이다. 이에 한탄하는 뜻이 들어 있을 때도 있으므로, '매죄료', '신기료'를 의문문으로 보지 않고, 감탄문으로 볼 수도 있다.

118 신기료장수: 헌 신을 꿰매어 고치는 일을 직업으로 하는 사람.

119 나몰라라식: 이런저런 사정을 모른 체하거나 무시하면서 일을 하거나 벌이는 방식.

120 -구려: 하오할 자리에 쓰여, 화자가 새롭게 알게 된 사실에 주목함을 나타내는 종결어미. 흔히 감탄의 뜻이 수반된다. 사구려판: [북한어]장사꾼이 자기 물건을 사라고 외치면서 물건을 팔기 위하여 애쓰는 복닥판. 『우리말샘』 참조.

형+접미사', '종결어미 결합형+부사', '종결어미 결합형+외래어 요소' 등
으로 나눠서 단어 구성의 측면을 위주로 살펴보도록 한다.

> (35) 가. 종결어미 결합형+명사
>   궁금해놀이, 떴다방, 먹자골목, 먹자타령, 받들어총, 묻지마테
>   러,[121] 일하기싫어병, 안다박수, 카더라기사, 카더라통신, 받들어
>   총, 받늘어칼, 보라장기, 세워총, 안돼공화국, 우로어깨걸어총,
>   묻지마방화, 묻지마선물, 묻지마여행, 묻지마투자, 매죄료장수, 신
>   기료가게, 신기료기술, 사자전략, 팔자주문, 하자모임, 하자센터
> 나. 종결어미 결합형+접미사
>   먹자파, 긁어주, 배째라식,[122] 부셔이즘, 헤쳐모여식, 묻지마식,
>   우리가남이냐족,[123] 먹자촌, 나몰라라식, 카더라식
> 다. 종결어미 결합형+부사: 뚫어뻥
> 라. 종결어미 결합형+외래어 요소: 나가요걸(girl, 2003), 먹자몰,
>   먹자타운

(35가)의 '종결어미 결합형+명사' 형식이 종결어미 결합형 명사 가운
데 수가 가장 많다. 종결어미 결합형 명사는 대부분이 이런 형식으로 구
성된 것으로 볼 수 있다. (35나)의 '종결어미 결합형+접미사'는 '-파', '-주',
'-식', '-이즘', '-군', '-족', '-촌' 등 여러 가지 접미사가 종결어미 결합형
과 결합할 수 있다. (35다)의 '종결어미 결합형+부사' 형식은 지금까지
종결어미 결합형이 부사인 '뻥'과 결합된 예만 발견된다.[124] (35라)의 '종

---

121   '묻지마테러'는 어미 결합형인 '묻지마'와 '테러'가 결합하여 형성된 단어이고 '불
       특정 다수를 대상으로 이유 없이 벌이는 테러'라고 해석된다. '묻지마'는 '이유
       없이'로 해석될 수 있다.
122   배째라식: '어디 할테면 해보라'며 막무가내로 배짱을 부리는 짓.
123   손뢰(2015)에 없는 예이다.
124   오민석(2011: 각주45)에 의하면 '불완전형식문+부사'의 결합 구성인 '뚫어뻥'은
       '변기나 주방 등의 막힌 부분을 공기 압력을 이용하여 뚫는 도구'를 나타내는 합

결어미 결합형+외래어 요소'에서 말하는 '외래어 요소'는 아직 사전에 등재되어 있지 않은 외래어이다. 이들은 명사인지 접사인지 아직 확정할 수 없는 것이다. '걸', '몰', '타운'은 독립적으로 쓰이는 일이 거의 없고 접사와 가깝다.

이러한 종결어미 결합형 명사는 한국어뿐만 아니라 다른 언어에서도 발견된다. 일본어의 예시는 다음과 같이 제시할 수 있다.[125]

> (36) 가. すぐやる課, 事勿れ主義(ことなかれしゅぎ),[126] じっくりコトコト 煮込んだスープ, 父帰る現象,[127] 雨宿り族,[128] 帰れない症候群,[129] じゃ ないですか症候群,[130] 死にたい症候群[131]
>   나. 甘栗むいちゃいました, 電解水で洗お

(36가)는 한국어의 '종경어미 결합형+X'에 해당하는 것이고, (36나)는 종결어미 결합형이 단어로 자리 잡은 예이다. 고수경(2014)는 특히 '帰れない症候群'처럼 완결된 문장으로서 취급되어야 하는데, 하나의 문장을 복합어의 구성요소로 하는 것은 일반적으로 단어에 거의 없는 특

성 명사로, '압축기'라고도 불린다. '뚫어'의 1차 의미인 '막힘없이 통함'이 '뚫어뻥'에 투영된 '뚫어뻥액체'(또는 '액체뚫어뻥') 외에 '통함'의 추상화된 의미 속성인 '속시원함'을 보이는 '뚫어뻥가수', '뚫어뻥영어', '뚫어뻥음악' 등도 확인된다.

[125] 한국어의 어미는 일본어에서 이를 '조사'의 일부와 '조동사'에 해당하는 것이다. 지경래(1995), 崔炯龍·劉婉瑩(2015) 참조. 한편, (36)의 예시는 고수경(2014)와 上野義雄(2016)에서 가져온 예시이다.

[126] 事勿れ主義(ことなかれしゅぎ): 무사안일주의.

[127] 父帰る現象: 아버지나 남편의 가정회귀현상.

[128] 雨宿り族: 심각한 불경기로 우선 비를 피하듯이 경기회복을 기다리는 학생.

[129] 帰れない症候群: 집에 가고 싶으나 갈 수 없는 샐러리맨.

[130] じゃないですか症候群: 초면인 사람에게 '나라는 사람은 커피를 좋아하지 않습니까'처럼 말하는 주로 젊은 세대에게 유행한 말투. 그 사람에게 당연한 일을 읽는 사람에게 강요하는 것 같기 때문이다.

[131] 死にたい症候群: 우울한 기분이 사회에 번져 자살갈망이 만연해 있는 사태.

징이라고 하였다. 즉 한국어의 종결어미 결합형 명사와 유사하게 일본어에서도 (36)의 예들이 전통적인 조어법으로 만들어진 것은 아니라는 것이다. 上野義雄(2016)은 특히 신제품에 대해 명명할 욕구가 있을 때 이러한 조어 방식은 어근 창조(root creation)의 한 종류로 생각된다고 하였다.

종결어미 결합형 명사가 아니지만 영어에서 구의 형식이 단어 형성에 참여하는 현싱이 발견된다. Andrew(2002)는 이에 대해 (37)의 예시를 제시하고 설명하였다.

> (37) a dyed-in-the-wool Republican
> a couldn't-care-less attitude

(37)의 예시들은 명사가 아니지만 구 형식의 구성이 단어화된다는 측면에서 이 책에서 다루는 종결어미 결합형 명사와 동일선상에서 볼 수 있다. 'dyed-in-the-wool'은 자신이 수식하는 명사 앞에 나올 수 있으므로 구가 아닌 단어의 양상을 보인다.[132] 'couldn't-care-less' 또한 동사구의 구조를 지니고 있지만 어떤 경우에는 형용사의 역할을 담당하기도 한다(예: Your attitude is even more couldn't-care-less than hers!). 이들은 구 형식 자체가 단어화된다는 점에서 본 절 시작 부분에서 제시한 '제자리에

---

[132] 구조적인 측면에서 보면 dyed-in-the-wool은 suitable for the party나 devoted to his children과 똑같이 형용사(dyed '물감들인')가 전치사구로 수식된 형용사구처럼 보인다. 그러나 suitable for the party나 devoted to his children 같은 형용사구는 그 전체가 자신이 수식하는 명사 앞에 나올 수 없다. (즉, a man devoted to his children 또는 suitable music for the party라고는 말할 수 있으나 *a devoted to his children man 또는 *suitable for the party music이라고는 말할 수 없다.) 이에 반해 dyed-in-the-wool은 자신이 수식하는 명사 앞에 나올 수 있으므로 구가 아닌 단어의 양상을 보인다(Andrew 2002).

서', '앞에총' 등 예시와 유사하다. 또한 영어의 'thank-you'는 웹으로 제공된 『Oxford Dictionary』에서 명사로 등재된다.

> (38) thank-you: [NOUN] An instance or means of expressing thanks.
> examples: Lucy planned a party as a thank you to hospital staff.
> (as modifier) thank-you letter, thank-you note

(38)의 예를 통해서 'thank you'라는 발화 전체가 명사로 사용된 것임을 확인할 수 있다. 이는 동사구(VP)에서 명사로 재분석된 것으로 볼 수 있다.

한편, 현대 중국어에서도 이와 비슷한 예를 찾을 수 있다. 예를 들면 '飯沒了秀, 去哪網, 住哪網' 등은 한국어의 '종결어미 결합형+X'에 해당하는 예이고 '爸爸去哪, 餓了麼' 등은 '수고했소'처럼 종결어미 결합형이 단어화된 예에 해당하는 것이다.[133]

Jörg Meibauer(2007)은 이런 단어를 'Phrasal Compounds'로 부르고 구체적인 예시를 제시하여 여러 언어에서 존재한다고 지적한 바가 있다.

> (39) 영어: a [[floor-of-a-birdcage] taste]
> an [[ate-too-much]headache]
> 아프리칸스어: [[God is dod] theologie]
> god-is-dead theology
> 네덜란드어: [[lach of ik schiet] humor]

---

133   이들 중국어 단어는 모두 명칭이라는 점에서 명명의 욕구로 단어를 만들 때 '구 형식' 또는 '구 형식+X'의 형식을 이용하는 것은 하나의 명명 방식일 수 있다.

laugh-or-I-shoot humour

(39)의 예시들은 명사가 아니지만 구 형식의 구성이 단어화된다는 측면에서 이 책에서 다루는 종결어미 결합형 명사와 동일선상에서 볼 수 있다.

흥미로운 것은 이러한 종결어미 결합형이 단어화된 것을 확장해서 마지막 글자를 동음이의어로 대체하는 방식으로 새로운 명칭이 형성되는 경우도 있다. '김비서가 왜 그럴까'란 드라마에서 인형의 이름을 '수고했소'라고 명명한 적이 있다. 이는 종결어미 결합형이 명명에 참여하는 것으로 볼 수 있다. 이러한 명명 방식은 특히 임시어를 만들 때 많이 사용된다. '수고했소'는 발화인데 어미 '-소'와 동물 '소'가 동음이의어이기 때문에 인형의 이름과 발화의 의미를 동시에 표현한 것이다.[134] 이러한 조어 방식은 중국어에서도 볼 수 있다. 예를 들어, 어떤 프로그램에서 자기의 팀에 대해 이름을 지으라고 할 때 한 팀의 이름은 '怎麼都隊(對)'로 지었다. 원래 '怎麼都隊'는 '아무래도 맞다'의 뜻이고 '隊('팀'을 뜻한다)'는 '對('맞다'를 뜻한다)'와 동음이의어이기 때문에 '隊'로 '對'를 대체하는 방식으로 만들어진 것으로 볼 수 있다.[135]

4.3.2. 종결어미 결합형 명사의 형성

종결어미 결합형 명사의 예시를 보면 이들은 대부분이 '종결어미 결

---

134   이는 '옳소'를 연상시킬 수 있다. '옳소'도 '-소'로 끝나는 종결어미 결합형이 단어화되어 '옳소'라는 감탄사로 존재한다.

135   중국어 연구에서 이를 '해음자(諧音字)'라고 한다. 발음이 같거나 비슷한 글자라는 뜻이다.

합형+X'의 형식으로 되어 있다. 그러나 이 종결어미 결합형이 어떤 과
정을 거쳐서 뒤에 'X'와 결합하게 되는지를 연구해 보아야 한다. 기존
연구에서는 주로 단어화나 어근화의 과정을 거쳤다고 본다. 단어화를 겪
은 종결어미 결합형이 사전에서 단어의 자격으로 등재되거나 등재되지
않더라도 하나의 단어처럼 행동한다는 것이다. <표 9>의 단어들 가운데
종결어미 결합형이 표제어로 등재되어 있는 것은 '싸구려'와 '섰다' 정도
이다.

> (40) 가. 싸구려:
>   [I] 명사: 값이 싸거나 질이 낮은 물건.
>   [II] 감탄사: 장사하는 사람이 물건을 팔 때 값이 싸다는 뜻으
>   로 외치는 소리.
> 나. 섰다:
>   명사: 화투 노름의 하나. 두 장씩 나누어 가진 화투장을 남과
>   견주어 가장 높은 끗수를 가진 사람이 판돈을 가져간다.
>   돈을 더 태우며 버틸 때 '섰다'라고 외친다.

(40)에서 제시한 예들은 단어화의 과정을 거친 종결어미 결합형이다.
이 외에 <표 9>에 제시된 다른 예들은 왼쪽의 종결어미 결합형(예: '떴다
방'의 '떴다', '안다박수'의 '안다')이 사전에 등재되어 있지 않고 단어로서의 쓰
임도 거의 없기 때문에 단어화의 과정이 완료된 것으로 보기는 어렵
다.[136]

그러나 김용선(2008)에 따르면 <표 9>에서 나타나는 종결어미 결합형

---

136 정한데로(2011)는 어근화가 아니라 종결어미 결합형이 단어화된다고 주장하였다.
     정한데로(2011)에 따르면 '먹자, 섰다, 긁어, 나가요' 등의 구성은 공시적 단어화
     를 거친 것으로, 후행하는 명사나 접미사와 결합 가능하다고 하였다.

중에서는 단어화[137]의 과정에 놓인 예들이 있다. 이들 중 사용빈도가 높은 것들은 단어화의 과정을 거쳐 본래의 의미가 아니라 새로운 의미를 획득할 가능성이 있다. 아직은 완전하게 단어화되었다고 볼 수 없지만 '묻지마'는 '묻지마방화', '묻지마재수', '묻지마테러' 등의 신어들이 생산되는 것을 볼 때 단어화될 가능성이 크다(김용선 2008).

한편, 어근화는 종결어미 결합형이 단어 형성에 참여할 때에 어근처럼 행동한다는 점에 초점을 맞춘 것이다. 종결어미 결합형이 '종결어미 결합형+X'에서 담당하고 있는 역할이 어근과 같다는 점에서는 이견이 없으나 이때 단어 형성에 참여한 종결어미 결합형이 어근화된 것인가에 대해서는 서로 다른 견해가 있다. 여기에서 사용된 종결어미 결합형이 어근화된 것이라고 보는 논의는 주지연(2008), 오민석(2011), 손뢰(2015) 등이 있다. 손뢰(2015)에서는 '일하기싫어병(2003)'과 같은 단어를 선행 요소가 문장의 형식을 갖추고 있지만 어근처럼 행동한 예로 보았다. 이 문장형 선행 요소들은 형식적으로 전형적인 어근 '깨끗, 나직'과 다르면서도 기능적으로 어근과 비슷한 면이 있으므로 어근화를 겪은 요소로 볼 수 있다고 하였다.[138]

---

137 김용선(2008)에서는 '어휘화'는 단어가 아닌 것이 단어로 작용하는 뜻이기 때문에 이 책의 '단어화'와 같은 개념이다. 따라서 여기서는 이 책의 용어대로 '단어화'로 통일한다.

138 문장 단위의 어근화와 관련해서 김창섭(1996: 18)이 주목된다. 김창섭(1996)에서는 '비가 올 듯하-'를 '[비가 올 듯]하-'로 분석하고 '비가 올 듯'이라는 명사구가 어근화되었다고 해석한 바가 있다. 그 근거는 '비가 올 듯'이 명사구라는 점을 제외하면 '깨끗하다, 나직하다, 분명하다'의 어근 '깨끗, 나직, 분명'과 같고, 또한 문장형성의 다른 자리에서 주어나 목적어로 쓰이는 일이 없으며, 격조사를 가질 수 없는 점에서도 어근과 성격이 같다고 하였다. 그리고 이 논의에서는 '[비가 왔음직]하다'의 '비가 왔음직'이라는 형식은 문장을 내포한 어근으로 이해할 수 있다고 지적하였다(손뢰 2015).

이와는 달리 이재인(2001)에서는 이들 종결어미 결합형이 '종결어미 결합형+X'에서 어근의 역할을 하고 있지만 어근으로 볼 수 없다는 견해를 취한다. '묻지마투자'는 통사적 구조(<'일절 묻지마')로부터 재구조화한 '묻지마'가 참여하여 만든 표현이라고 할 수 있고, 여기서 '묻지마'는 '덩달아' 정도의 의미를 가지고 합성 명사적 구성에 참여한 것인데, 이 의미는 본래의 형태에는 없는 뜻일 뿐 아니라 독립적이라고 하기도 어렵다. 이 어근적인 성분은 다시 '묻지마관광/청약/테마주' 등의 형성에도 참여하지만 '묻지마'는 형태·의미적 의존성에 비해 아직 어근으로 확립된 단계로 보기는 어렵다고 했다. 아직도 언중들은 '묻지마 투자'와 같은 표현을 합성어로 인식하고 있지는 않은 듯하다고 보았다. 따라서 이들은 어근으로의 발전 단계에 있는 것으로 보았다. '떴다방'의 '떴다'는 오직 이 표현에만 참여하고 있는데, 이러한 점에서 이재인(2001)은 '떴다'가 하나의 어근으로 보기에는 무리가 있다고 했다. 다시 말하자면 '떴다'는 재구조화한 활용형이 '떴다방'의 형성에 한정하여 쓰인 형태라고 할 수 있다. 이와 같이 '떴다'는 재구조화한 활용형이 어근 용법으로 쓰였을 뿐 아직 어근으로 확립되었다고 보기는 어렵다. 그러나 문제된 형식이 어근이냐 아니면 어근 용법으로 쓰인 형태냐를 구별하는 일은 어디까지나 정도의 문제이기도 하기 때문에 그것을 판단하기가 쉽지 않다(이재인 2001).

오민석(2011)은 종결어미 결합형을 '문장형 단어형성요소'로 명명하였다. 문장형 단어형성요소는 단어형성요소 중에서도 특별한 유형이라고 볼 수 있다. 종결어미 결합형이 '어근화'나 '단어형성요소화'된다고 하면 신어를 형성할 때 종결어미 결합형 부분은 임의의 문장이 '어근화'나 '단어형성요소화'될 수 있다. 또한 종결어미 결합형이 어근화된다고 하면 어근의 종류에서 '종결어미 결합형 어근'을 추가해야 한다. 오민석 (2011)에서 제기하는 '문장형 단어형성요소'의 이름에서도 볼 수 있듯이 원래 전형적인 단어형성요소는 문장 형식이 아니라는 것이다. 따라서 이들은 분석의 입장에서는 여기서 어근의 역할을 담당하고 있을 뿐 형성의 입장에서는 꼭 어근화된다고 하기가 어렵다.

송원용(2005: 110)은 '걸어총, 받들어총, 세워총, 우로어깨걸어총, 좌로어깨걸어총' 등 명령의 기능을 가진 반말체에 명사 '총'이 결합된 단어들이 군부대에서 사용하는 약속된 구령으로 '총(을) 걸어'와 같은 명령문의 도치형 '걸어 총' 등과 같은 대응 통사 구성을 가지며 그 의미가 통사 구성에서의 그것과 다르지 않으므로 통사 구성의 단어화를 통해 형성된 것으로 보인다. '놀자판, 먹자판, 팔자주문, 사자주문' 등 동사 어간에 청유형 종결어미 '-자'가 결합하고 그 뒤에 명사 '판'과 '주문'이 결합된 단어들은 각각 '놀자(는) 판, 먹자(는) 판, 팔자(는) 주문, 사자(는) 주문'과 같은 대응 통사 구성을 가지며 그 의미도 다르지 않다. 그러므로 이들 단어도 통사 구성의 단어화로 형성된 것으로 파악할 수 있다고 하였다.[139] 한국어는 오른쪽 핵 언어이기 때문에 '놀자판', '먹자판', '팔자주문', '사자주문' 등에서 '판', '주문' 등은 단어의 중심이고 왼쪽에 있는 '놀자', '먹자', '팔자', '사자' 등은 일종의 수식 성분처럼 작용한다. 따라서 왼쪽에 있는 문장 형식의 구성들이 인용된 성분처럼 '놀자는판' 혹은 '놀자'판, '먹자는 판' 혹은 '먹자'판, '팔자는 주문' 혹은 '팔자'주문, '사

---

[139]   송원용(2005: 110, 각주80)에서는 "이 단어들이 완벽하게 단어화되었는지에 대해서는 의심의 여지가 남는다. 하지만 전자의 단어들은 군대의 제식 훈련 관련 교본 등에서 단어의 지위를 가지고 사용되고 있으며 후자의 단어들도 일상 언어 생활과 증권 방송과 같은 상황에서 빈번하게 사용되고 있으므로 상당한 수준까지 단어화했다고 볼 수 있을 것이다."라고 설명을 붙였다.

자는 주문'혹은 '사자'주문처럼 단어로 굳어진 것이다.

정한데로(2011)에서는 '가려막(스크린 도어), 다모아점(플래그십 스토어)'의 예를 제시하였다. 이들 역시 특정 개념이나 대상에 대한 명명의 욕구에 의해 화자가 자신의 언어 능력을 바탕으로 형성한 단어임이 분명하다.[140] 이러한 형식의 단어는 사전 등재어나 발화 공동체(speech community) 내에서 일부 공인되었다고 볼 만한 신어에서도 확인된다. '먹자골목, 먹자파, 먹자판, 섰다판' 등이 사전 등재어, '긁어주, 나가요걸, 안다박수, 일하기 싫어병' 등은 신어로서 이들 역시 단어 내부에서 종결어미가 확인된다.[141]

이 책에서는 종결어미 결합형 명사도 앞서 논의한 연결어미 결합형 명사의 경우와 마찬가지로 '종결어미 결합형+X'의 구성 전체가 단어화된 것이라고 본다. 영어에서 'thank-you'의 경우는 'thank-you'가 'thank-you letter', 'thank-you note' 등에서처럼 한 단어로 쓰일 수 있다는 점에서 단어로 볼 수 있다. 그러나 가령 '긁어주'에서의 '긁어'는 단독적으로 쓰일 일이 없으므로 '긁어'가 단어화되어 '주'와 결합한 것이라고 하기는 어렵다. 종결어미 결합형 명사의 형성 방식은 연결어미 결합형 명사의 경우와 같은 선상에서 설명할 수 있다. 특히 군사 전문용어의 경우는 이를 설명하는 데 좋은 예가 된다. '받들어칼, 받들어총' 등 단어의 경우는 소형 발화에서 단어화된 것이기 때문에 '받들어'가 단어화된 후

---

140   그러나 정한데로(2011)에서는 이들은 종결어미 결합형이 단어화 이후에 후행 명사나 접미사가 결합한 것이라고 하였다. 이 책의 입장에서는 이와 달리 종결어미 결합형 명사들은 주로 '종결어미 결합형+X' 전체가 단어화되어 형성된 것이다.

141   정한데로(2011)에 따르면 '긁어주, 안다박수, 먹자골목, 섰다판' 등 단어들도 한때 '가려막, 다모아점'과 같은 임시어였으나, 현재에는 공인화를 거쳐 사전 등재어·신어로 분류된다. 따라서 '가려막, 다모아점' 등 임시어도 충분히 등재어·신어의 지위로 발전할 만한 자격이 있다.

에 '총'과 결합한다고 하기 어렵다. 이는 '총을 받들어!'에서 온 것으로 볼 수 있다. 이에 비추어 보면 '먹자골목'은 송원용(2005)에서처럼 '먹자(는) 골목'에서 조사를 생략하고 단어화된 것으로 상정할 수 있다. 이들 종결어미 결합형 명사들은 통사적 단어는 아니지만 해당하는 통사적 구성을 상정할 수 있다. 이는 '먹자(는) 골목'처럼 통사적 요소를 비롯한 대표적인 구성 요소기 남아 단어화된다는 것이다. 그리고 '먹자' 등 대부분의 선행 요소는 아직 단어로 인정되지 않고 문장의 형식을 갖고 문장으로서도 사용된다. 따라서 이러한 이유로도 '먹자' 등이 단어화된 후에 다시 '골목'과 결합한다기보다는 '먹자골목' 전체가 단어화되었다고 보는 것이 더 설득력 있다고 할 수 있다.

이 책에서 말하는 종결어미 결합형 단어들은 모두 문장의 형식과 같은 성분이 단어화되거나 하나의 어근처럼 행동하여 접미사나 어근과 결합하여 단어로 존재하는 것들이다.

한편, Jörg Meibauer(2007)에서는 다른 언어, 표지 또는 제스처와 같은 것은 단어에 삽입되는 상황을 언급하였다. 예를 제시하면 다음과 같다.

(41) a. die no-future Jugendlichen
        the no-future kids
    b. this rien-ne-va-plus statement
    c. this [gesture for someone with big ears] attitude
    d. the @-sign

(41)의 예시에서 제시된 것들은 이 책에서 말하는 단어들과 거리가 있다.[142] 이들은 하나의 단어를 형성하는 것이 아니지만 'no-future',

---

142   이들은 삽입의 측면에서 보면 이 책에서 제시하는 단어들과 비슷한 점이 있지만

'rien-ne-va-plus', '[gesture for someone with big ears]', '@' 등 언어 외적인 요소들이 '떴다방', '먹자골목'에서의 '떴다', '먹자' 등과 같은 역할을 하고 있다. 즉 '떴다', '먹자' 등은 일종의 인용된 성분처럼 존재한다. 주지연(2008)에서도 밝혔듯이 이들은 기원이 되는 인용문에서 점점 멀어져, 형태가 변하기도 하면서 완전히 단어화되기도 하였다. 따라서 종결어미 결합형이 피인용문처럼 '종결어미 결합형+X'에서 하는 역할을 어근으로 분석할 수 있지만 어근화된다고 하기가 어렵다. 다시 말하자면 이 '종결어미 결합형+X' 전체가 단어화된다고 보는 것이다.

Jörg Meibauer(2007)은 'phrasal compounds'를 연구대상으로 삼았으며 주변적 단어 형성법(marginal word formation)에 대해 설명했다. Jörg Meibauer(2007)에 따르면 단어를 형성하는 모듈(단위)의 경계가 (하나의 경계를) 넘어서는 경우(transgresses the boundaries of modules), (단어 형성 방식이) 평가적인 혹은 표현적인 경우(evaluative or expressive), (단어 형성 유형이) 생산성이 결여된 경우(lacks productivity)에는 단어 형성 방식이 주변적이다. 본 절에서 연구하는 종결어미 결합형 명사는 전통적인 단어 형성 방식이 아니고 2000년 이후에야 임시어나 신어 형성에 가끔씩 볼 수 있는 형성 방식이기 때문에 주변적인 단어 형성 방식으로 볼 수 있다. 이러한 주변적인 단어 형성 방식은 특히 명칭을 만들 때 많이 사용된다. 예를 들어 인형을 뽑는 장소를 '뽑다방'으로 명명하는 곳이 있다. 이 명칭도 역시 평서형의 '뽑다' 뒤에 '방'을 결합하여 형성된 것이다.

다른 언어, 표지 또는 제스처 등은 인용처럼 삽입되는 것은 아주 특별한 상황이고 언어외적인 요소가 참여하기 때문에 단어형성에서 제외되어야 한다. Jörg Meibauer(2007)도 이런 이유로 (41)을 언어 모듈의 작동(operation of the language modules)에서 제외하였다.

이러한 종결어미 결합형이 단어 형성에 참여하는 것은 현대 한국어에서 생산적이라고 볼 수는 없다. Haspelmath, M.(2002)에서는 창조적인 신어는 비생산적인 유형을 따르면서 의도적으로 형성되는 경우가 있다고 하였는데,[143] 이 책의 대부분 예들이 비생산적인 조어 방식에 따라 형성된 것이라 할 수 있다(金蓮麗 2012). 그러나 (35)의 예시에서도 볼 수 있듯이 '먹자'류, '묻지마'류, '신기료'류 단어의 수가 많고 생산적이라고 할 수 있다.

(42)
가. '먹자'류:
　ㄱ. 먹자골목, 먹자판, 먹자타령(2004), 놀자판
　ㄴ. 먹자거리, 먹자길, 먹자단, 먹자라인, 먹자몰, 먹자빌딩, 먹자상가, 먹자촌, 먹자클럽, 먹자타운
나. '묻지마'류:
　ㄱ. 묻지마방화(2003), 묻지마재수(2003), 묻지마채권(2003), 묻지마테러(2003)
　ㄴ. 묻지마식, 묻지마검색, 묻지마관광, 묻지마데이트, 묻지마범죄, 묻지마살인, 묻지마상한가, 묻지마선물, 묻지마수주, 묻지마시험, 묻지마여행, 묻지마원단, 묻지마청약, 묻지마폭행, 묻지마택배, 묻지마투자, 묻지마파업, 묻지마현상
다. '신기료'류:
　ㄱ. 신기료장수
　ㄴ. 신기료가게, 신기료궤짝, 신기료기술, 신기료대학생, 신기료사내, 신기료아저씨, 신기료아줌마, 신기료영감, 신기료장사, 신기료큰아버지, 신기료할아버지

143　　노명희(2006: 35)에서 Haspelmath, M.(2002)의 내용을 인용한 것을 참고한다.

이 단어들이 처음에 '먹자거리, 먹자단, 먹자라인, 먹자빌딩, 먹자클럽……' 등이 모두 같은 시간에 형성된 것은 아니다. 그 중 하나의 단어가 ('먹자골목'의 가능성이 크다) 먼저 생기고 나중에 다른 단어가 생긴 것으로 볼 수 있다. 이들 단어 역시 손뢰(2015)에서 가져온 것이다. 손뢰(2015)에 따르면 (ㄴ)의 예시들은 아직 등재되어 있지 않고 인터넷에서 확인만할 수 있는 단어들이다. 따라서 (ㄴ)의 예는 비교적으로 나중에 생긴 것일 가능성이 크다. 따라서 이러한 '먹자'류, '묻지마'류, '신기료'류 등 생산성이 비교적으로 높은 단어들이 유추에 의해 형성된 것으로 보는 관점을 취한다. 예를 들면 '먹자골목'이라는 단어가 있고 '빌딩'이라는 단어로 '골목'을 대치하여 '먹자빌딩'이라는 단어가 만들어질 수 있다.[144] 이러한 단어의 많아짐에 따라 '먹자골목'을 기반으로 한 '먹자X'라는 형태를 가진 단어에 대치를 통하여 새로운 단어를 형성하는 것이다.

채현식(2003가)에서 '표면적 유사성에 기반한 유추는 신어의 형성에도 큰 영향력을 가지는 것으로 보인다. 최근 몇 년 사이에 형성된 신어들의 경우에는 명사 혹은 명사형이 다수 눈에 띄는데, 명사(형) 신어가 형성되는 데에 표면적 유사성에 기반한 유추가 많이 사용된다.'라고 지적한 바 있다. 채현식(2003가)는 '소나기음식, 소나기밥, 소나기술, 소나기펀치, 소나기골 → 소나기증자(增資), 소나기버디' 등의 예를 제시해서 설명했다. '소나기증자, 소나기버디'는 선행 명사를 축으로 하는 계열체로부터 유추된 것이다. 이들은 형태론적 조작의 관점에서 볼 때, 비도출형으로부터 도출형을 산출하는 과정에 대치의 조작이 수반된 것으로 다루었다. '소나기증자, 소나기버디'는 비도출 단어들의 후행 성분인 '음식, 밥, 술,

---

합성어, 파생어, 통사적 결합어 등은 모두 대치의 기제를 이용할 수 있다. 오규환 (2016) 참조.

펀치, 골, ...'을 각각 '증자, 버디'로 대치함으로써 형성된 것으로 다룬다. 따라서 이 책의 '묻지마'류, '먹자'류, '신기료'류 등 생산성이 있는 단어들을 모두 같은 선상에서 볼 수 있다.

현대 한국어에서도 종결어미 결합형 명사를 만드는 예시를 확인할 수 있다. '뽑다방', '굽네치킨', '보이네안경', '왔다껌' 등처럼 명칭을 지을 때 많이 사용되는 조어 빙식이나. 이들을 똑같이 '종결어미 결합형+X'의 형식으로 볼 수 있다. 따라서 현대 한국어에서 '종결어미 결합형+X'의 형식의 틀은 여전히 활발하게 사용되고 있다.

4.4. 소결

이상에서는 한국어의 어미 결합형 명사를 검토하였다. 먼저 전성어미로서의 명사형 어미, 관형사형 어미 결합형 명사가 매우 생산적임을 확인할 수 있었다. 이와 달리 연결어미 결합형 명사와 종결어미 결합형 명사, 특히 연결어미 결합형 명사의 수는 상당히 적은 편이다. 또한 연결어미 결합형 명사와 종결어미 결합형 명사는 단어 형성의 측면에서 전형적인 것이 아니라는 점에 유의할 필요가 있다. 일반적으로 연결어미 다음에는 용언이 오며, 종결어미 다음에는 아무런 형태도 오지 않는다. 그런데 연결어미 또는 종결어미 결합형 명사에서처럼 그 뒤에 명사나 접사가 결합하는 것은 예외적인 경우에 해당한다. 특히 이 두 유형의 어미 결합형 명사에 대한 연구는 한국어의 조어법을 더 세밀하게 다룰 수 있다는 점에서 의의가 크다.

본 장에서는 먼저 명사형 어미 결합형 명사에 대해 논의하였다. 단어 형성에 참여하는 '-(으)ㅁ', '-기'가 접사가 아니라 어미임을 논증한 다음에 명사형 어미 결합형 명사의 양상을 살펴보았다. 명사형 어미 결합형 명사는 어미가 최종 단어의 직접 구성 요소인 경우와 그렇지 않은 경우로 나눠서 예를 제시하였다. '웃음, 보기; 끝맺음, 줄넘기' 등의 단어는 전자에 해당하고, '갈림길', '보기신경' 등은 후자에 해당하는 것이다. 또 이들 단어의 형성을 보면 전자는 단어화에 의해 형성된 것이고, 후자는 '명사형 어미 결합형+X' 형식의 유추의 틀에 의해 형성된 것이다.

다음으로는 관형사형 어미 결합형 명사에 대해 논의하였다. 단어 형성에 참여하는 관형사형 어미 역시 논쟁의 여지가 있다. 이 책에서는 명사 형성에 참여하는 관형사형 어미를 파생 접미사로 보면 어미와의 구별, 이들 관계의 파악 등 여러 문제가 있다는 점에서 이들을 파생 접미사로 보지 않았다. 또한 이들은 통사 구성에서의 관형사형 어미와 그 의미 및 기능이 같기 때문에 아무런 의미가 없는 삽입 접사로 보기도 어렵다. 즉, 단어 형성에 참여하는 관형사형 어미 역시 통사 구성에서의 어미와 같다고 볼 수 있는 것이다. 관형사형 어미 결합형 명사의 양상은 '동사+-(으)ㄴ', '동사+-느-+-ㄴ', '형용사+-(으)ㄴ', '동사+-(으)ㄹ'의 네 가지 부류로 나누어 제시하였다. 또한 이들 단어의 대부분이 공시적인 단어화나 통시적인 단어화에 의해 형성된 것으로 보고, 일부 매우 생산적인 유형은 유추의 틀에 의해 형성된 것으로 보았다.

연결어미 결합형 명사의 양상은 '연결어미 결합형+명사'(예: 섞어찌개, 을러방망이, 풀쳐생각 등), '연결어미 결합형+접미사'(예: 꺾어쟁이, 따라쟁이, 잘라뱅이, 짤라뱅이 등), '연결어미 결합형이 표면적으로 나타나지 않음'(예: 까까머리, 까까중)의 세 가지 부류로 나누어 검토하였다. 단어 형성 부분에서는 이들 단어의 내부에 왜 연결어미가 결합하였는지에 대해 논의하였다.

마지막으로는 종결어미가 단어 형성에 참여하는 명사에 대해 논의하였다. 먼저 '수고했소, 제자리에서, 우로봐, 싸구려, 섰다' 등과 같이 종결어미 결합형 자체가 단어화되어 명사로 존재하는 경우가 있었고, '걸어총, 묻지마관광, 먹자골목, 싸구려판, 일하기싫어병' 등과 같이 '종결어미 결합형+X' 전체가 단어화되어 명사로 존재하는 경우도 있었다. 특히 후자의 단어들은 종결어미 결합형이 어근화된 것이 아니라, '종결어미 결합형+X' 전체가 단어화된 것으로 보는 것이 더 적절하다고 주장하였다. 또한 '묻지마'류의 경우는 대치에 의해 형성된 것일 가능성을 제기하였다.

한국어 어미 결합형 명사의 형성 방식을 다음과 같이 정리할 수 있다.

〈표 10〉 한국어 어미 결합형 명사의 형성 방식

유형 형성 방식	명사형 어미 결합형 명사	관형사형 어미 결합형 명사	연결어미 결합형 명사	종결어미 결합형 명사
통시적 단어화	'웃음, 보기; 끝맺음, 줄넘기' 등	'거꿀알꼴', '간밤', '받은돈' 등	'연결어미 결합형+X' 전체가 단어화됨	'섰다, 싸구려, 우로봐' 등, '종결어미 결합형+X' 전체가 단어화됨
공시적 단어화				
유추의 틀	'명사형 어미 결합형 명사+X'의 틀	'가는+X', '앉은+X', '굳은+X', '거꿀+X' 등	없음	'먹자'류, '묻지마'류, '신기료'류

요컨대, 어미 결합형 명사는 연결어미 결합형 명사를 제외한 대부분이 단어화(통시적 단어화나 공시적 단어화) 혹은 유추의 틀에 의해서 형성된 것으로 볼 수 있다. 연결어미 결합형 명사는 수적으로 많지 않기 때문에

유추의 틀을 상정하기가 어렵다.

3장의 조사 결합형 명사와 어미 결합형 명사의 단어 형성 방식을 <표 8>로 정리하였다. 조사 결합형 명사는 주로 통시적 단어화, 공시적 단어화/유추의 틀에 의해 형성된 것이다. 즉 조사 결합형 명사 중 통시적 단어화에 의해 형성된 단어들을 기반으로 다시 틀이 형성된 경우는 거의 없다. 그러나 공시적 단어화에 의해 형성된 단어를 기반으로 틀이 형성된 경우는 있다. 이를 통해 해당 단어 형식이 통시적으로는 생산적이지 않음을 볼 수 있다. 반면에 어미 결합형 명사는 주로 통시적 단어화/공시적 단어화, 유추의 틀에 의해서 형성된 것으로 볼 수 있다. 어미 결합형 명사는 통시적 단어화 혹은 공시적 단어화에 의해 형성된 것을 기반으로 유추의 틀을 상정할 수 있다. 매우 생산적인 유형의 단어들이 유추의 틀에 의해서 형성된 것으로 볼 수 있다. 이처럼 조사 결합형 명사와 어미 결합형 명사가 형성 방식에 있어서 차이를 보이는 이유에 대해 생각해 볼 여지가 있다. 어미 결합형 명사의 경우는 옛날부터 쓰이던 어미가 현대에도 계속 쓰이기 때문에 해당 단어가 공시적 단어화를 겪은 것인지 통시적 단어화를 겪은 것인지 파악하기 어렵다. 이와 달리 조사 결합형 명사의 경우는 통시적으로 변화를 겪어서 현대에는 생산적이지 않은 사례를 확인할 수 있었다.[145]

여기서 부연 설명을 해야 할 부분이 있다. 3장과 4장에서 언급한 예

---

[145] 또한 조사 결합형 명사와 어미 결합형 명사는 그 형성 방식이 동일하다고 보기 어려운데, 이 책에서는 이에 대해 깊이 있게 연구하지 못하였다. 조사와 어미 자체는 교착어에 나타나는 특징적인 문법 요소라는 공통점이 있으나, 학교 문법을 포함한 여러 논의에서 조사는 품사로 설정하고 어미는 품사로 설정하지 않는다는 점에서 차이를 보인다. 이처럼 조사와 어미는 여러 측면에서 차이가 있다. 이와 관련하여 조사 결합형 명사의 형성 방식과 어미 결합형 명사의 형성 방식을 구분할 가능성도 있다. 이에 대해서는 후고를 기약한다.

들 가운데 조사와 어미를 모두 결합한 형식, 조사 두 개를 결합한 형식, 그리고 어미 두 개를 결합한 형식도 있다는 것에 유의할 필요가 있다. 예컨대 '-(으)ㅁ' 결합형 명사 부분에서도 언급했듯이 '웃음엣말, 웃음엣 소리, 웃음엣짓' 등은 '-(으)ㅁ' 결합형이 다시 조사 '에'와 결합하여 형 성된 단어라는 점이 주목할 만하다. 이들은 '어미+조사' 결합형 명사로 서 복잡한 양상을 보여 준다. 그리고 관형사형 어미 결합형 명사 중에는 선어말어미가 개입되는 경우도 있다. 예를 들어 '늙은이'의 높임말인 '늙 으신네'의 경우는 선어말어미 '-시-'와 관형사형 전성어미 '-ㄴ'이 동시 에 단어 형성에 참여한 것이다. 또한 '숨은그림찾기'와 같은 단어는 관 형사형 어미와 명사형 어미가 모두 결합된 경우이다. 종결어미 결합형 명사 중에도 '섰다, 떴다방, 섰다판'처럼 선어말어미가 개입된 경우가 있 다. 엄밀하게 말하자면 이들은 '선어말어미+어말어미' 결합형 명사들이 다.[146] 이 책에서는 이러한 단어를 '조사·어미 다중(多重) 결합형 명사' 로 명명하고자 한다. 이는 조사나 어미가 여러 개 결합한 명사라는 뜻이 다. 한국어의 조사·어미 다중 결합형 명사는 다음과 같이 제시할 수 있다.

> (43) 가. 웃음엣말, 웃음엣소리, 웃음엣짓
> 나. 나도범의귀, 나도닭의덩굴
> 다. 늙으신네, 어르신네, 젊으신네; 숨은그림찾기; 섰다, 떴다방, 섰 다판; 감는목, 감는붕대, 노는계집, 듣는힘, 떠는잠, 맺는말, 먹 는장사, 세는나이, 쉬는화산, 싣는무게, 씹는담배, 우는살, 우는 소리, 웃는쇠, 죽는소리, 죽는시늉, 지새는달; 받는이, 배우는이, 노는꾼; 감는수, 감는줄기, 곱하는수, 기는미나리아재비, 기는줄 기, 꼬리감는원숭이, 꼴없는이름씨, 꼴있는이름씨, 끓는거품소

146   이 책에서 제시한 종결어미 결합형 명사 가운데 선어말어미가 개입된 경우는 '섰 다, 떴다방, 섰다판' 등의 예뿐이다. 이러한 사례는 그다지 많지 않음을 알 수 있다.

리, 끓는점, 끓는점법, 나누는수, 나뉘는수, 나는다람쥐, 나는물,
내리는물고기, 노젓는소리, 녹는쇠, 녹는열, 녹는염, 녹는점, 놓
는꼴, 단발령넘는사위, 더는수, 더하는수, 들어누르는표, 떠는목,
떠는소리, 떠는음, 매는꼴, 매는법, 맺는상, 메기는소리, 문잡는
굿, 미는끌, 받는소리, 밤에피는선인장, 배기는가락, 배끄는소리,
볶는염불, 볶는염불장단, 볶는타령, 붓는병, 살없는창, 성문여는
굿, 쉬는표, 실없는유카, 쓰는소리, 아가미썩는병, 아는수, 어는
점, 우는토끼, 잇는수, 자라는평판, 자루없는잎, 중허리드는자진
한잎, 지르는낙시조, 지르는편자진한잎, 타는점, 풀베는소리, 풀
써는소리

(43가)는 조사와 어미가 모두 결합하는 경우이고, (43나)는 조사가 두
번 결합하는 경우이고, (43다)는 어미가 두 번 결합하는 경우이다. 4장
에서 언급한 '동사+-느-+-ㄴ' 형식의 단어들이 이 경우에 해당한다. 조
사·어미 다중 결합형 명사는 (43) 외에도 더 많은 예시가 있을 수 있
다. 그러나 이들은 조사·어미 결합형 명사의 전체 범주 안에서는 소수
에 불과하다.

5장

조사·어미 결합형 명사의 특성

__ 조사 · 어미 결합형 명사의 특성

이상에서는 한국어의 조사 결합형 명사와 어미 결합형 명사의 양상과 형성을 자세히 살펴보았다. 이 장에서는 조사 · 어미 결합형 명사가 일반적인 합성 명사나 파생 명사와 구별되는 형성법적 특성과 의미적 특성을 밝히고자 한다.

5.1. 조사 · 어미 결합형 명사의 형성법적 특성

언어유형론적으로 한국어는 주로 어미나 조사와 같은 문법형태소에 의해서 문법 기능을 실현하는 교착어이다(권재일 2012). 이처럼 조사나 어미가 단어 형성에 참여하는 경우가 매우 특이한 것처럼 보이지만 교착어의 보편적인 현상일 수 있다.[1] 앞서 언급했듯이 기존 연구들에서는 조사 · 어미 결합형 단어의 형성을 파생이나 합성의 틀에 맞추어 설명하려

---

[1]   본 장의 5.1.3절에서 제시할 만주어, 일본어의 예를 통해서 추측할 수 있다.

는 경향이 있다. 기왕의 연구들 가운데 최형용(2003가)는 가장 먼저 조사·어미 결합어를 합성, 파생과 대등한 지위에 놓은 것이다.[2] 본 절에서는 조사·어미 결합형 명사가 파생 명사, 합성 명사와의 다름을 강조하면서 조사·어미 결합형 명사의 특성을 논의하고자 한다.

본 절에서는 조사·어미 결합형 명사 형성에 참여하는 요소의 특성, 핵의 위치에 따른 조사·어미 결합형 명사의 특성, 조사·어미 결합형 명사 형성의 유형론적 특성의 세 가지를 고려하여 논의를 진행하고자 한다.

---

2   최형용(2003가) 이전에도 이러한 시도가 없었던 것은 아니다. 시정곤(1994/1998)
     은 혼합어(mixed word)라는 부류를 설정하였으며, 혼합어를 다시 '어휘적 혼합
     어(lexical mixed word)'와 '통사적 혼합어(syntactic mixed word)'로 구분
     하였다. 시정곤(1994/1998)에서는 전자는 어휘부에서 단어 형성 원리에 의해 형
     성되는 혼합어이며, 후자는 통사부에서 형성되는 혼합어라고 설명하였다. '베갯
     잇, 해돋이, 물받이, 신문팔이' 등은 전자에 해당하는 예이고, '늙은이, 좋아하다,
     돌아가다, 오고가다' 등은 후자에 해당하는 예이다. 따라서 시정곤(1994/1998)
     의 '혼합어'는 통사적 결합어를 포함한 더 큰 부류라고 할 수 있다. 한편, 시정곤
     (1994/1998)에서 단어의 유형을 다음과 같이 분류하였다.

$$
\text{단어}
\begin{cases}
\text{관용어}
\begin{cases}
\text{어휘적 관용어} \\
\text{통사적 관용어}
\end{cases} \\[1em]
\text{어휘적 단어}
\begin{cases}
\text{단일어 } R\text{형} \\
\text{합성어}
\begin{cases}
\text{파생어 } (a)R(aa)\text{형} \\
\text{복합어 } R(RR)R\text{형} \\
\text{혼합어 } (a)R(RR)(aa)R(aa)\text{형}
\end{cases}
\end{cases} \\[1em]
\text{통사적 단어}
\begin{cases}
\text{단일어 } R\text{형} \\
\text{합성어}
\begin{cases}
\text{파생어 } Ra\text{형} \\
\text{복합어 } RR\text{형} \\
\text{혼합어 } R(a)R(a)\text{형}
\end{cases}
\end{cases} \\[1em]
\text{음운론적 단어}
\begin{cases}
\text{어휘 음운적 단어 } R(a)R(a)\text{형} \\
\text{통사 음운적 단어 } R(a)R(a)\text{형}
\end{cases}
\end{cases}
$$

(단 R, a는 순환적이다)

5.1.1. 조사·어미 결합형 명사 형성에 참여하는 요소의 특성

먼저 조사·어미 결합형 명사 형성에 참여하는 요소를 파생 명사, 합성 명사의 형성 요소와 대조하면서 조사·어미 결합형 명사의 특성을 논의하고자 한다.

5.1.1.1. 조사·어미 결합형 명사와 파생 명사

파생 명사는 '접두사에 의한 파생 명사'와 '접미사에 의한 파생 명사'의 두 가지로 나눌 수 있다. 전자의 경우는 후행 성분이 명사이어야 하고, 후자의 경우는 후행 성분이 접미사이다. 주지하는 바와 같이 한국어는 접미사가 접두사보다 훨씬 발달되어 있기 때문에 접미사에 의한 파생 명사가 수적으로도 더 많다. 그러면 파생 명사 가운데 명사가 단어 형성 요소로서 단어 형성에 참여하는 경우가 그다지 많지 않음을 볼 수 있다. 그러나 조사·어미 결합형 명사의 경우는 3장, 4장의 검토를 통해서도 볼 수 있듯이 조사 결합형 명사의 경우는 모두 명사가 단어 형성 요소로서 단어 형성에 참여하는 것이고, 어미 결합형 명사의 경우는 명사형 어미가 최종 단어의 직접구성요소인 경우나 종결어미가 최종 단어의 직접구성요소인 경우는 명사 없이 명사가 형성될 수 있으며 나머지는 대부분이 명사가 단어 형성에 참여하는 경우를 보인다. 소수에 불과한 일부는 접미사가 결합하는 경우도 보인다. 따라서 파생 명사와 조사·어미 결합형 명사는 단어 형성에 참여하는 요소의 측면에서 서로 다르다. 전자는 접사가 단어 형성에 꼭 참여해야 하지만 후자는 조사나 어미가 단어 형성에 꼭 참여하고 대부분이 명사(혹은 명사형)가 단어 형성 요소로서 단어 내부에 존재하는 것으로 볼 수 있다.

앞서 언급한 바와 같이 고영근(1972, 1989), 이양혜(2000, 2001), 김인택 (2003) 등의 논의에서는 이들 조사 · 어미 결합형 명사를 파생 명사로 본 다. 그러나 이 책의 입장에서는 조사 · 어미로 끝나는 경우는 이를 파생 접미사로 볼 수 있더라도 조사, 어미가 최종 단어의 직접구성요소가 아 닌 경우, 즉 형식적으로 조사, 어미가 단어의 중간에 있는 경우는 이를 접미사로 보기가 어렵다. 통사적인 요소로서의 조사, 어미가 단어 형성 에 참여하는 것은 전통적인 시각에서는 예외적인 상황인데 이를 접사로 보면 끝에 오는 조사나 어미를 접미사로 볼 수 있어도 중간에 오는 조사 나 어미는 설명할 수 없는 것이다. 특히 이 책에서 논의하는 조사 · 어미 결합형 명사의 경우는 조사, 어미가 단어의 끝에 오지 않는 경우가 많기 때문에 파생 접사설의 설득력이 더욱 부족해 보인다.[3] 김인택(2003)처럼 '파생 후 합성'으로 해석하는 경우도 있지만 '파생'의 조작을 통해서 형 성된 것이 대부분이 단어가 아니라 명사형(예: '갈림길'의 '갈림') 혹은 관형 사형(예: '작은집'의 '작은')이기 때문에 단어 형성으로 볼 수 없고, 파생으로 보기도 힘들다. 따라서 조사 · 어미 결합형 명사를 파생 명사로 보는 것 은 문제점이 많고 설득력이 결여된다.

물론 황화상(2001)에서는 단어의 내부에서 보이는 조사, 어미를 '삽입 접사(통사적 접사)'로 설정한 바 있다. 먼저 삽입 접사라는 주장으로 여러 유형의 단어들을 설명할 수 있지만, 종결어미 결합형 명사, 연결어미 결

---

3   물론 조사 · 어미 결합형 명사에서 조사나 어미는 단어의 중간에 위치하기 때문 에 이것을 '접요사'라고 간주할 수도 있다. 접요사는 한 어기의 중간에 삽입되는 요소이다. 예컨대 마인어의 gigi(이빨)에 접요사가 붙으면 gerigi(치륜)이 된다. 그러나 이 책에서 연구하는 조사 · 어미 결합형 명사인 '먹자골목', '꿩의다리' 등 의 경우, '먹골목', '꿩다리'라는 어기가 없고 이 단어 중간에 '-자', '의'가 삽입된 다고 보기도 어렵다. 따라서 단어 형성에 참여하는 조사나 어미를 접요사로 처리 하기는 어려울 듯하다.

합형 명사 등 기존의 '비통사적 합성어'를 설명하는 데 어려움이 있다. 왜냐하면 황화상(2001)에서 말하는 '삽입 접사'는 모두 통사적 구성이나 기존의 일반적인 단어 구성 방식과 유사한 면이 있으나 종결어미 같은 경우 여러 가지가 있으며 이들은 단어 내부에 삽입되는 이유를 설명하기 어렵기 때문이다. 예를 들어 '먹자골목'의 경우 '먹-'과 '골목'의 두 어근 사이에 다른 어미가 개입되는 것을 예상할 수 있으나 종결어미 '-자'를 삽입한다고 해석하면 설득력이 부족하다. 또한 황화상(2001)에서 어휘적 접사와 통사적 접사를 나누는 이유는 이들 '조사', '어미'가 구의 형성에 참여할 수도 있고, 단어 형성에 참여할 수도 있기 때문이다. 따라서 원래 통사적 요소로서의 조사, 어미가 단어 형성에 참여할 때 '어휘적 접사'로 칭한다. 그러나 2장에서도 간략하게 언급했듯이 이들의 일반적인 용법은 통사적 요소로서 구를 만드는 것이다. 이 책에서는 조사, 어미라는 용어를 쓰는 것이고, 황화상(2001)에서는 그것을 접사라고 가리켜 용어만 다를 뿐이지 사실 가리키고자 하는 내용은 같다.

한편, 기존의 연구들에서는 '보기, 웃음'과 같은 단어를 파생 명사로 보고 이때의 '-기'나 '-(으)ㅁ'을 명사 파생 접미사로 보았다. 그러나 이 책의 4장에서도 살펴보았듯이 '-(으)ㅁ, -기'는 원래 어미인 것이 단어 형성에 참여한 것으로 볼 수 있고, 명사형 구성이 단어화되어 '-(으)ㅁ, -기' 결합형이 명사가 된 것으로 볼 수 있다. 이러한 입장을 따른다면 단어를 '분석'하는 입장에서는 이들을 접미사로 분석할 수 있으나 '형성'의 측면에서 본다면 이는 어미로 볼 수 있다.

조사·어미 결합형 명사와 파생 명사의 개념이 명확히 구분되지 않는 것은 단어의 형성에 개입되는 요소가 실질적 의미보다는 주로 문법적 의미를 표현하는 것이라는 데서 기인하는 것으로 보인다. 이와 관련하여

북한의 단어 형성론 연구인 김동찬(2005)도 주목할 만하다.[4] 김동찬(2005)
는 '토'가 개입된 단어 형성법을 다음과 같이 정리했다.

> (1) 토에 의한 련관
> 　가. 우리말에서는 <u>토에 의해서도 단어가 파생될 수 있는데</u> 이때 바탕
> 　　　말의 품사적성격과 파생된 새말의 품사적성격이 달라짐으로써 서
> 　　　로 다른 품사들이 토를 통하여 련관이 지어질 수 있다.
> 　나. 격토: 에(삽시에, 일시에, 일거에 등), 로(날로, 실로, 참으로 등)
> 　　　도움토: 마다(저마다, 저저마다, 해마다 등)
> 　　　이음토: 아/어/여(이어, 앞서), 아서/어서/여서(어째서, 왜서) 등
> 　　　꾸밈토: 게(뻔질나게)

　밑줄 친 부분에서 볼 수 있듯이 김동찬(2005) 역시 '파생'이란 용어를
사용했다. 그러나 이들 단어의 형성에 참여하는 요소는 파생 접사가 아
니고 '토'임을 인식하고 있는 것으로 보인다. 북한어 문법에서는 '토'를
'접사'로 귀속시키는 경우가 많으나 이들의 차이를 구분하는 듯하다. 앞
서 언급한 황화상(2001)의 주장도 김동찬(2005)과 용어상의 차이가 있으
나 사실 궤를 같이하는 것으로 볼 수 있다. 두 논의는 모두 조사, 어미와
접사 서로의 공통점에서 입각한 것으로 볼 수 있다.

> (2) 단어 형성에 참여하는 요소:
> 　가. 파생 명사: <u>접사</u>, 명사(소수)
> 　나. 조사·어미 결합형 명사: <u>조사·어미</u>, 명사 혹은 명사형(대부분),
> 　　　접사(소수)

　여기에서는 조사·어미 결합형 명사와 파생 명사의 단어 형성에 참여

4　　　이하 김동찬(2005)와 관련된 내용은 모두 정한데로(2018가)를 참조한 것이다.

하는 요소를 살펴보았는데, 이들에서 가장 큰 차이가 나는 부분은 바로 접사와 조사, 어미이다. 조사, 어미는 단어에 붙어서 문장의 형성에 참여하는 것이 주요 기능이고, 접사는 어근에 붙어서 단어 형성에 주로 참여한다는 점에서 이 두 가지 요소는 본질적인 차이가 있다.[5]

5.1.1.2. 조사·어미 결합형 명사와 합성 명사

대부분의 한국어 연구는 서론에서 제시한 것처럼 조사·어미 결합형 명사를 합성 명사의 하위 유형으로 귀속하지만 모든 조사·어미 결합형 명사를 하나의 부류로 묶은 것이 아니라 다음과 같이 제시하는 경우가 많다.[6]

(3) 합성 명사
    가. 명사+명사: 논밭, 고무신, 쌀밥, 할미꽃
    나. 명사+ㅅ+명사: 촛불, 바닷가, 나뭇가지, 봄비, 솔방울, 산돼지
    다. 명사+파생명사(혹은 명사형): 해돋이, 말다툼, 몸가짐
    라. 용언의 관형사형+명사: 건널목, 뜬소문, 어린이[7]

---

[5] 따라서 이 책에서는 파생 명사와 조사·어미 결합형 명사의 중요한 차이는 단어 형성에 꼭 참여하는 요소가 다르다는 점이다. 즉 조사·어미 결합형 명사와 파생 명사의 구별은 조사, 어미와 접사의 구별로 귀결될 수 있다.

[6] (3)은 고영근·구본관(2018)에서 가져온 것이다. 4장에서 살펴봤던 송원용(2005)의 논의에서는 '-(으)ㄴ, -(으)ㄹ' 관형사형 어미 결합형 명사들 중에서도 유추나 대치에 의해 형성된 단어들을 합성으로 본다. 그런데 유추의 주축으로 기능한 선행 직접성분 '흰'은 형용사의 관형사형으로 단어보다 큰 문법적 지위를 가지기 때문에 합성의 범주에 속하는 것이라고 하였다. 즉 송원용(2005)는 이러한 단어들이 합성법에 의해 형성된 것이 아니라는 인식을 견지하고 있으나 전체의 체계에서는 이 역시 합성으로 보는 것이다.

[7] '어린이'의 경우, 이 책에서는 '형용사의 관형사형+의존명사'로 본다.

마. 용언의 명사형+명사: <u>갈림길, 볶음밥, 보기신경</u>
바. 용언의 연결형+명사: <u>섞어찌개, 살아생전</u>
사. 용언 어간+명사: 덮밥, 접칼
아. 관형사+명사: 새해, 옛날, 첫사랑, 이것, 그것, 저것
자. 부사+명사: 뾰족구두, 살짝곰보
차. 불규칙적 어간+명사: 보슬비, 얼룩소, 곱슬머리, 알뜰주부
카. 부사+부사: 잘못

(3)에서 볼 수 있듯이 한국어의 합성 명사는 (3카)만을 제외하면 모두 합성 명사를 형성하는 데 명사가 단어 형성 요소로서 참여하는 것을 볼 수 있다. 일반적으로 합성어는 통사적 합성어와 비통사적 합성어(혹은 형태적 합성어)로 나눈다. 조사·어미 결합형 명사를 합성 명사로 분류하는 논의들에서는 이들을 특히 통사적 합성 명사로 보는 경우가 많다. 그러나 이 책의 4장에서 제시한 단어들 중 종결어미 결합형 명사나 연결어미 결합형 명사는 통사적 합성 명사에 속하지 않는다. 이들 단어의 구성 성분을 보면 (3다, 라, 마, 바)는 어미가 단어 형성에 참여한다는 공통점이 있다. 아쉬운 점은 대부분의 연구에서 (3)과 같이 명사의 부류를 나열할 때 관형격 조사 '의' 결합형 명사, 처소격 조사 '에' 결합형 명사와 보조사 '도' 결합형 명사 등을 언급하지 않았다는 것이다. 이 책의 논의를 통해서 확인할 수 있듯이 이들 조사 결합형 명사도 한국어 명사의 한 부류로 볼 만한다. 이들 조사·어미 결합형 명사의 구성 요소 가운데 명사(혹은 명사형)와 조사, 어미가 들어가 있는 경우가 대부분이다. 이를 다음과 같이 간단하게 정리할 수 있다.

(4) 단어 형성에 참여하는 요소:
    가. 합성 명사: 명사(거의 전부), 부사(소수)
    나. 조사·어미 결합형 명사: 조사·어미, 명사 혹은 명사형(대부
       분), 접사(소수)

(4)는 합성 명사와 조사·어미 결합형 명사의 형성에 참여하는 요소를 제시한 것이다.[8] 이를 통해 단어의 구성 성분의 측면에서는 조사·어미 결합형 명사가 전형적인 합성 명사와 다르다는 것을 확인할 수 있다. 기존의 연구들에서 조사·어미 결합형 명사를 합성 명사로 분류하는 것은 이들의 공통점인 단어 형성에 참여하는 요소가 '명사'라는 데 초점을 맞춘 것으로 보이지만, 이 책에서는 이들이 보이는 차이점에 주목하여 별도의 부류로 취급하고자 한다.

5.1.2. 핵의 위치에 따른 조사·어미 결합형 명사의 특성

일반적인 합성 명사, 파생 명사는 핵이 오른쪽에 있다. 즉 합성 명사의 핵은 명사에 있고, 파생 명사의 핵은 접두 파생어의 경우 명사에, 접미 파생어의 경우 접미사에 있다. 그런데 모든 명사에서 핵이 오른쪽에 있는 것은 아니다. 합성 명사는 대등적 합성 명사와 종속적 합성 명사로 나눌 수 있는데, 대등적 합성 명사는 핵이 어느 한쪽에 있다고 보기 어렵다.

문법적인 핵(grammatical head)이 어디에 있는지에 따라 조사·어미 결합형 단어를 다시 세분할 수 있다. 왕사우(2018가)에서는 최형용(2003가)를

---

8   물론 이는 단어 형성에 참여하는 요소를 모두 나열한 것은 아니고, 이 책에서 비교할 만한 부분만 제시한 것이다.

기반으로 하여 조사 결합어와 어미 결합어를 조사나 어미가 최종 단어
의 직접구성요소인 경우와 그렇지 않은 경우로 나누었다. 왕사우(2018가)
에서 제시한 통사적 결합어 체계는 다음과 같다.[9]

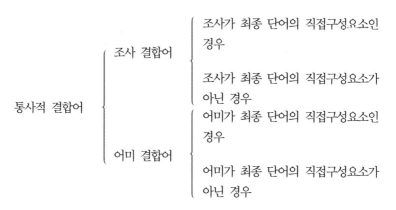

〈그림 6〉 왕사우(2018가)의 통사적 결합어 체계

조사·어미가 최종 단어의 직접구성요소인 경우는 핵이 조사나 어미
에 있는 경우이고, 조사·어미가 최종 단어의 직접구성요소가 아닌 경
우는 핵이 조사나 어미에 있지 않은 경우라고 할 수 있다.[10] 조사·어미

---

9   이때의 '통사적 결합어'는 합성어, 파생어와 대등한 지위에 있다. 일반적으로 합
     성어, 파생어는 공시적으로 형성된 것을 말한다. 최형용(2003가)에서는 통사적
     결합어가 통시적으로 형성된 것으로 보았는데 이 책에서는 조사·어미 결합형
     명사 중에는 통시적 단어화에 의해 형성된 것도 있고, 공시적 단어화에 의해 형
     성된 것도 있다고 본다. 또한 일반적인 합성어, 파생어도 모두 공시적으로 형성된
     것이라고 보기는 어렵다. 문금현(2009)에서는 '애(가) 타다 < 애타다, 기(가) 막
     히다 < 기막히다' 등은 통시적으로 보면 현대에 올수록 조사 탈락형이 우세하며,
     이들은 단어화된 것이라고 보았다. 따라서 합성어인 '애타다, 기기막히다' 등의
     형성은 통시적으로 이루어졌다고 볼 수 있다.
10   3장, 4장에서 제시한 바와 같이 조사 결합형 명사에는 관형격 조사 결합형 명사,
     처소격 조사 결합형 명사, 보조사 결합형 명사 등이 있으며, 어미 결합형 명사에

결합형 단어(즉 통사적 결합어)의 전체를 대상으로 보면 조사·어미가 최종 단어의 직접구성요소인 경우도 많이 있다. 그 예로 '가뜩에, 건으로, 그 같이, 그까지로, 가뜩이나, 고나마, 고대로, 그리도, 여간만, 여보게, 싸구려, 옳소, 거봐라, 옳지, 되게, 멍하니, 되도록, 아울러, 적어도, 넨장맞을, 가려움' 등을 들 수 있다. 이 책에서 말하는 조사·어미가 최종 단어의 직접구성요소인 경우는 오규환(2008, 2016)의 '통사적 결합어'에 해당한다. 한국어는 오른쪽 핵 언어이기 때문에 이들 조사·어미 결합형 명사의 문법적인 핵은 모두 단어의 오른쪽에 위치한다. 따라서 대부분의 조사·어미 결합형 명사의 핵은 명사이다. 다른 말로 하면, 한국어의 조사·어미 결합형 명사는 대부분이 조사·어미가 최종 단어의 직접구성요소가 아닌 경우에 해당한다.

5.1.2.1. 핵이 명사인 조사·어미 결합형 명사

조사·어미 결합형 명사는 기본적으로 명사이기 때문에 핵이 명사인 경우가 대부분이다. 이는 조사·어미가 최종 단어의 직접구성요소가 아닌 경우로, 왼쪽에 있는 비핵 성분이 오른쪽의 핵을 수식하는 것으로 볼 수 있다.[11] 이는 종속적 합성 명사와 비슷하며, 대등적 합성 명사와는 다르다. 즉 합성 명사는 핵이 오른쪽에 있는 경우도 많지만 대등적 합성

는 관형사형 어미 결합형 명사, 명사형 어미 결합형 명사, 연결어미 결합형 명사와 종결어미 결합형 명사가 있다. <그림 6>에 따르면 이 책에서 다루는 '섰다', '제자리에서' 등은 어미가 최종 단어의 직접구성요소인 경우에 해당하고, '섰다판, 먹자골목' 등의 종결어미 결합형 명사는 어미가 최종 단어의 직접구성요소가 아닌 경우에 해당한다.

11   이는 이 책의 2장에서 언급한 최형용(2003가)와 오규환(2008, 2016)의 두 논의에서 차이가 나는 부분이다.

명사처럼 핵이 단어 내부에 없는 경우도 있다. 조사·어미 결합형 명사는 주로 전자와 유사성을 보인다.

조사·어미 결합형 명사와 종속적 합성 명사의 차이는 바로 비핵 성분에 있다. 앞서 제시한 (3)에서 볼 수 있듯이 종속적 합성 명사는 앞 성분에 조사나 어미가 없는 것이다. 다음으로는 핵이 명사인 조사·어미 결합형 명사를 비핵 성분, 즉 수식 성분에 따라 분류하여 살펴보겠다.

> (5) 닭의덩굴, 귀에지, 눈에놀이, 갈림길, 누름단추, 졸음운전, 보기신경, 끝보기낚시, 굽혀펴기운동, 미친바람, 앉은소리, 지난가을, 맺는말, 듣는힘, 가는가래, 검은콩, 더운죽, 땔나무, 솟을문, 죽을힘, 섞어찌개, 궁금해놀이, 떴다방, 안다박수, 먹자골목, 살아생전

(5)의 단어들에서 오른쪽에 있는 핵은 문법적인 핵일 뿐만 아니라 의미적으로도 핵이다. 즉 이들 단어는 내심적 단어로 볼 수 있다. 가령 '먹자골목'의 의미론적 중심은 '골목'으로서 '먹자골목'의 분포를 결정짓는 것은 이 '골목'이므로 핵이 되고 비핵인 '먹자'는 '골목'의 부가어가 된다(최형용 2003가). 한편, '살아생전'의 경우는 다른 조사·어미 결합형 명사와 달리 수식 성분인 '살아'가 생략되어도 단어의 뜻을 표현할 수 있다. 이와 달리 다음의 예들은 외심적 단어이다.

> (6) 나도밤나무, 너도개미자리; 꿩의밥, 속임낚시, 을러방망이

'나도밤나무', '너도개미자리'는 '밤나무', '개미자리'와 비슷하게 생긴 식물을 지칭하는 것으로, 사실상 '밤나무', '개미자리'가 아니다. '꿩의밥'은 '밥'이 아니라 '꿩의 먹이'의 용도를 갖는 식물을 가리킨다. '속임낚시, 을러방망이' 역시 '낚시, 방망이'가 아니다. 이들 단어의 의미적인 핵

(semantic head)은 모두 단어 바깥에 있다. 즉 이 단어들은 문법적 핵이 오른쪽 성분에 있지만 의미적 핵은 단어 내부에 존재하지 않는다.

또한 이상의 단어들은 대부분이 같은 형식의 구가 존재하며, 단어화의 과정을 겪어서 생긴 것이다. 이들 단어에서 단어 형성 요소의 결합은 [어근+어근]의 결합과 달리 일반적인 통사적 구성의 결합 방식과 같다. 통사적 구성과의 차이는 형성 요소들이 결합된 후에 단어화의 과정을 겪었다는 것이다. 따라서 이들은 형태부가 아니고 통사부에서 형성되었다고 볼 수 있다.

합성 명사는 '수식어-피수식어'와 같은 구성 요소 배열을 보여 주는 예(종속적 합성어)도 있고 핵이 어느 한쪽에만 있지 않은 경우(대등적 합성어)도 있다. 이와 달리 핵이 명사인 조사 · 어미 결합형 명사는 '수식어-핵어'라는 문법적인 특성을 보이며, 형성 요소의 배열이 해당 통사적 구성과 같다. 언어 유형론적으로 한국어는 의존어 표시 언어이다. 핵이 명사인 조사 · 어미 결합형 명사의 경우, 조사나 어미가 의존어 표지로서 왼쪽에 있는 의존어에 붙어 있다. 이 점 역시 조사 · 어미 결합형 명사가 합성 명사와 다르다는 것을 보여 준다.

5.1.2.2. 핵이 명사가 아닌 조사 · 어미 결합형 명사

문법적 핵이 명사가 아닌 경우는 왕사우(2018가)의 '조사 · 어미가 최종 단어의 직접구성요소인 경우'에 대응된다. 핵이 명사가 아닌 경우는 다시 핵이 명사형 어미, 접미사 및 기타인 경우로 나눌 수 있다. 다음에서 이를 차례로 살펴보겠다.

먼저 핵이 명사형 어미인 경우의 예는 다음과 같다.

(7) 가르침, 믿음, 맞춤, 끝맺음, 눈가림; 걷기, 꺾기, 글짓기, 활쏘기, 집
짓기

4장에서도 논의했듯이 명사형 어미는 단어 형성에 참여할 때도 어미
로서의 역할을 담당한다. 즉 이들 단어는 명사형 어미 결합형에서 명사
로 단어화된 것이다. 조사·어미 결합형 명사에서 조사·어미가 직접구
성요소인 경우는 대부분 명사가 아니지만 명사형 어미는 명칭 그대로
명사형으로 전환할 수 있기 때문에 명사형 어미가 최종 단어의 핵으로
작용하는 경우도 존재한다. 기존 연구에서는 명사형 어미 '-(으)ㅁ', '-기'
를 접미사로 보고 이를 접미사 '-이'와 같은 자리에 놓아 논의하였다. 그
러나 전자와 후자는 본질적인 차이가 있다. '-(으)ㅁ', '-기'는 통사적 요
소로서 사용되지만 '-이'는 접미사일 뿐이다. 또한 '-(으)ㅁ', '-기'는 동
사나 형용사를 명사형으로 전환시키는 문법적 역할만 담당하지만 접미
사 '-이'의 경우는 어휘적 의미도 갖는다. 『표준국어대사전』에서는 이들
이 모두 접미사[12]로 등재되어 있지만 뜻풀이를 통해서 그 차이를 확인할
수 있다.

(8) -(으)ㅁ: 「접사」 (용언의 어간 뒤에 붙어) 명사를 만드는 접미사.
　　　　예: 믿음, 죽음, 웃음
　-기: 「접사」 (일부 동사나 형용사 어간 뒤에 붙어) 명사를 만드는
　　　접미사.
　　　　예: 굵기, 달리기, 돌려짓기
　-이: 「접사」
　　　① (몇몇 형용사, 동사 어간 뒤에 붙어) 명사를 만드는 접미사.
　　　예: 길이, 높이, 먹이

12　　단어 형성에 참여하는 '-(으)ㅁ'은 『표준국어대사전』에 접미사로 등재되어 있다.

② (몇몇 명사와 동사 어간의 결합형 뒤에 붙어) '사람', '사물',
   '일'의 뜻을 더하고 명사를 만드는 접미사.
   예: 곱삶이, 길잡이
③ (몇몇 명사, 어근, 의성 · 의태어 뒤에 붙어) '사람' 또는 '사
   물'의 뜻을 더하고 명사를 만드는 접미사.
   예: 절름발이, 애꾸눈이, 멍청이

  (8)의 사전 기술을 통해서 알 수 있듯이 접미사 '-이'는 명사를 만드는
용법 외에 어휘적 의미를 더하는 기능도 있다. 따라서 핵이 어미에 있는
어미 결합형 명사는 접미 파생 명사와 차이가 있다. 접미 파생 명사의
경우, 문법적인 핵이 접미사에 있고 그 접미사가 의미적인 기능도 어느
정도 담당한다. 그러나 명사형 어미가 핵인 경우, 명사형 어미는 문법적
인 핵일 뿐이고 의미적인 핵이라고 하기는 어렵다.
  핵이 '접미사'인 조사 · 어미 결합형 명사의 예는 다음과 같다. 여기서
는 공시적으로 접미사로 분석할 수 있는 요소가 있기 때문에 접미사라
는 명칭을 쓰는 것이다.

  (9) -증: 졸음증, 피부마름증, 가려움증, 말짓기증, 미친증
      -꾼: 모내기꾼, 멜꾼
      -끌: 깎기끌
      -쟁이: 가난쟁이, 꺾어쟁이, 따라쟁이
      -데기: 늙은데기
      -네: 늙으신네, 젊은네
      -둥이: 덴둥이, 센둥이, 어린둥이, 흰둥이
      -뱅이: 앉은뱅이, 허튼뱅이; 앉을뱅이, 잘라뱅이, 언어뱅이
      -상: 끄실상
      -파: 먹자파
      -주: 굵어주

-식: 배째라식, 헤쳐모여식, 묻지마식, 나몰라라식, 카더라식
-족: 우리가남이냐족, 나도족
-촌: 먹자촌

(9)의 예를 통해서 볼 수 있듯이, 이들 단어는 모두 [어근+접미사]로 분석할 수 있다. 그런데 여기에서의 접미사는 모두 명사적 성격이 강하다. 즉 이들 '접미사'는 모두 의미를 더하는 어휘적 접사라는 것에 주목할 필요가 있다. 허철구(2015)에서는 이들 단어 내부에 접미사가 존재한다는 점을 들어, 이러한 조사·어미 결합형 단어들이 형태부에서 형성된다고 주장하였다. 이와 달리 정한데로(2018나)에서는 이들 '접사'가 형성 현장에서 접사로 기능하였을지는 분명하지 않다는 점을 들어, 접미사 '-꾼, -데기, -쟁이, -둥이'가 '군(軍), 덕+이, 장(匠)+이, 동(童)+이' 등에서 기원한 것으로 본다면, 현재의 분석 결과에만 기대어 이 단어들을 '활용형+접사'의 구성으로 보기에는 무리가 있다고 지적하였다. 즉 이전 시기에는 '노는 군, 늙은 덕이' 등의 통사적 구성을 상정할 수 있다는 것이다.

이 책도 정한데로(2018나)와 비슷한 입장이다. 여기에는 두 가지 가능성이 있다. 하나는 정한데로(2018나)에서 언급한 바와 같이 이들이 형성 당시에는 접사가 아니었을 가능성이다. 다른 가능성은 이러한 접미사들이 명사적인 성격을 가지는 것과 관련된다. 이들 접사 중에는 한자어가 많으며, 이들은 명사로 인식될 수 있다. 예컨대 '개학(開學), 입장(入場), 투고(投稿)' 등은 한자만 보면 동사여야 하는데, 한국어에서는 이들을 모두 명사로 받아들여 뒤에 '-하다'가 결합해야만 동사가 된다. 이에 비추어 보면 한자 접미사도 명사로 인식되어 단어 형성 과정에서 사용되었을 가능성이 있다. 이처럼 어휘적 접사는 원래 명사였던 것이 출현 빈도가 높아지면서 접사로 처리되는 경우가 많다. '먹자촌'과 같은 단어의 경우

는 '먹자골목'에서 '골목'이 '촌'으로 대치된 것으로 볼 수 있다. 즉 단어 형성 현장에서 '촌'이라는 접미사가 '먹자'와 결합한 것이 아닌 듯하다. 앞서 살펴본 것처럼 '골목'이 '촌'으로 대치되는 과정을 통해서 '먹자촌'이 만들어졌을 가능성이 크다. 따라서 이 책은 이러한 '접미사'는 공시적으로 접미사로 분석할 수 있지만 형성에 측면에서는 접미사가 아니라고 본다. 다시 말하자면 형성의 측면에서 이들은 일반적인 명사와 차이가 크지 않다.

핵이 명사가 아닌 조사 · 어미 결합형 명사는 표면적으로는 핵이 명사인 조사 · 어미 결합형 명사와 차이를 보이지만 본질적으로는 그 양상이 같다. 즉 '조사 · 어미 결합형+접미사'에서의 '접미사'는 문법적인 기능을 하기보다는 일반적인 명사처럼 어휘적 의미를 더하는 역할을 한다. 그리고 '조사 · 어미 결합형+접미사'는 '조사 · 어미 결합형+명사'와 큰 차이를 보이지 않는다. 즉 '조사 · 어미 결합형+접미사' 구성인 '앉은뱅이'는 '조사 · 어미 결합형+명사'인 '앉은부채'와 큰 차이가 없다.

공시적으로 보면 핵이 명사가 아닌 경우로서 다음과 같은 예를 제시할 수 있다.

> (10) 가. 건너질러,[13] 섰다, 싸구려
> 나. 뚫어뻥
> 다. 뒤로돌아, 뒤로돌아가, 뛰어가, 모여, 무릎쏴, 무릎앉아, 바른걸음으로가, 반걸음으로가, 서, 서서쏴, 쉬어, 쏘아, 쏴, 앉아, 앉아쏴, 앞으로가, 엎드려뻗쳐, 엎드려쏴, 열중쉬어, 우로봐, 우향앞으로가, 일어서, 좌향앞으로가, 좌향좌, 차려(차렷), 편히쉬어, 편히앉아, 헤쳐, 걸음마

---

13   건너질러: 소 장수들의 은어로, '칠백오십 냥을 이르던 말.

(10가)의 '건너질러', '섰다'와 '싸구려'는 'VP→N' 정도로 볼 수 있다. 통사적 구성으로서의 '섰다'는 핵이 동사에 있지만 명사로서의 '섰다'는 핵이 단어 내부에 있지 않다는 것은 특이하다. 이를 통해 '건너질러', '섰다', '싸구려'의 명사로서의 지위는 어미에 의해서 결정된 것이 아님을 알 수 있다. 이 두 단어는 Di Sciullo & Williams(1987)에서 언급된 구에서 재분석된 단어로 볼 수 있다. 한편 (10나)의 '뚫어뻥' 역시 핵이 단어 내부에 있지 않은 예로 들 수 있다.[14] (10다)의 예들은 군사 분야의 전문용어이다.[15] 이처럼 문법적인 핵이 단어 내부에 없고 단어와 관련되지 않는 현상은 합성 명사나 파생 명사에서는 '잘못'을 제외하면 발견되지 않는다. 대등적 합성 명사의 경우는 핵이 어느 한 쪽에 있다고 보기 어렵기는 하나, 핵이 단어와 아무런 연관이 없는 것은 아니다.

이상의 논의를 토대로 합성 명사, 파생 명사, 조사·어미 결합형 명사의 형성을 단어-기반 모형으로 형식화하면 다음과 같다.

> (11) 가. 합성 명사: $/Y/_N \rightarrow /XY/_N$ ('X'는 명사일 수도 있고 아닐 수도 있다)
> 나. 파생 명사:
> ㄱ. 접두 파생 명사: $/Y/_N \rightarrow /prefY/_N$
> ㄴ. 접미 파생 명사: $/X/_z \rightarrow /Xsuf/_N$ ('z'는 명사일 수도 있고 아닐 수도 있다)
> 다. 조사·어미 결합형 명사:
> ㄱ. 핵이 명사인 경우: $/Y/_N \rightarrow /Xj/eY/_N$

14　이는 합성 명사인 '잘못'에 비추어 보면 매우 흥미로운 현상이다.

15　이들 단어를 다루는 경우 한국어의 조사·어미 결합형 명사를 보다 폭넓게 검토할 수 있다는 의의가 있지만 이는 전형적인 단어가 아니라는 점에 유의할 필요가 있다.

ㄴ. 핵이 명사가 아닌 경우: /X/z → /Xe/N

(j: 조사 e: 어미)

　요컨대, 합성 명사의 경우는 핵이 'Y'에 있을 수도 있고 'X'와 'Y'의 어느 하나에만 있는 것이 아닐 수도 있다. 접두 파생 명사의 경우도 (11가)와 동일한 형식으로 표현할 수 있다. 접미 파생 명사의 경우는 핵이 접미사에 있다. 조사·어미 결합형 명사를 보면 'ㄱ'의 경우는 핵이 'Y'에 있으며, 'ㄴ'의 경우는 핵이 어미에 있을 수도 있고 아예 단어 바깥에 있을 수도 있다. 'ㄱ'은 합성 명사와 비교하였을 때 문법적인 핵의 위치에 있어서 차이를 보이고, 'ㄴ' 역시 접미 파생 명사와 비교하였을 때 문법적인 핵의 위치에 있어서 차이를 보인다. 따라서 조사·어미 결합형 명사는 핵의 위치 측면에서 합성 명사와도 다르고 파생 명사의 경우와도 다르다. 특히 '섰다판', '싸구려', '뚫어뻥' 등과 같이 핵이 단어 내부에 없는 경우가 있다는 점이 특징적이다.

5.1.3. 조사·어미 결합형 명사 형성의 유형론적 특성

　본 절에서는 이상의 논의를 바탕으로 조사·어미 결합형 명사의 유형론적 특성을 살펴보고자 한다. 먼저 파생 명사, 합성 명사와 조사·어미 결합형 명사에서 단어 형성에 참여하는 요소의 특징을 정리하면 다음과 같다. 파생 명사는 단어의 구성 요소에 접사가 꼭 있어야 하며, 명사가 직접 참여하는 경우와 그렇지 않은 경우가 모두 있다. 합성 명사는 일부의 예외('잘못'처럼 '부사+부사'인 경우)를 제외하면 모두 명사가 단어 형성에 참여한다. 조사·어미 결합형 명사는 조사나 어미가 꼭 있어야 하며, 단어의 구성 요소로 명사가 출현하는 경우도 많다. 따라서 이 세 가지 종류의 명사는 단어 형성에 참여하는 요소의 측면에서 각기 다른 특성을 보인다.

> (12) 단어 형성에 반드시 참여해야 하는 요소
> 가. 파생 명사: 접사
> 나. 합성 명사: 명사
> 다. 조사·어미 결합형 명사: 조사·어미

(12가)와 (12나)는 다른 여러 언어에도 존재하지만 (12다)는 교착어인 한국어에서 찾아볼 수 있다. 이처럼 조사나 어미가 단어 형성에 참여하는 것은 한국어의 특징이라 할 만하다.

오규환·김민국·정한데로(2014)에서는 '유형론적 특수성을 고려한 한국어의 어휘적 단어 체계'와 '유형론적 보편성을 고려한 한국어의 어휘적 단어 체계'를 각각 제시하였다. 전자에서는 최형용(2003가)에서와 마찬가지로 통사적 결합어를 합성어, 파생어와 대등한 지위에 놓았으나, 후자에서는 통사적 결합어를 파생어의 한 유형으로 소속시켰다. 여기에서 후자의 경우는 분석의 측면을 중시한 체계로 보인다. 즉 조사·어미 결합형 명사를 파생 명사로 귀속시켜 유형론적 보편성을 보여 주고자 한 것이다.

WALS의 'Prefixing vs. Suffixing in Inflectional Morphology'라는 항목에서는 한국어, 일본어, 만주어, 몽골어, 헝가리어 등을 모두 가장 큰 비중을 차지하는 'Predominantly suffixing'의 경우로 소속시킨다.[16] 즉 WALS에서는 언어 보편성을 고려하여 한국어의 조사, 어미에 해당하

---

16 Prefixing vs. Suffixing in Inflectional Morphology

는 것을 모두 '접미사'로 보았다. 그러나 교착어에는 조사, 어미, 접사 등
처럼 독립적으로 쓰이지 못하고 단어나 다른 구성에 붙어 나타나는 요
소가 상당수 있다. 교착어인 몽골어에서는 단어 형성을 다룰 때 복합어
를 합성어와 파생어로 나눈다. 그러나 몽골어 문법에서는 접사를 파생
접사와 굴절 접사로 나누어 한국어에서 어미에 해당하는 요소를 굴절
접사로 보는 경우가 많다. 따라서 몽골어에서는 합성어보다 파생어의 수
가 압도적으로 많다.[17]

> (13) 가. guravni neg (삼분의 일), dōrōvni xoyor (사분의 이)
>   나. zoxoon baigulx (기획하다), büteen bosgox (건설하다), xudaldan
>   avux (구매하다), tailburlan tanulx (해설하다)

(13)은 몽골어의 예인데 (13가)는 한국어의 조사 결합형 명사에 해당
하는 예[18]이고, (13나)는 연결어미 '-n'이 결합된 복합 동사의 예이다. 여
기에서도 관형격 표지인 '-ni'와 연결어미 '-n'가 단어 형성에 참여함을
볼 수 있다.

Value	Representation
Little or no inflectional morphology	141
Predominantly suffixing	406
Moderate preference for suffixing	123
Approximately equal amounts of suffixing and prefixing	147
Moderate preference for prefixing	94
Predominantly prefixing	58
Total:	969

https://wals.info/chapter/26 참조.

17 강신·김기선·김기성·김학선(2009), Song, J. M.(2011), 최형용(2013) 등 참조.
18 (13가)의 예들도 전형적인 단어가 아니지만 이 책의 입장에서는 넓은 의미에서의
   단어로 본다.

박수영(2016)에서는 교착어인 헝가리어의 문법이 라틴 문법의 틀에 맞추어 연구되어 왔다고 지적하였다. 앞서 본 몽골어의 경우와 같이 헝가리어에서도 한국어 조사, 어미에 해당하는 것을 접사로 간주한다. 이처럼 조사·어미 결합형 명사에 해당하는 단어를 파생어로 보는 것은 유형론적 보편성을 고려한 결과라 할 수 있다. 유형론적으로 보았을 때 조사나 어미는 교착어의 특징임에도 불구하고 다수 언어의 상황에 맞추어 설명하려는 경향이 나타나는 것이다.

유형론적 보편성을 추구하여 조사·어미 결합형 명사를 '곡용' 개념을 통하여 설명하고자 하는 논의도 있다. 이정훈(2008가: 590)에서는 '너도밤나무'와 같은 예를 고려하면 '곡용'도 통사부 곡용과 어휘부 곡용의 두 유형이 있을 수 있으나 조사가 단어 형성에 참여하는 경우는 매우 드물기 때문에 어휘부 곡용을 인정하는 것은 섣부른 판단일 수 있다고 한 바 있다. 다시 말해 몇몇의 조사가 단어 형성에 참여하는 경우만으로 어휘부 곡용을 인정하는 것은 무리가 있다는 것이다. 이 책에서는 이들 조사, 어미의 전형적인 용법은 통사적 요소로서의 용법이고 단어 형성에만 참여하는 요소가 아니라 단지 통사적 구성이 단어화되거나 단어 형성에 참여하기 때문에 이를 접사로 보거나 어휘적 곡용으로 볼 필요가 없는 것으로 간주한다. 접사도 단어 이상의 구성에 결합하는 경우를 볼 수 있다. 그러나 마찬가지로 이러한 접사를 위해 별도의 부류를 설정할 필요도 없다. 이러한 접사와 같은 요소들에 전형적인 용법과 비전형적인 용법이 있는 것으로 보는 것이 더욱 적절할 것이다.

이 책의 연구 대상 전체를 파생 명사로 귀속시키는 논의는 많지 않다. 기존 연구에서는 '-(으)ㅁ', '-기'로 끝나는 단어를 일차적으로 접미사로 분석할 수 있다는 점에서 주로 파생 명사로 보았다. 그러나 '볕에말리기,

뒤로훑기, 어깨너머던지기, 서서뛰어들기, 모로누며메치기' 등과 같은 단어의 경우, 파생 명사로 보는 관점도 있고 합성 명사로 보는 관점도 있다.[19] 이와 같은 분석의 입장에서 조사나 어미가 결합된 단어를 합성 명사 또는 파생 명사로 보려고 하는 논의들이 이어져 왔는데, 이는 단어의 분류를 기존 체계에 맞추려는 사고방식으로서 유형론적 보편성을 추구하는 것으로 이해할 수도 있다.

이처럼 기존 연구들에서는 조사 · 어미 결합형 단어들에 대하여 일관되지 않은 처리를 해 왔다. 이는 이러한 단어들의 형성 방식이 전형적이지 않기 때문에 생긴 문제일 수 있다. 조사 · 어미 결합형 명사는 앞서 언급했듯이 조사 혹은 어미가 결합하는 통사적 구성에서 단어화된 것이 대부분인데, 이는 파생 명사나 합성 명사와는 형성 방식이 다르다. 이 책에서는 형성의 입장에 입각하고, 유형론적 특수성을 고려하여 이들 단어의 형성에 통사적 요소인 조사 · 어미가 참여한다는 데 주목하여 이들을 파생 명사 및 합성 명사와 대등한 '조사 · 어미 결합형 명사'로 분류하고자 한다.

한편, 조사 · 어미가 단어 형성에 참여하는 경우에 대해서 김동찬(2005: 216-217)은 다음과 같은 서술이 있다.

---

19   '볕에말리기, 뒤로훑기, 어깨너머던지기, 서서뛰어들기, 모로누며메치기' 등의 단어를 파생 명사로 보는 논의에서는[김창섭(1996) 등] 이들 단어를 각각 일차적으로 '[볕에말리]+[-기], [뒤로훑]+[-기], [어깨너머던지]+[-기], [서서뛰어들]+[-기], [모로누며메치]+[-기]' 등으로 분석한다. 이와 달리 '서서뛰어들기'를 '[서서]+[뛰어들기]'로 분석하는 주장도 있는데[최규수 · 서민정(2008) 등], 이는 '서서뛰어들기'와 같은 단어를 합성 명사로 보는 것이다. 또한 이 책의 서론에서도 언급했듯이 고영근 · 구본관(2018)은 '웃음, 부끄러움; 던지기, 빠르기' 등을 파생 명사로 보고 '말다툼, 몸가짐', '줄넘기, 글짓기' 등을 합성 명사로 보아 다소 일관적이지 못한 처리 방식을 보여 준다.

(14) 가. 우리 말은 토가 비상히 풍부하며 형태법이 매우 치밀하게 주요
품사들에 침투되여있다. 이것이 요인이 되어 우리 말에서 단어
조성수단은 다른 언어에서는 보기 드문 특질을 발휘하게 된다.
그 특질은 의미부들가운데 토를 가지고 단어조성에 진출하는
것들이 있게 하는 것이다.

나. 단어조성의 마당에서 한 의미부가 다른 의미부와 결합되게 될
때 그것들사이에는 반드시 일정한 문법적관계가 조성되게 된다.
즉 혹은 병렬석인 관계 혹은 종속적인 관계 혹은 동반적인 관계
가 조성된다. (중략) 그러나 명명의 대상이 <<무한히>> 다양한
것으로 하여 일부 경우에는 의미부들이 토를 가지고 등장하지
않고서는 결합관계가 바로 나타나지 못하게 될 때가 있게 되며
이런 때 의미부는 토를 가지고 즉 토가 붙은 의미부가 등장하게
되는 것이다.

(14)에서는 토(조사, 어미)의 단어 형성 참여를 인정하고 있는 점이 확인
된다. 다만 (14나)의 언급대로 '토가 등장하지 않고서는 결합관계가 바
로 나타나지 못할 때', 즉 의미 해석을 위해 필요한 경우에 토가 쓰일 수
있다고 본다(정한데로 2018가).

(15) 가. 일반적으로 새로운 단어를 만드는데서 'ㄴ, ㄹ'형의 토를 리용하
는 전통적인 수법을 더 발전시킬 필요가 있다고 보면서 특히 학
술용어에서는 단어의 한계를 더 폭넓게 잡고 이수법을 널리 리
용하여 많은 단어들을 만들어나가는 길을 활발히 열어나가는 것
이 좋을 것이다. (사회과학원 언어학연구소 어휘연구실 1974:
150)

나. 일반적으로 보통 단어만들기에서는 형태부들사이를 결합시켜주
는데서 이음토나 상황토는 쓰지 않았었다. 그러나 어휘정리의
대안은 그 형태부들사이의 관계가 정밀하게 표현되여야 그 뜻을
파악있게 나타낼수 있기 때문에 조선말에 고유한 토들인 이음
토, 상황토들도 리용하였다. (박상훈 외 1986: 141)

김동찬(2005)뿐만 아니라, 그 이전의 다른 북한 문법서에서도 이와 유사한 입장이 확인된다. (15가)에서는 이러한 단어 형성 방법을 '전통적인 수법'으로 보아 '널리 리용'할 만한 방식으로까지 강조한 점이 특징적이다. (15나)는 '보통 단어만들기'와 '어휘정리'를 구분하고 새말의 정밀한 의미 표현을 위해서라면 필요에 따라 '-고(이음토)', '-게(상황토)' 등의 어미를 활용할 수 있음을 설명하고 있다(정한데로 2018가). 또한 이 책의 검토에서 확인할 수 있듯이 조사·어미 결합을 통해 단어를 형성하는 것은 한국어의 단어 형성에서 활발하게 사용되는 방식이다.

이상에서 볼 수 있듯이 조사·어미 결합형 명사는 단어 형성에 참여하는 요소의 측면에서 파생 명사와 차이를 보인다. 조사·어미는 접사와 다른 만큼 이들 단어의 형성 역시 다르다고 할 수 있다. 파생 명사는 단어 형성 요소의 결합으로 형성된 것이다. 반면에 조사·어미 결합형 명사는 구성 요소들이 [X+조사·어미(+Y)]의 형식으로 결합하여 이루어진 구 구성에서 공시적 단어화 혹은 통시적 단어화의 과정을 거쳐서 형성된 것으로 볼 수 있다. 파생 명사는 구성 요소를 결합하면 새로운 단어가 형성되나, 조사·어미 결합형 명사는 구성 요소가 결합된 후에 형성된 것이 단어가 아닐 수도 있다. 다시 말해 후자의 경우는 단어화의 과정을 겪어야만 이들 구성이 단어가 될 수 있다는 것이다. 따라서 파생 명사의 경우는 형성 당시에 바로 명사가 될 수 있으나, 조사·어미 결합형 명사의 경우는 형성 당시에 바로 명사가 되지 못할 수도 있다.

기존 연구에서는 다수 언어의 단어 형성법에 맞춰서 이들 형성 요소 간의 공통점만 보거나 형성보다는 분석의 측면에서 논의를 전개하기 때문에 파생 명사와 조사·어미 결합형 명사를 같은 부류로 묶었다고 할 수 있다. 기존 연구에서 조사·어미 결합형 명사를 파생 명사로 처리한 것은 유형론적 특수성보다는 보편성을 우위에 놓은 것으로 볼 수 있다. 그러나 이 절에서 살펴본 바와 같이 조사·어미 결합형 명사와 파생 명사는 단어의 형성에 참여하는 요소가 각각 다르고, 단어 형성의 과정도 다르다는 점에서 서로 구분할 필요가 있다.

그리고 이러한 단어 형성 방식은 한국어뿐만 아니라 다른 교착어에서도 볼 수 있다. 교착어인 일본어와 만주어에서도 조사, 어미가 단어 형성에 참여하는 현상을 발견할 수 있는데, 이들 언어의 단어 형성 체계에서는 조사·어미 결합어의 특수성을 중요시하여 이를 일반적인 합성어와 구별하는 경우가 있다.

먼저 교착어에 속하는 만주어를 살펴보면, 趙阿平(2015)는 두 개 혹은 두 개 이상의 어근 형태소를 문법 관계에 따라 만든 명사를 '聚集型結構(취집형 구조)'라고 하였다. 이는 합성어의 하위 부류로서 '聯合型結構(대등적 합성어)', '修飾型結構(종속적 합성어)'와 대등한 것이다. 다시 말해 趙阿平(2015)에서는 만주어의 합성어를 세 가지로 나누고, 한국어의 조사·어미 결합어에 해당하는 단어들을 '聚集型結構'라는 부류를 설정한 것이다.

> (16) 가. moo(나무, 樹)+i(의, 的)+hasi(가지, 茄子)
> ⇒moo i hasi(감, 柿子)
>
> 　나. boo(집, 家)+ci(에서/으로부터, 由)+tucike(떠났다는/나갔다는, 出了的)+temgetu(증거, 憑證)
> ⇒boo ci tucike temgetu(승려에게 진급하는 출가인 증명서, 度碟)
>
> 　다. nomhon(충직하고 온후한, 忠厚)+sufan(코끼리, 象)+ujire(키우는, 養的)+boo(집/방, 房子)
> ⇒nomhon sufan ujire boo(코끼리를 길들이는 방, 馴象房20)
>
> 　라. mujilen(마음, 心)+be(을, 把)+unenggi(진심의/진실한, 誠)+obura(삼다/여기다, 作為)+tanggin(집무실/고관의 사무실, 堂)

⇒mujilen be unenggi obura tanggin(성심당, 誠心堂[21])[22]

趙阿平(2015)는 이러한 조사·어미 결합형 단어를 합성어로 분류하였지만 합성어의 하위 부류인 대등적 합성어, 종속적 합성어와는 구별하였다. 따라서 趙阿平(2015)는 이러한 '조사·어미 결합형 단어'의 구분되는 특징을 충분히 인식하고 있음을 볼 수 있다.

다음으로 일본어의 경우에는, 玉村(1988: 24)는 일본어의 복합어(이 책에서 말하는 '합성어'에 해당한다)를 다음과 같이 세분화하였는데 이를 통해 일본어 조어 방식의 다양성을 엿볼 수 있다.

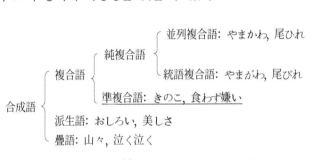

〈그림 7〉 玉村(1988)의 일본어의 복합어 체계

일본어에도 한국어의 조사·어미 결합어에 해당하는 형식이 존재한다. 흥미로운 것은 玉村(1988: 24)에서도 이러한 구성을 전형적인 합성어, 파생어와 구별하여 별도로 '準複合語'란 범주를 설정하였다(崔炯龍·劉婉瑩 2016).[23] 이러한 처리 방식은 앞에서 살펴본 만주어의 경우와 비슷하다.

---

20 난의위(鑾儀衛)에 속한 부서. 외국에서 헌상한 코끼리를 사육하는 곳.
21 청대 국자감(國子監) 동랑(東廊)의 셋째 당(堂).
22 뜻풀이에 있는 한자는 모두 趙阿平(2015)의 원문을 그대로 가져온 것이고 한국어 뜻풀이는 필자가 추가한 것이다.
23 〈그림 7〉에서의 '複合語'는 이 책에서 말하는 '합성어'와 같은 것이다.

이러한 단어들을 기존의 합성어로 보지만 합성어 아래의 한 부류로 별도로 설정한 것이다. 일본어의 단어 분류 체계는 앞서 본 만주어와 함께 합성어 부류 내에 '準複合語', 즉 이 책에서 말하는 '조사·어미 결합형 단어'를 다른 형식의 합성어와 구분하여 처리한다는 점에서 같은 처리 방식을 취하고 있다.

이상과 같은 처리 방식은 조사·어미 결합형 명사를 합성 명사의 부류로 귀속시키기는 하나, 이들이 다른 합성 명사와 다름을 보여 주는 듯하다. 이러한 처리 방식은 조사·어미 결합형 명사의 유형론적 특수성을 고려한 것으로 볼 수 있다.

그러나 한국어의 유형론적 특수성을 고려하였을 때 조사·어미 결합형 명사를 과연 만주어, 일본어의 논의처럼 합성 명사의 하위 유형으로 넣을 수 있을지 검토할 필요가 있다.[24] 이 두 언어에 대한 연구에서는 한국어의 기존 연구들과 달리 조사·어미 결합형 단어를 합성어로 보지만 합성어의 범주 안에 별도의 부류를 설정하여 다른 유형의 합성어와 차이가 있음을 드러내고 있다. 최형용(2003가) 이전의 한국어 관련 논의에서는 조사나 어미가 단어 형성에 참여하는 경우를 총괄하여 별도의 범주로 설정한 연구가 많지 않다.[25] 기존 연구에서는 조사·어미 결합형 명사가 다른 합성 명사와 구별되는 특수성을 가진다는 것은 인식하였으나, 그 이상의 논의를 진행하지는 못하였다.

---

24   특히 일본어에서는 조사·어미 결합형 단어를 합성어의 하위 범주인 '준합성어 (準複合語)'로 분류하는데, 이에 따르면 이들은 전형적인 합성어가 아니다.

25   시정곤(1994/1998)에서는 합성어의 하위 유형인 혼합어를 설정하였고, 일부의 조사·어미 결합형 명사(예: 어린이)를 혼합어로 귀속시켰다. 그리고 심현숙 (2011)은 이 책에서 다루는 단어들을 '말뿌리에 문법적 형태가 붙어 결합된 합성어의 구조'로 보았고, '합성어만들기 수법'의 하나인 '말뿌리와 말뿌리 사이에 토가 끼이는 경우'로 언급한 바 있다.

일반적으로 [어근+어근]으로 분석되는 단어는 합성어, [어근+접사]로 분석되는 단어는 파생어라 한다. 조사·어미 결합형 명사 가운데 어근과 어근이 결합한 것은 합성어로 볼 수 있지만 '다툼질', '묻지마식', '우리가남이냐족' 등과 같은 단어들은 [어근+접사]로 분석할 수 있기 때문에 파생어로 보아야 한다. 이들 '파생어'와 '말다툼, 보기신경, 건널목, 살아생전'의 공통점은 어미가 단어 형성에 참여한다는 것이다. 이러한 공통점을 간과하고 각각 [어근+어근], [어근+접사]로 분석할 수 있다는 점을 들어 이들을 합성 명사와 파생 명사의 다른 부류로 처리하는 것은 온당한 처리 방법이 아니라고 생각된다. 또한 '다툼질', '묻지마식', '우리가남이냐족'과 같은 예외가 있기 때문에 이들 단어를 모두 합성어로 귀속시키기도 어렵다.[26]

합성 명사의 경우는 단어 형성 요소의 결합으로 명사가 형성될 수 있으나, 조사·어미 결합형 명사의 경우는 결합 당시에 바로 명사가 될 수 없고 단어화의 과정을 더 겪어야 하는 경우도 있다. 즉 조사·어미 결합형 명사는 합성 명사와 만들어지는 과정에서 차이를 보인다. 따라서 형성 방법의 측면을 중요시하면 이들 단어는 합성어로 볼 수 없다. 이처럼 조사·어미 결합형 명사와 합성 명사는 단어 형성에 참여하는 요소와 단어 형성의 방법 등 모든 측면에서 차이를 보인다. 이 역시 조사·어미 결합형 명사를 합성 명사와 구별할 수 있는 특성이라 할 수 있다.

그리고 앞서 언급했듯이 조사·어미 결합형으로 나타나는 신어나 임

26　이 책의 연구 대상이 되는 단어들을 기존의 복합어 체계에 의해 분류해야 한다면 일부는 합성어(예: 작은집)로, 일부는 파생어(예: 다툼질)로 귀속시킬 수 있다. 조사·어미 결합형 명사에 포함되는 모든 단어들이 다 합성어에 해당하는 것은 아니다.

시어는 상당수가 있다.

> (17) 가. 천의표정, 눈의그늘, 화제의소리, 임의의치수
> 나. 굳은얼굴, 그늘진눈, 끓는논쟁, 바른맵시, 고른치수; 모를얼굴,
> 나눌거리, 놀랄소식
> 다. 감춰진얼굴표정
> 라. 다좋아; 속맘몰라얼굴, 아리송해얼굴, 네멋대로해라치수, 다모아
> 크기, 다좋아치수

(17)은 정한데로(2015)에서 가져온 예인데, (17가, 나, 다, 라)는 각각 관형격 조사 결합형 명사, 관형사형 어미 결합형 명사, 연결어미 결합형 명사, 그리고 종결어미 결합형 명사의 예이다. 이처럼 조사, 어미의 결합에 의해 단어를 만드는 방식은 현대 한국어에서도 활발하게 사용되고 있다. 즉 이는 합성, 파생에 못지않게 매우 생산적인 단어 형성 방식이라고 할 수 있다.

요컨대, 단어 형성의 과정이나 단어 형성의 방법 측면에서도 조사·어미 결합형 명사는 합성 명사, 파생 명사와 다르다. 이러한 조사·어미 결합형 명사를 합성 명사나 파생 명사로 보면 통사적 요소가 단어 형성에 참여한다는 '교착'의 특성이 부각되지 않는다는 것이 가장 큰 문제이다(崔炯龍·劉婉瑩 2016). 따라서 이 책은 이들 조사·어미 결합형 명사를 한국어 단어 형성 체계 내에서 합성 명사, 파생 명사로 귀속시키지 않고, 조사·어미 결합형 명사에 합성 명사 및 파생 명사와 대등한 독립적인 지위를 부여해야 한다고 본다. 이러한 처리 방식은 조사, 어미가 단어 형성에 참여한다는 한국어의 교착어적인 특성을 드러내 줄 수 있다.

5.2. 조사 · 어미 결합형 명사의 의미적 특성

조사 · 어미 결합형 단어에 대한 기존의 연구에서는 주로 이들 단어의 형성이나 단어 체계 내의 위치 등에 대해 논의하였다. 그에 비해 조사 · 어미 결합형 단어의 의미와 관련된 논의는 많지 않다. 이에 본 절에서는 조사 · 어미 결합형 명사의 의미적 특성에 대해 살펴보고자 한다. 2장에서 조사 · 어미 결합형 명사의 단어성을 검토하였는데, 이들은 대부분 그 형식이 통사적 구성의 배열 방식과 같아 단어인지 구인지의 애매한 경우가 많다. 다시 말해 이들 단어는 구성 요소 간의 긴밀도가 비교적 낮아 통사적 구성과 의미 차이가 크지 않은 경우가 많다.

이 책에서는 조사와 어미가 직접구성성분이 아니라도 단어 내부에 조사나 어미가 나타나는 것은 모두 조사 · 어미 결합형 명사로 기술하고 있는데, 이들 중에는 통사적 구성과 직접적으로 연결되는 것도 있고 그렇지 않은 경우도 있다.[27] 본 절에서는 통사적 구성과 직접적으로 연관이 있는 단어를 논의 대상으로 한다. 접미사가 결합하는 경우나 '살아생전'과 같은 이른바 '비통사적 합성어'의 경우는 통사적 구성과 다르지만 이들에 대응하는 통사적 구성을 상정할 수 있기 때문에 모두 연구 대상에 포함된다.[28]

이들 조사 · 어미 결합형 명사는 해당 통사적 구성의 의미를 그대로

27 　조사 결합형 명사의 경우, 대부분이 통사적 구성과 직접적으로 연결되는 반면에 어미 결합형은 그렇지 않은 경우가 있다. 어미가 최종 단어의 직접구성요소인 경우는 통사적 구성과 직접적으로 연결시킬 수 있지만 '달음질'처럼 접미사와 결합하는 경우라든가 '살아생전'처럼 구성 요소의 배열 방식이 통사적 구성과 다른 경우에는 통사적 구성과 직접적으로 연결시킬 수 없다.

28 　접미사가 결합하는 경우는 해당 접미사가 명사성을 가져 통사 구성에서 일반적인 명사처럼 작용하는 경우이다.

유지하는 경우도 있고, 해당 통사적 구성의 의미를 일부만 유지하는 경우도 있으며, 해당 통사적 구성의 의미를 유지하지 않는 경우도 있다. 이들은 조은영(2009)에서 제시한 의미의 투명성(semantic transparency) 정도에서 각각 '투명(transparency)', '반투명(semi-transparency)', '불투명(opaque)'에 대응된다.[29] '투명'은 곧 통사적 구성과 의미의 측면에서 포함 관계에 놓여 있는 것이고, '반투명'은 선행 요소나 후행 요소가 통사적 구성의 의미와 관련된 것이며, '불투명'은 통사적 구성과 의미의 측면에서 직접적으로 관련성을 찾기 어려운 것이다.

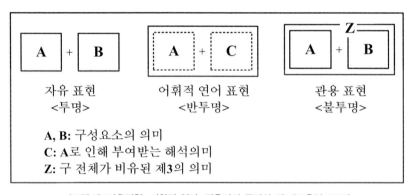

〈그림 8〉 자유결합, 어휘적 연어, 관용어의 투명성 정도(조은영 2009)

이 책에서는 조사·어미 결합형 명사와 그에 대응하는 통사적 구성의 의미를 비교하여 의미의 투명성 정도를 판단하였다. 이들은 <그림 8>의 '자유결합, 어휘적 연어, 관용어' 등과 구조적으로는 다를 수 있으나, 의미의 측면에서는 일맥상통한다. 즉 이들 조사·어미 결합형 명사의 의

---

29   이 책에서는 『표준국어대사전』과 『고려대 한국어대사전』에 등재된 뜻풀이를 참조하여 이들 단어의 의미를 파악하였다. 이들 단어의 의미뿐만 아니라 구성 요소들의 의미도 두 사전에 등재되어 있는 뜻풀이에 근거하여 파악하였다.

미 역시 'A+B=AB', 'A+B=AC', 'A+B=Z'로 표시할 수 있다. 다음에서 조사·어미 결합형 명사의 의미를 이상의 세 가지로 나눠서 논의하고자 한다.

5.2.1. 의미적으로 투명한 조사·어미 결합형 명사

조사·어미 결합형 명사의 의미가 투명한 경우는 통사적 구성의 구성 요소들이 개개의 축자적 의미를 그대로 유지하는 것을 말한다. 조사·어미 결합형의 고유 명칭, 전문용어 및 일부의 전형적인 단어(예: '닭의어리', '예도옛날' 등)가 대표적이다. 본서의 2장에서는 조사·어미 결합형의 고유 명칭, 전문용어 등의 단어성에 대해서 논의하였다. 따라서 여기에서는 이들이 어느 정도의 단어성을 가진다는 전제하에 논의를 전개할 것이다.

의미적으로 투명한 조사·어미 결합형 명사의 경우, 특히 군사 전문 용어에 주목할 필요가 있다. 다음 (18)은 사전에서 명사와 감탄사의 두 품사로 표시되는 조사·어미 결합형 단어들이다.

> (18) 가. 뒤로돌아, 뒤로돌아가, 뛰어가, 모여, 무릎쏴, 무릎앉아, 바른걸음으로가, 반걸음으로가, 서, 서서쏴, 쉬어, 쏘아, 쏴, 앉아, 앉아쏴, 앞으로가, 엎드려뻗쳐, 엎드려쏴, 열중쉬어, 우로봐, 우향앞으로가, 일어서, 좌향앞으로가, 좌향좌, 차려(차렷), 편히쉬어, 편히앉아, 헤쳐, 걸음마, 싸구려
> 나. 걸어총, 꽂아칼, 꿇어사격, 받들어총, 세워총, 우로어깨총, 좌로어깨총, 지어총, 모여총
> 다. 앞에총, 제자리에서

(18)의 단어들 중에는 종결어미 결합형 명사가 많다. 이들은 엄밀하게

말하자면 통사적 구성이 아니지만 소형 발화 또는 구령으로서 군대에서 많이 쓰는 말이기 때문에 이 책에서는 이에 대응하는 발화가 있다는 점에 주목하여 논의를 전개하고자 한다. 4장에서 언급한 바와 같이 이들은 소형 발화가 공시적 단어화를 겪은 것이다. (18가)는 종결어미가 최종 단어의 직접구성요소인 경우이고 (18나)는 종결어미 결합형이 최종 단어의 직접구성요소가 아닌 경우이다. 이들 단어는 조사·어미 다중 결합형 명사를 포함한다. 조사·어미 다중 결합형 명사의 예로는 '제자리에서', '뒤로돌아' 등이 있다. 이러한 단어는 대부분이 군대에서 구령으로 쓰이는 것이기 때문에 일반적인 단어나 명명의 욕구에 의해 형성된 전문용어와는 그 성격이 다르다. (18)의 단어들뿐만 아니라 '앞으로나란히, 어깨총, 우로나란히, 우향우, 경례; 쉬' 등은 모두 명사이면서 감탄사인데, 다시 말해 이들은 소형발화이면서 그 구령에 해당하는 명칭이 될 수 있다. 다음으로 (18가, 나, 다)에서 각각 하나의 예를 들어서 이들의 의미를 살펴보겠다.

> (19) 뒤로돌아:『군사』그 위치에서 <u>뒤로 도는</u> 것과 같은 자세로 서라는 구령에 따라 행하는 동작. 서 있는 자세에서 오른발을 왼발 뒤로 붙이고 오른쪽으로 180도 돌아선다.
> 꽂아칼:『군사』훈련이나 전투 중에 <u>대검을 소총에 꽂으라는</u> 구령에 따라 행하는 동작.
> 앞에총:『군사』제식 훈련에서, <u>총을 정면으로 세워</u> 들고 차렷 자세를 취하라는 구령에 따라 행하는 동작.

(19)의 밑줄 친 부분은 바로 단어의 구성 요소의 의미이다. 이들은 소형 발화이기 때문에 (19)의 해석처럼 문장 전체를 말하지 않아도 발화의 뜻을 나타낼 수 있다. 따라서 이 책에서는 이들을 통사적 구성의 의미를

그대로 유지하여 의미적으로 투명한 경우로 간주한다.

그리고 다음과 같은 고유 명칭, 전문용어들도 의미적으로 투명한 경우로 볼 수 있다.

> (20) 스승의 날, 경찰의 날; 철의 삼각지, 베르누이의 정리, 가격우선의 원칙, 가격의 일원화, 가상변위의 원리, 가속도의 법칙, 가압류의 집행, 가압류의 취소, 가비의 이, 가우스의 기호, 철의 장막, 만유인력의 법칙

이들 단어는 의미적으로 통사적 구성의 의미와 큰 차이가 없다. 이러한 점에서 (20)의 예들을 단어가 아니라 통사적 구성으로 보기도 한다. 예컨대 '스승의 날', '가속도의 법칙'에 대해 『표준국어대사전』에서는 다음과 같이 뜻풀이를 하고 있다.

> (21) 스승의 날: 『고유명 일반』 스승에 대한 존경심을 되새기고 그 은혜를 기념하기 위하여 정한 날. 5월 15일이다.
> 가속도의 법칙: 『물리』 운동하는 물체의 가속도는 힘이 작용하는 방향으로 일어나며, 그 힘의 크기에 비례한다는 뉴턴의 제이 운동 법칙.

(21)의 뜻풀이에서 볼 수 있듯이 이들 단어는 표현하고자 하는 의미의 중요한 요소로써 단어 형성을 한 것이다. 언중들은 단어의 구성 요소의 축자적 의미로 해당 단어의 전체 의미를 파악할 수 있다. 따라서 이들은 의미적으로 투명한 경우로 볼 수 있다. 그러나 이러한 단어들은 특정한 개념을 표현하기 위해서 만들어진 것이기 때문에 일반적인 구와 구별할 필요가 있다. 이 책의 2장에서는 이들의 단어성을 검토한 바 있는데, 이들은 단어의 모든 속성을 만족하지는 않지만 대부분의 속성을 만족한다.

따라서 이들은 넓은 의미에서의 단어로 볼 수 있다.

위에서 제시한 고유 명칭과 전문용어뿐만 아니라 일반적인 단어도 의미적으로 투명한 경우가 많다. 이는 다음의 예를 통해서 확인할 수 있다.

(22) 조사 결합형 명사
　　가. 닭의어리, 닭의홰, 반의반
　　나. 귀에지, 귀에짓골, 귀엣고리; 집엣사람,[30] 귀엣머리, 뒤엣것, 옷엣니, 한솥엣밥, 속엣것, 속엣말, 앞엣것
　　다. 예도옛날, 예도옛적

(23) 반의반: 절반의 절반.
　　옷엣니: 옷에 있는 이를 머릿니에 상대하여 이르는 말.
　　예도옛적: 아주 오래전 옛적.

(22)의 예들은 모두 해당하는 통사적 구성의 축자적 의미를 합친 것과 단어의 의미가 완전히 일치한다. (23)은 논의의 편의를 위해 (22가, 나, 다)에서 단어를 하나씩 골라 『표준국어대사전』에서의 뜻풀이를 제시한 것이다.

관형격 조사 '의' 결합형 명사의 경우, '닭의어리, 닭의홰, 반의반' 등에서 '의'는 소속의 의미로 해석할 수 있고, 이러한 단어의 의미는 이에 대응하는 통사 구성의 의미와 완전히 일치하는 것으로 보인다. 처소격 조사 '에(ㅅ)' 결합형 명사의 경우, '엣'은 '에 있다' 정도로 해석할 수 있고, 여기에 속하는 단어의 의미 역시 해당 통사적 구성의 의미와 일치한다고 볼 수 있다. '엣'을 포함하는 단어의 경우 공시적으로는 이에 대응하는 통사 구성이 없다. 그러나 이들은 통시적 단어화에 의해 형성된 것

30　　집엣사람: '아내'의 방언(경남).

이기 때문에 형성 당시의 통사적 구성의 의미를 유지하는 것으로 볼 수
있다. (22다)의 보조사 '도' 결합형 명사의 경우도 마찬가지로 각 단어의
의미가 해당 통사적 구성의 의미와 같다고 볼 수 있다.

어미 결합형 명사는 명사형 어미 결합형 명사, 관형사형 어미 결합형
명사, 연결어미 결합형 명사의 예를 살펴보겠다.[31]

> (24) 어미 결합형 명사
> 　가. 꿈나라, 누름단추, 맺음말, 볶음밥, 싸움닭, 웃음바다; 두려움, 기
> 　　쁨, 비웃음, 손바 꿈, 앞가림; 깎기끌, 보기신경; 걷기, 곱하기, 밝
> 　　기, 줄넘기, 널뛰기
> 　나. 간밤, 준말, 마른걸레, 빈말, 죽은말, 죽은화산; 듣는힘, 쉬는화산,
> 　　나누는수; 단내, 더운물, 젊은이, 가는소금; 견딜힘, 쥘손, 참을
> 　　성, 읽을거리
> 　다. 섞어찌개, 살아생전

(24가)는 명사형 어미 결합형 명사, (24나)는 관형사형 어미 결합형
명사의 예이고 (24다)는 연결어미 결합형 명사의 예이다. (24)의 예들도
각 단어의 의미가 해당 통사적 구성의 의미와 일치한다. 이들은 모두 의
미적으로 투명한 경우로, 구성 요소의 의미를 통해서 전체 단어의 의미
를 파악할 수 있다.

> (25) 섞어찌개: 고기와 여러 가지 야채를 섞어서 끓인 찌개.
> 　　살아생전: 이 세상에 살아 있는 동안.

31　종결어미 결합형 명사도 존재하나, 이 경우는 앞서 군사 전문용어를 살피며 언급
　　하였으므로 여기에서는 제시하지 않는다.

이상의 뜻풀이에서 확인할 수 있듯이 '섞어찌개'와 '살아생전'은 대응하는 통사 구성의 의미를 그대로 유지하는 단어이다. 즉 이들은 의미가 투명하다고 할 수 있다.

여기서 주목할 만한 것은 은유적인 의미를 띠게 되는 단어들이다. 본 절에서 제시한 단어 중에는 '꿈나라', '웃음바다', '간밤' 등이 이에 해당한다. '꿈나라'는 '꿈속의 세계'를 이르는 말인데, '나라'의 기본적인 의미는 '일정한 영토와 거기에 사는 사람들로 구성되고, 주권(主權)에 의한 하나의 통치 조직을 가지고 있는 사회 집단'이다. 그러나 경우에 따라서는 '(일부 명사와 함께 쓰여) 그 단어가 나타내는 사물의 세상이나 세계'를 이르기도 한다. 이는 '나라'의 비유적 의미로 볼 수 있다. 따라서 '꿈나라'란 단어에는 은유가 담겨 있는 것으로 볼 수 있다. '웃음바다'는 '한데 모인 수많은 사람이 유쾌하고 즐겁게 마구 웃어 대는 웃음판을 비유적으로 이르는 말'이다. 여기에서 '바다'는 '썩 너른 넓이로 무엇이 많이 모여 있는 곳'을 이른다는 점에서 비유적 의미로 쓰였음을 알 수 있다. '간밤'에서 '가다'는 원래 '사람이나 물체의 이동을 말하는 것'인데, 여기에서는 추상적인 '밤'과 결합하여 은유적으로 쓰이고 있다.

이상에서 알 수 있듯이 조사 · 어미 결합형 명사는 그에 대응하는 통사적 구성과 의미상으로 일치하는 경우, 즉 의미가 투명한 경우가 많다. 일반적인 합성 명사나 파생 명사도 의미가 투명한 경우가 있는데, '봄가을, 비바람, 팔다리' 등의 대등적 합성 명사, '쌀밥, 손등, 꽃잎' 등의 종속적 합성 명사, '구두닦이, 옷걸이' 등의 접미 파생 명사는 의미가 투명하다고 볼 수 있다. 그런데 이때 합성 명사의 구성 요소들 간 의미 관계가 대등적인지 종속적인지는 구성 요소의 문법적 관계가 아니라 단어의 구체적인 의미를 통해서 파악해야 한다. 파생 명사의 경우도 구성 요소의 의미 관계를 파악할 때에는 해당 의미 관계를 표현하는 조사를 상정해야 한다(예: 구두를 닦는 이/일). 조사 · 어미 결합형 명사의 경우는 구성요소의 관계를 문법적 요소인 조사나 어미를 통해서 파악할 수 있다는 점에서 합성 명사나 파생 명사와 차이를 보인다. 예컨대 조사 결합형 명사인 '닭의어리'는 '닭'과 '어리'의 문법적 관계를 통해서 그 의미를 파악할 수 있는 반면에 합성 명사인 '꽃잎'은 구성 요소 간의 관계를 표시하는 문법적 요소가 없기 때문에 '꽃과 잎'인지 '꽃의 잎'인지 그 의미를 추측하는 과정이 필요하다.[32] 즉 합성 명사의 경우도 구성 요소의 축자적 의미를 통해서 그 단어의 의미를 파악할 수 있지만, 구성 요소끼리의 문법적 관계를 파악하는 데 있어서는 조사 · 어미 결합형 명사보다 덜 명확한 것으로 보인다. 조사 · 어미 결합형 명사로서의 '명사형 어미 결합형+명사'의 경우는 '명사+명사'형의 합성 명사와 마찬가지로 구성 요소 간의 문법 관계가 명확하게 나타나지 않는다는 문제 제기를 할 수도 있다. 이 책에서는 이러한 '명사형 어미 결합형+명사' 형식의 단어는 모두 '수식어+핵'의 구조로, 대등적으로 연결되는 경우가 없다는 점에서 '명사+명사' 합성어와 다르다고 본다.

5.2.2. 의미적으로 반투명한 조사 · 어미 결합형 명사

앞 절에서 다룬 예들과는 달리 의미적으로 반투명한 단어들이 있다. '작은집'을 예로 들면, 통사적 구성인 '작은 집'의 의미는 '작다'와 '집'의 의미를 합친 것이다. 그러나 명사인 '작은집'은 '따로 살림하는 아들이나

---

32   '소금물'의 경우 '소금을 녹인 물'을 뜻하는데, 각 구성 요소의 의미만으로는 '소금과 물'의 관계를 파악할 수 없다. 즉 이 단어는 구성 요소의 의미는 투명하나 구성 요소 간의 문법 관계는 그다지 투명하지 않은 경우에 해당한다.

아우, 작은아버지의 집'을 의미한다. 이는 구성 요소의 축자적 의미에서 보이는 '집'이라는 의미에서 크게 벗어나지는 않지만 앞부분의 의미가 변한 경우이다. 이러한 단어는 의미적 합성성을 보인다고 할 수 있다.

의미적으로 반투명한 조사·어미 결합형 중에서 먼저 통사적 구성과 외형적 유사성이 있는 경우를 살펴보겠다. 여기서 말하는 '외형적 유사성'이란 해당 통사적 구성이 지칭하는 사물과 단어가 가리키는 사물의 형태가 서로 비슷한 것을 말한다. 이에 해당하는 예는 다음과 같다.

> (26) 가. 닭의덩굴, 닭의난초, 닭의장풀
> 나. 나도개미자리, 나도바람꽃, 나도밤나무, 나도방동사니, 나도양지
> 꽃, 나도제비난; 너도개미자리, 너도바람꽃, 너도밤나무, 너도방
> 동사니, 너도양지꽃, 너도제비난
> 다. 웃음꽃, 죽을상, 까치걸음

(26가)에서 '닭의장풀'은 '닭의장'과 모양이 비슷한 풀을 뜻한다. 이 단어는 '풀'로 끝나며, 의미상으로도 '풀'이라는 범주에서 벗어나지 않는다. 이처럼 '닭의장풀'은 통사적 구성의 일부 의미를 유지한다는 점에서 '통사적 구성과 외형적 유사성이 있는 경우'로 귀속시킬 수 있다. '닭의덩굴'과 '닭의난초'도 '덩굴', '난초'류에 속하는 식물이라는 점에서 물체의 범주가 변하지 않는 경우에 해당한다.

(26나)의 단어들에는 은유가 담겨 있다고 볼 수 있다. 이들은 '나도', '너도'로 시작하는데, 이는 마치 식물들이 '나도 밤나무!'와 같이 발화하고 있는 듯한 느낌을 준다.[33] 한편 어미 결합형 명사의 경우, 외형적 유

---

33   3장에서는 이들이 공시적 단어화 또는 유추의 틀에 의해 형성되었을 가능성을 제기하였다.

사성을 유지하면서 통사적 구성의 일부 의미를 갖는 경우가 많지 않다.

(26다)의 '웃음꽃'은 '꽃이 피어나듯 환하고 즐겁게 웃는 웃음이나 웃음판을 비유적으로 이르는 말'로서 웃는 것을 꽃이 피는 것에 비유하였다는 점에서 외형적 유사성에서 비롯된 것으로 볼 수 있다. 다만 통사적 구성의 왼쪽 요소의 의미만이 유지된다는 다른 예와 다르다. (26)에서 제시된 다른 예들은 통사적 구성의 오른쪽 요소의 의미를 유지하고 있기 때문이다. '죽을상'의 경우도 통사적 구성의 일부 의미를 유지하는 경우에 해당한다. '까치걸음'은 '두 발을 모아서 뛰는 종종걸음, 발뒤꿈치를 들고 살살 걷는 걸음'을 뜻하는데, 이는 사람의 걸음을 '까치가 걷는 걸음'으로 비유한 것이다. 즉 이 단어 역시 '걸음'이라는 의미에서 벗어나지는 않으며, 그 걸음이 '까치가 걷는 걸음'과 형태적으로 유사하다는 점에 착안하여 만들어진 단어이다.

한편, 다른 언어에서도 식물의 명칭은 (26가), (26나)처럼 통사적 구성의 의미 일부를 유지하면서 식물 자체의 모양과 관련된 경우가 많다. 예를 들어, 중국어에서 '銀杏'은 '은빛의 살구'란 의미에서 생긴 단어이고, 한국어의 '강아지풀'에 해당하는 '狗尾巴草'는 '강아지의 꼬리와 모양이 비슷한 풀'이란 의미에서 생긴 단어이다. 또한, '馬齒莧'은 잎 모양이 말의 이빨과 비슷하게 생긴 풀이며, '馬尾松'은 겉모양이 말꼬리와 비슷한 소나무의 일종이다.[34] '三葉草(클로버)'는 '세 개의 잎이 있는 풀'로, 이는 풀의 모양에서 비롯된 명칭으로 볼 수 있다. 이와 마찬가지로 이 책에서 언급한 식물 명칭은 대부분이 식물의 겉모양과 관련이 있다.[35]

34　이처럼 식물의 명칭 중에는 식물의 모양에 따라 명칭을 만든 경우가 많다. '喇叭花, 雞冠花' 등 더 많은 예를 제시할 수 있다.

다음으로는 조사·어미 결합형 명사의 의미가 통사적 구성의 의미와 완전히 일치하지는 않지만 일부 구성 요소의 의미에 다른 의미가 더 추가된 경우를 살펴보고자 한다. 가령 '남의눈'의 경우는 '여러 사람의 시선'을 가리키는 말로, 통사적 구성의 축자적 의미와는 차이가 있지만 그 의미에서 크게 벗어나지 않는 것으로 보인다.

(27) 조사 결합형 명사
　　가. 남의눈, 남의집살이, 소금엣밥, 배안엣짓, 배안엣저고리, 웃음엣
　　　　말, 웃음엣소리, 웃음엣짓, 귀엣말, 입엣말, 장(醬)엣고기
　　나. 남의나이, 남의달

(27)은 조사 결합형 명사의 예이다. 이들의 의미는 통사적 구성의 의미와 완전히 일치하지는 않지만 의미의 일부를 유지하고 있다고 할 수 있다. '귀엣말'은 '남의 귀 가까이에 입을 대고 소곤거리는 말'로, 그 의미가 통사적 구성의 의미와 매우 비슷하지만 통사적 구성과 비교하였을 때 '남의 귀 가까이'와 '소곤거리다'라는 의미를 더 갖는 것을 볼 수 있다. '입엣말'은 '남이 잘 알아듣지 못하게 입속으로 중얼거리는 말'로, 이 역시 통사적 구성 요소의 의미를 일부 유지하는 경우에 해당한다. 다음으로 '남의'로 시작하는 단어의 의미를 보겠다.

(28) 남의집살이: 남의 집안일을 하여 주며 그 집에 붙어 사는 일. 또는
　　　　　　　　그런 사람.

35　　흥미로운 것은 의미적으로 반투명한 단어의 예로 헝가리어의 식물 명칭인 'nefelejcs (물망초)'가 존재한다는 것이다. 이는 소형발화 'Ne felejts (engem)! (나를 잊지 마라!)'에서 단어화된 것으로 볼 수 있다. 그러나 이 단어는 형태의 유사성을 띤 것이라기보다는 의미적 유사성을 보이는 것이다. 이에 대해서는 다음 절에서 다루고자 한다.

남의나이: <u>환갑이 지난 뒤의 나이</u>를 이르는 말. 대체로 팔순 이상을
　　　　　이른다.
남의달: 아이를 밴 부인이 <u>해산달로 꼽아 놓은 달의 다음 달</u>.

'남의집살이'는 대응하는 통사적 구성의 축자적 의미보다 '집안일을 하여'의 의미를 더 갖는다. 다시 말하면, 구성 요소의 의미만으로 '남의 집살이'의 전체 의미를 파악하기는 어렵다. 따라서 이 단어는 의미가 반투명한 것으로 볼 수 있다. 그런데 의미가 반투명한 단어 중에도 의미가 더 투명한 것과 덜 투명한 것이 있을 수 있다. '남의나이'와 '남의달'은 '주어진 나이나 달보다 더 받게 되는 나이나 달' 정도로 이해할 수 있다. 이 두 단어는 앞서 언급한 '남의눈', '남의집살이'와 달리 구성 요소의 의미를 통해서 그 전체적인 의미를 파악할 수 없으며 '나이', '달' 정도의 의미만이 해당 뜻풀이에 나타난다. 이 두 단어는 '남의눈', '남의집살이'의 경우보다 의미의 투명성이 더 낮으며, 단어 구성 요소 간의 응집성이 더 긴밀한 것으로 보인다. 따라서 (27가)는 의미가 더 투명한 경우이고, (27나)는 의미가 덜 투명한 경우라고 할 수 있다.

(29) 어미 결합형 명사
　　 춤바람, 책상물림, 작은집, 큰집, 데릴사위, 작은사위, 작은어머니,
　　 작은아버지, 작은아이, 큰아버지, 큰어머니, 큰할머니, 큰할아버지,
　　 큰절,[36] 흰밥, 흰죽, 들은귀, 들은풍월, 뜬눈, 검은돈, 앉은계원, 앉은
　　 소리, 앉은자리, 앉은장사, 세는나이, 앰한나이, 눈가림

(29)는 어미 결합형 명사의 예이다. '책상물림'이라는 단어는 '책상+

36　　큰절: 서서 하지 않고 앉으면서 허리를 굽혀 머리를 조아리는 절.

물리-+-ㅁ'의 결합으로 형성된 것이다. 이때의 '물리-'가 뜻하는 바를 정확히 알 수는 없지만 이것을 축자적인 의미로 본다면 '책상이 물릴(싫증날) 정도로 앉아 있는 사람'이라는 의미가 될 텐데, 이 단어의 실제 의미는 '세상일을 잘 모르는 사람을 낮잡아 이르는 말'이다. 이 단어 역시 구성 요소의 축자적 의미와 'A+B=AC' 정도의 의미 차이를 보인다. 여기에는 은유도 담겨 있다고 볼 수 있다. '검은돈'을 예로 들면, '검은논'이라는 단어는 구성 요소의 축자적 의미인 '검은색의 돈'이 아니라 '뇌물의 성격을 띠거나 그 밖의 정당하지 못한 방법으로 주고받는 돈'을 지칭하는 말이다. 이는 '돈'이라는 통사적 의미에서 벗어나지는 않지만 제삼의 의미를 부여받은 것이다. 즉 이 단어에도 은유가 들어가 있다고 볼 수 있다. 또한 '앉은자리'의 경우도 '앉아 있는 자리'가 아니라 '어떤 일이 벌어진 바로 그 자리'로 해석해야 한다. 즉 '앉은자리'라는 단어는 통사적 구성의 일부 의미인 '자리'를 나타내는데, 이때 '자리'를 수식하는 부분은 구성 요소인 '앉은'의 의미를 그대로 나타내지 않는다. 그리고 '앉은장사'는 '한곳에 가게를 내고 하는 장사'로서 통사적 구성의 일부 의미를 유지하는 것으로 보인다. '데릴사위' 또한 '사위를 데리다'라는 글자 그대로의 뜻이 아니라 '아내의 집에서 아내의 부모와 함께 사는 사위'를 이르는 말로서 통사적 구성의 의미에서 크게 벗어나지 않는 것으로 보인다. '들은풍월'에서 '풍월'은 '맑은 바람과 밝은 달'이라는 기본적인 의미가 아니라 '얻어들은 짧은 지식'이라는 비유적 의미로 쓰이고 있다. 따라서 이 단어 역시 단어 내부에 은유가 담겨 있다고 볼 수 있다. '눈가림'은 '겉만 꾸며 남의 눈을 속이는 짓'이고 남을 속이는 행위를 '눈을 가리는 것'에 비유한 것으로 이해할 수 있다.

이처럼 의미적으로 반투명한 경우는 일반적인 합성 명사(예: '꽃신, 금반지, 책벌레')나 파생 명사(예: '날개, 쓰개, 지우개')에서도 찾을 수 있다. 예를 들어 '금반지'의 경우는 구성 요소의 축자적 의미로 전체 의미를 어느 정도 파악할 수 있지만 정확하게 파악하기는 어렵다. 이것이 '금으로 만든 반지'인지, '금이 들어가 있는 반지'인지, '금빛의 반지'인지는 구성 요소만으로 알기가 어렵다. 즉 이 구성 요소들의 관계를 파악하는 데 어려움이 있는 것이다. 또한 '날개'가 '날기 위해 필요한 물건'인지 '나는 물건'인지는 구성 요소만으로 완벽하게 파악하기가 쉽지 않다. 이와 달리 조사·어미 결합형 명사는 구성 요소들의 관계가 보다 명확하다. 예컨대 '나도밤나무'의 경우는 구성 요소의 관계는 명확하나 단어의 전체 의미가 반투명한 것이다.

5.2.3. 의미적으로 불투명한 조사·어미 결합형 명사

여기에서는 의미적으로 불투명한 경우(즉 단어가 통사적 구성의 의미를 유지하지 않는 경우)를 볼 것이다.[37] 먼저 '통사적 구성과 외형적 유사성이 있는 경우'부터 살펴보겠다. 조사·어미 결합형 명사 중에는 '범의귀'와 같이 동물 '범'의 '귀'가 아니라 '범의 귀처럼 생긴 식물'을 지칭하는 것이 있다. 이는 통사적 구성의 의미를 유지하지는 않지만 의미적으로 통사적 구성이 지칭하는 물체와 모양이 비슷한 것이다.

> (30) 가. 김의털, 꿩의다리, 범의귀, 벌의집
> 나. 앉은부채, 가는범꼬리, 가는갈퀴

---

[37] 이에 해당하는 단어들은 통사적 구성의 의미를 유지하지는 않지만 각 단어의 의미는 통사적 구성의 의미와 연관이 있다.

(30)의 예를 통해서 확인할 수 있듯이 이들 단어는 모두 통사적 구성의 글자 그대로의 의미와는 무관하지만 지칭하는 물건이 그것과 형태적으로 유사성이 있는 경우이다. 예컨대 '김의털'의 경우, 실제로 털은 아니지만 '김의털'처럼 생긴 식물로 이해할 수 있다. 그리고 '앉은부채'는 지칭하는 식물이 '앉아 있는 부채'처럼 생겨서 만들어진 이름으로 볼 수 있다. '가는갈퀴' 역시 '가는 갈퀴처럼 생긴 식물'을 이르는 말이다. 이들 단어는 대응되는 통사적 구성의 의미를 그대로 유지하지는 않는다. 이는 외형적 유사성에서 비롯된 것으로 보인다. 따라서 이들 단어의 형성 과정에는 비유도 개입된다고 볼 수 있다.

식물의 명칭은 다른 언어에서도 통사적 구성의 의미를 유지하지는 않지만 식물 자체의 모양과 관련된 경우가 많다. 예컨대 프랑스어에서는 '감자'를 'pomme de terre'라고 한다. 'pomme'는 '사과, 과실', 'terre'는 '흙, 땅'을 의미하며, 'de'는 한국어의 '의'에 해당한다. 즉 프랑스어에서 '감자'는 '땅의 과실'이라는 형식으로 표현된다. 또한 영어에서 'jack-in-the-pulpit'[38]라는 단어 또는 통사적 구성은 식물의 모양을 표현한다. 그리고 중국어의 '木耳'는 '나무에 있는 귀', '銀耳'는 '은빛의 귀'라는 뜻으로, 이 역시 식물의 모양을 표현하는 것이다. 또한, '滿天星(두메별꽃)'도 식물의 겉모양이 '하늘 가득한 별'처럼 보이기 때문에 생겨난 이름이라고 할 수 있다. '仙人掌(선인장)' 역시 식물의 모양을 비유적으로 나타낸 것이며, 이를 기반으로 유추하여 생겨난 '仙人球(단모환)'라는 단어도 있

---

[38] 사전에서는 이 단어의 유래에 대하여 "Mid 19th century: so named because the erect spadix overarched by the spathe resembles a person in a pulpit."라고 기술하고 있다.
https://en.oxforddictionaries.com 참조.

다. 이처럼 식물의 모양으로 식물을 명명하는 것은 여러 언어에 존재하는 조어 방식이다.[39]

　다음으로는 단어의 구체적인 의미를 볼 때 해당 통사적 구성의 축자적 의미의 합으로 비유하는 경우를 살펴보겠다.

> (31) 가. 도둑놈의갈고리, 도둑놈의지팡이, 눈엣가시, 벼락치기, 소매치기, 먼가래, 앉은벼락, 몸엣것, 눈에놀이; 꿩의밥
> 　　나. 판도라의 상자, 그림의 떡, 눈에 안경, 옥에 티, 뇌성에 벽력, 오금에 바람; 개밥에 도토리, 개밥에 달걀

　(31가)는 기존 연구에서 전형적인 단어로 다룬 예이고, (31나)는 기존 연구에서는 관용 표현이나 속담으로 보지만 이 책에서 넓은 의미에서의 단어로 인정하는 것들이다. 이들 단어는 실제적인 의미가 통사적 구성의 의미와 속성이 비슷하여 비유적으로 이르게 된 것이라 할 수 있다. 예를 들어 '도둑놈의갈고리'는 '잔털이 있어서 사람의 옷이나 짐승의 털에 붙어 먼 곳으로 흩어져 퍼지'는 속성이 있다. 이러한 속성을 '도둑놈의 갈고리'로 비유한 것으로 볼 수 있다. 또한 '눈엣가시'는 '몹시 밉거나 싫어 늘 눈에 거슬리는 사람'을 이르는 말로 '눈에 있는 가시'처럼 싫다는 것이다. 그리고 완곡 표현이라 할 만한 것도 있다. 예컨대 '몸엣것'은 '월경을 완곡하게 이르는 말'로서 일종의 완곡어이다. 그리고 '눈에놀이'는 '몸길이는 1밀리미터 정도이며, 몸빛은 누른 갈색이나 어두운 잿빛, 풀숲에 사는데 모기와 비슷하고 어지럽게 떼를 지어 나돌고, 암컷은 동물의 피를 빨아먹는데, 독을 가지고 있다'는 곤충이다. 이 명칭은 해당

39　조사·어미 결합형 식물 명칭의 형성과 관련된 연구는 왕사우(2021)을 참조할 수 있다.

곤충의 행동 장소와 행동을 표현하는 말에서 비롯된 것으로 보인다. '벼락치기, 소매치기, 먼가래, 앉은벼락' 등의 단어도 통사적 구성이 표현하는 의미에 비유하여 나타낸 것으로 볼 수 있다.[40] '꿩의밥'처럼 식물의 용도로 그 식물을 지칭하는 경우도 있다. '꿩의밥'은 열매가 꿩의 먹이가 된다고 하여 유래된 이름이다(李永魯 2006).[41]

(31나)의 '판도라의 상자', '그림의 떡' 등처럼 일화에서 온 것이 의미의 관용화를 거쳐 굳어진 것도 있다. '눈에 안경, 옥에 티, 뇌성에 벽력, 오금에 바람; 개밥에 도토리, 개밥에 달걀' 등도 관용화의 과정을 겪어 지금의 단어 의미로 굳어진 것이다. 이들 의미도 모두 통사적 구성과 유사성이 있다고 볼 수 있다.

'뜬구름'처럼 통사적 구성의 의미를 그대로 유지하는 것으로 해석할 수도 있고, 비유적 의미로 해석할 수 있는 경우도 있다. 조사·어미 결합형 명사는 의미상 통사적 구성의 의미를 그대로 유지하든 그렇지 않든 모두 통사적 구성의 의미와 연관이 있다고 볼 수 있다.[42]

이처럼 조사·어미 결합형 명사 중에서 의미가 불투명한 경우는 주로

---

40   오규환(2016)에서는 은유 관련 '명사어'를 제시한 바 있다. 그중 이 책의 연구 대상에 해당하는 것은 다음과 같다.
       예: 눈엣가시, 약방의 감초, 천의 얼굴, 개가 짖는 소리, 물에 빠진 생쥐, 입에 발린 소리, 검은손, 앉은자리, 큰손, 큰 그릇, 두 개의 얼굴, 떠오르는 별, ……

41   이 책의 연구 대상에 속하는 단어는 아니지만 '까마귀밥'이나 '까치밥'이라는 단어도 있는데, 이들은 각각 '까마귀가 먹는 것', '까치가 먹는 것'을 지칭한다.

42   이와 유사한 단어들은 교착어인 헝가리어에서도 볼 수 있다. 박수영(2016)에서는 'haddelhadd(야단, 벌; Hadd el! Hadd!(두고 보자!)), nemulass(책임질 일, 벌; Ne mulass!(흥청망청 놀지 마라!))의 예를 들었다. 이들은 소형발화가 단어화된 것으로 볼 수 있다. 그러나 이들은 소형발화의 구성 요소의 의미를 그대로 유지하는 것이 아니라 소형 발화에서 단어화된 것으로 간주할 수 있다.

비유적인 의미로 사용되는 경우이다. 이는 일반적인 합성 명사와 차이를 보인다. 예컨대 합성 명사인 '까치눈, 구리귀신'도 의미가 불투명한 예로 볼 수 있지만 이들은 각각 '까치의 눈'인지, '까치를 보는 눈'인지, '구리와 귀신'인지 '구리처럼 생긴 귀신'인지 구성 요소들의 문법적 관계를 파악하기가 어렵다. 따라서 이는 조사·어미 결합형 명사와 다르다고 할 수 있다. 그리고 파생 명사의 경우는 의미가 불투명한 예를 찾기 어렵다.

요컨대 이상의 세 가지 경우를 종합하여 보면 대부분의 조사·어미 결합형 명사의 의미적 특성은 순수한 의미적 특성이라고 할 수 있으나, 합성 명사나 파생 명사는 의미적 특성뿐만 아니라 구성 요소들의 문법적 관계가 불분명하다는 점이 혼합되어 있다.[43]

5.3. 소결

본 장에서는 조사·어미 결합형 명사의 특성을 단어 형성법적 특성과 의미적 특성의 두 가지로 나눠서 논의하였다.

먼저 앞 장에 이어 조사·어미 결합형 명사의 단어 형성법적 특성을 살펴보았다. 단어 형성에 참여하는 요소의 측면에서는 조사·어미 결합형 명사와 파생 명사, 합성 명사의 차이를 논의하였다. 파생 명사의 경우 접사가 반드시 단어 형성에 참여해야 하며, 합성 명사의 경우 '잘못(부사+부사)'과 같은 소수의 예를 제외하면 명사가 단어 형성에 꼭 참여해

---

43   조사·어미 결합형 명사의 의미 투명성과 관련된 연구는 왕사우(2022)를 참고할 수 있다.

야 한다. 그러나 조사·어미 결합형 명사는 통사적 요소로서의 조사나 어미가 단어 형성에 꼭 참여해야 한다는 점에서 파생 명사나 합성 명사와 현저한 차이를 보인다.[44] 그리고 형성 방식과 형성 부문에 있어서도 조사·어미 결합형 명사는 합성 명사, 파생 명사와 차이를 보인다. 이는 다음의 표와 같이 정리할 수 있다.

〈표 11〉 조사·어미 결합형 명사와 합성 명사, 파생 명사의 비교

비교 \ 단어	파생 명사	조사·어미 결합형 명사	합성 명사
단어 형성의 필수 요소	접사	조사·어미	명사
형성 방식	파생	단어화	합성
형성 부문	형태부	통사부	형태부

이상의 표에서 볼 수 있듯이 조사·어미 결합형 명사와 합성 명사, 파생 명사는 단어 형성 요소의 측면에서 차이를 보인다. 그리고 단어 형성 방식에 있어서 합성 명사, 파생 명사는 각각 합성, 파생에 의해서 형성된 것인데, 조사·어미 결합형 명사는 단어 형성 요소가 통사적 규칙에 의해서 결합한 후에 통시적 단어화나 공시적 단어화의 과정을 겪어 형성된 것이다.[45] 전자의 경우는 형태부에서 형성된 것이지만 후자의 경우

---

44   기존의 연구에서는 조사·어미 결합형 명사와 파생 명사를 하나의 부류로 묶을 수 있는 근거로 이들 명사가 모두 문법적 의미를 나타내는 요소를 포함한다는 것을 들었다. 조사·어미 결합형 명사와 합성 명사가 혼동되는 것은 이들의 형성에 명사(혹은 명사형)가 참여하기 때문이다. 이처럼 기존 연구는 이들의 공통점에만 집중하고 이들의 차이점은 간과한 것으로 볼 수 있다.

45   그러나 3장과 4장에서 밝힌 바 있듯이 조사·어미 결합형 명사 중 매우 생산적인 것은 단어화된 단어를 기반으로 틀을 상정할 수 있다는 점에서 유추의 틀에

는 통사부에서 형성된 것으로 볼 수 있다.[46]

조사 · 어미 결합형 명사는 핵 위치에 따른 특성도 보인다. 핵이 명사인 조사 · 어미 결합형 명사는 합성 명사와 비교하여 논의하였다. 종속적 합성 명사의 경우는 핵이 오른쪽 요소에 있으나, 대등적 합성 명사의 경우는 핵이 어느 쪽에 있는지 단언할 수 없다. 핵이 명사가 아닌 조사 · 어미 결합형 명사는 파생 명사와 비교하여 논의하였다. 접두 파생 명사는 핵이 명사에 있으나 접미 파생 명사는 핵이 접미사에 있다. 그런데 핵이 명사가 아닌 조사 · 어미 결합형 명사 중에는 핵이 어미에 있거나 핵이 단어 바깥에 있는 경우도 있다. 이 점에서 조사 · 어미 결합형 명사는 접미 파생 명사와도 차이를 보인다.

다음으로는 조사 · 어미 결합형 명사 형성의 유형론적 특성을 논의하였다. 기존 연구에서는 조사 · 어미 결합형 명사를 합성 명사나 파생 명사로 귀속하는 경우가 있었다. 그러나 조사와 어미는 교착어인 한국어에 있는 문법 요소이다. 다른 언어에는 조사와 어미가 없으므로 단어 형성을 논할 때 조사 결합어, 어미 결합어를 따로 설정하지 않는 것은 당연한 일이다. 그러나 한국어의 조어법을 연구할 때 다른 언어에 맞추어 조사 결합어나 어미 결합어를 설정하지 않고 이를 합성어 또는 파생어로 귀속시키는 것은 온당한 처리 방법이 아니다. 통사적 요소인 조사나 어

의해서 형성된 단어들도 많다. 이는 조사 · 어미 결합형 명사뿐만 아니라 파생 명사, 합성 명사에도 적용할 수 있는 설명이다. 따라서 <표 11>에서는 유추의 틀을 별도로 표시하지 않는다.

46 3장, 4장의 논의에서는 일부의 단어가 대치의 조작을 통해서 형성되었다고 했다. 그런데 이에 대해 통사부에서 대치가 가능한지의 의문을 제기할 수 있다. 실제로 '시작이 반이다'라는 속담에서 '반'을 '밤'으로 대치하여 만들어진 것으로 보이는 '시작이 밤이다'라는 술집 간판을 볼 수 있다. 이때 '시작이 밤이다'는 통사부에서 형성된 것으로 볼 수 있다. 이처럼 통사부에서도 대치가 가능한 것으로 보인다.

미가 단어 형성에 참여하는 것은 한국어의 조어 방식 중 하나라고 볼 수
있다는 점에서 조어법의 측면에서 이를 단어 형성 체계의 하나의 유형
으로 설정하는 것이 필요하다.[47]

다음으로는 조사 · 어미 결합형 명사의 의미적 특성을 논의하였다. 이
부분에서는 '의미적으로 투명한 조사 · 어미 결합형 명사', '의미적으로
반투명한 조사 · 어미 결합형 명사', '의미적으로 불투명한 조사 · 어미
결합형 명사'의 세 가지로 나눠서 구체적인 예를 통해 살펴보고 합성 명
사, 파생 명사와의 차이점을 검토하였다.

'의미적으로 투명한 조사 · 어미 결합형 명사'는 고유 명칭, 전문용어
등에서 많이 발견된다. 그리고 기존 연구에서 전형적인 단어로 보았던
'닭의어리, 닭의홰, 반의반, 가는소금; 견딜힘, 쥘손, 참을성, 읽을거리'
등을 비롯한 단어들도 있다. 이들은 그 의미가 대응하는 통사적 구성의
의미와 일치하는 것들이다. '의미가 반투명한 조사 · 어미 결합형 명사'
는 통사적 구성의 의미와 일치하지는 않지만 그 의미에서 크게 벗어나
지 않는 경우이다. 이는 다시 통사적 구성의 축자적 의미로 구성된 의미
와 외형적 유사성이 있는 경우 및 의미적 합성성을 보인 경우의 두 가지
로 나눌 수 있다. '닭의덩굴, 닭의난초, 닭의장풀; 나도바람꽃, 나도밤나
무, 너도바람꽃, 너도밤나무' 등은 전자에 해당하는 예이고, '남의나이,

---

47   또한 이 책의 논의를 통해서 알 수 있듯이 조사 · 어미 결합형 명사만 살펴보아
도 이처럼 다양한 유형을 나누어 볼 수 있는데, 동사, 형용사, 부사 등을 모두 고
찰하면 그 수가 더욱 많아질 것이다. 이러한 단어들에 일반적인 합성어, 파생어로
서의 지위를 부여하는 것이 아니라, 특별한 지위를 부여할 필요가 있다. 즉 조사,
어미가 단어 형성에 참여하는 경우에 별도의 범주를 부여하고 고찰하는 것은 한
국어 단어 체계의 연구에 꼭 필요한 작업이다. 따라서 이 책에서는 한국어 명사
형성 체계 내에서 조사 · 어미 결합형 명사에 합성 명사, 파생 명사와 대등한 지
위를 부여하기로 하였다.

남의달, 소금엣밥, 웃음바다, 검은돈, 앉은장사' 등은 후자에 해당하는
예이다. 마지막으로 '의미가 불투명한 조사·어미 결합형 명사'는 다시
'외형적 유사성이 있는 경우'와 '의미적 합성성을 보인 경우'의 두 가지
로 나눌 수 있다. '김의털, 꿩의다리, 범의귀, 앉은부채' 등은 전자에 해
당하는 예이고, '도둑놈의갈고리, 눈엣가시, 소매치기, 몸엣것, 눈에놀이;
판도라의 상자, 그림의 떡, 눈에 안경, 옥에 티' 등은 후자에 해당하는
예이다.

이상의 세 가지 경우는 모두 합성 명사, 파생 명사와 차이점을 보인
다. 이들 단어의 의미적 투명성을 구성 요소 간의 문법적 관계와 구성
요소의 의미의 두 가지로 나눠서 정리해 볼 수 있다.

〈표 12〉 조사·어미 결합형 명사, 합성 명사, 파생 명사의 의미적 투명성 대조

의미적 투명성		조사·어미 결합형 명사	합성 명사	파생 명사
투명한 경우	문법적 관계	명확함	약간 모호함	약간 모호함
	의미	명확함	명확함	명확함
반투명한 경우	문법적 관계	명확함	모호함	모호함
	의미	일부 투명	일부 투명	일부 투명
불투명한 경우	문법적 관계	명확함	모호함	없음
	의미	불투명	불투명	

합성 명사, 파생 명사의 의미적 특성에는 순수한 의미적 특성뿐만 아
니라 구성 요소의 문법적 관계가 불명확하다는 점도 포함되어 있다. 이
와 달리 조사·어미 결합형 명사의 경우, 대부분이 구성 요소끼리의 문
법적 관계가 명확하기 때문에 의미적 특성이 주도적인 역할을 담당하고
있다.

6장

맺음말

6.1. 요약

이 책에서는 한국어의 조사·어미 결합형 명사에 대해 검토했다. 먼저 논의의 전개를 위하여 기본 개념을 정리하였는데, 이 책에서 다루는 명사는 넓은 의미에서의 어휘적 단어이다. 즉 '스승의 날, 옥에 티, 그림의 떡' 등의 단어들은 전형적인 단어는 아니지만 각각의 단어성이 검증되기 때문에 이 책에서는 단어로 간주한다. 그리고 단어 형성에 참여하는 조사, 어미를 이 책에서는 '형성'의 입장에서 조사, 어미로 보고 이들이 접미사가 아님을 논의했다. 또한 명사 형성 체계 내에서 조사·어미 결합형 명사는 중요한 지위를 차지하기 때문에 이에 대해 별도로 연구할 필요가 있다는 점도 다시 한 번 강조하였다. 이들 조사·어미 결합형 명사의 예는 다음과 같이 분류하여 제시할 수 있다.

(1) 조사 결합형 명사
　　가. 관형격 조사 '의' 결합형 명사

꿩의다리, 범의귀, 도둑놈의갈고리, 남의눈, 힘의장
　나. 처소격 조사 '에' 결합형 명사
　　귀에지, 옥에 티, 귀엣말, 몸엣것, 소금엣밥, 배안엣짓, 한솥엣밥
　다. 보조사 '도' 결합형 명사
　　나도국수나무, 나도냉이, 나도밤나무, 예도옛날, 예도옛적
(2) 어미 결합형 명사
　가. 명사형 어미 '-(으)ㅁ/기' 결합형 명사
　　웃음, 보기, 끝맺음, 줄넘기; 갈림길, 깎기끌, 누름틀, 보기신경
　나. 관형사형 어미 '-(으)ㄴ/ㄹ' 결합형 명사
　　빈말, 참을성, 가는귀, 작은집, 큰형, 작은아버지, 듣는힘, 받는이
　다. 연결어미 '-아/어' 결합형 명사
　　살아생이별, 살아생전, 섞어찌개, 을러방망이, 꺾어쟁이, 잘라
　　뱅이
　라. 종결어미 '-다, -해, -해요, -구려, -자, -료(-리오), -더라, -지
　　마, -라' 결합형 명사
　　제자리에서, 섰다, 싸구려; 섰다판, 먹자골목, 먹자판, 묻지마
　　테러, 일하기싫어병

조사 결합형 명사 부분에서는 먼저 관형격 조사 '의' 결합형 명사에 대해 논의했다. '의' 결합형 명사로서의 식물 명칭, 고유 명칭, 전문용어 등은 통사적 구성의 공시적 단어화나 '관형격 조사 결합형+명사'의 틀대로 형성된 것으로 보았다. '남의나이', '남의눈', '그림의 떡', '판도라의 상자' 등과 같은 예는 관용화와 같은 통시적 단어화의 과정을 겪은 것으로 보았다. 한편, 처소격 조사 '에' 결합형 명사의 양상은 주로 두 가지로 나눌 수 있는데, 하나는 'ㅅ'이 개입되지 않는 '에' 결합형 명사이고 하나는 'ㅅ'이 개입된 '엣' 결합형 명사이다. '에(ㅅ)' 결합형 명사는 주로 공시적, 통시적 단어화의 과정을 거쳐서 형성된 것이다. 보조사 '도' 결합형 명사는 '나도'류, '너도'류, '예도'류의 세 가지로 나눠서 제시했

다. '나도/너도'류는 주로 식물, 동물 명칭에서 나타나며, 이러한 단어들은 공시적 단어화 또는 '나도/너도+X'의 틀에 의해서 형성된 것으로 볼 수 있다. '예도'류의 단어는 '예도옛날'과 '예도옛적'의 두 개만 확인할 수 있는데, 이들은 통시적 단어화의 과정을 겪은 것이다.

어미 결합형 명사 부분에서는 먼저 명사형 어미 결합형 명사에 대해 논의했다. 단어 형성에 참여하는 '-(으)ㅁ', '-기'는 접사가 아니고 어미임을 논증한 다음에 명사형 어미 결합형 명사의 양상을 살펴보았다. '웃음, 보기; 끝맺음, 줄넘기' 등의 명사형 어미 결합형 명사는 어미가 최종 단어의 직접구성요소인 경우이고 이들은 단어화에 의해 형성된 것으로 보았다. 이와는 달리 '갈림길, 깎기끌, 누름틀, 보기신경' 등은 어미가 최종 단어의 직접구성요소가 아닌 경우이며, 이들은 '명사형 어미 결합형 +X' 형식의 틀에 의해 형성된 것으로 보았다. 관형사형 어미 결합형 명사 역시 단어 형성에 참여하는 '-(으)ㄴ/ㄹ'이 접사가 아니고 어미임을 논의한 후에 이에 해당하는 예를 제시했다. 이들 단어는 대부분이 공시적 혹은 통시적인 단어화에 의해 형성된 것으로 보고, 일부 매우 생산적인 유형은 유추의 틀에 의해 형성된 것으로 보았다. 연결어미 결합형 명사는 '연결어미 결합형+명사', '연결어미 결합형+접미사', '연결어미 결합형이 표면적으로 나타나지 않음'의 세 가지 유형으로 나눠서 검토했다. 이들 단어의 형성과 관련하여 이러한 단어들의 내부에 왜 연결어미가 결합되는지를 밝혔다. 종결어미가 단어 형성에 참여하는 명사 가운데에는 '제자리에서, 싸구려, 섰다'처럼 종결어미 결합형 자체가 단어화되어 명사로 존재하는 경우가 있고 '묻지마관광, 먹자골목, 일하기싫어병' 등과 같이 '종결어미 결합형+X' 전체가 단어화되어 명사로 존재하는 경우도 있다. 특히 후자의 단어들은 '종결어미 결합형+X' 전체가 단어화된 것으로 보는 것이 더 적절하다고 주장하였다. 또한 '묻지마'류 등 생산성이 높은 경우는 대치의 조작으로 형성된 것일 가능성이 높다고 보았다.

이상의 논의를 바탕으로 조사·어미 결합형 명사의 특성을 단어 형성법적 특성과 의미적 특성의 두 가지로 나눠서 논의했다. 통사적 요소인 조사, 어미가 단어 형성에 참여하는 것은 한국어의 전형적인 합성법이나 파생법이 아니므로 단어의 형성에 참여하는 요소와 조어법의 측면에서 이를 단어 형성 체계에서 별도의 부류로 설정하는 것이 필요하다고 보았다. 따라서 이 책에서는 명사 형성 체계 내에서 조사·어미 결합형 명사를 합성 명사, 파생 명사와 대등하는 지위를 부여하기로 했다. 그리고 조사·어미 결합형 명사는 문법적 핵이 명사에 있는 경우가 대부분인데, 핵이 명사형 어미에 있는 경우도 있으며 단어 바깥에 있는 경우도 있음을 확인하였다. 이를 통해 조사·어미 결합형 명사에 나타난 교착어로서의 유형론적 특성에 대하여 논의하였다. 그 다음으로는 조사·어미 결합형 명사의 의미적 특성을, 해당 구성 요소로 단어의 의미를 어느 정도 파악할 수 있는지에 따라 의미적으로 투명한 경우, 반투명한 경우, 불투명한 경우로 나눠서 논의하였다. 각각의 예는 다음과 같이 제시할 수 있다.

> (3) 가. 의미가 투명한 경우: 쥘손, 보기신경, 누름단추, 귀에지, 닭의홰,
> 반의반
> 나. 의미가 반투명한 경우: 나도밤나무, 까치걸음, 남의나이, 남의달,
> 작은집, 검은돈
> 다. 의미가 불투명한 경우: 범의귀, 앉은부채, 도둑놈의갈고리, 눈엣
> 가시, 소매치기

특히 의미가 불투명한 경우, 단어의 의미는 해당 통사 구성이 나타내

는 의미가 비유적으로 사용된 것으로 볼 수 있다. 이 세 가지 경우는 대부분이 조사·어미 결합형 명사의 구성 요소의 의미적 특성과 관련된다. 일반적인 합성 명사, 파생 명사의 의미적 특성 또한 구성 요소의 의미적 특성과도 관련이 있다. 그런데 합성 명사나 파생 명사의 경우, 구성 요소 간의 문법 관계가 명확한 조사·어미 결합형 명사와는 달리 구성 요소 간의 문법 관계가 불명확하다는 특성이 있다. 이처럼 조사·어미 결합형 명사의 특성에 대한 기존의 논의가 적다는 점에서 이 책의 연구는 기존의 논의에서 한 걸음 더 나아갔다고 볼 수 있다.

6.2. 연구의 의의 및 남은 문제

이 책의 고찰을 통해서 알 수 있듯이 한국어의 조사·어미 결합형 명사는 그 수가 많고 매우 생산적인 모습을 보여준다. 다시 말해 한국어의 명사 형성 체계에서 조사·어미 결합형 명사 또한 중요한 역할을 맡고 있음을 알 수 있다. 기존 연구에서는 단어 형성을 특정 품사에 한정해서 다룬 경우가 많지 않은데, 이 책은 개별 품사의 단어 형성을 다루는 연구의 기초가 될 수도 있고 앞으로 동사 형성법, 부사 형성법, 형용사 형성법 등을 다룰 때에 참고할 만한 자료가 될 수도 있다는 점에서 의미를 갖는다.

이 연구는 한국어 명사 형성 체계 내에서 조사·어미 결합형 명사의 구체적인 양상과 그 형성을 살피고 그 중요성을 확인했다는 점에서 의미가 있다. 기존의 여러 연구에서는 한국어의 조사·어미 결합형 명사를 합성어나 파생어의 범주로 귀속시키는 경우가 많았다. 그러나 본문에서 제시한 바와 같이 이러한 처리 방식은 한국어의 특징을 제대로 보여 주지 못한다는 한계가 있다. 조사 · 어미 결합형 명사는 단어 형성에 참여하는 요소, 핵의 위치, 유형론적 특성, 의미적 특성 등 여러 측면에서 일반적인 합성 명사, 파생 명사와 다르다. 따라서 이를 별도의 범주로 설정하면 명사 체계에 한국어의 특징을 반영할 수 있으며, 한국어의 조어법을 더 정확하게 기술할 수 있다. 이에 이 책에서는 한국어 명사 형성 체계 내에서 조사 · 어미 결합형 명사에 합성 명사, 파생 명사와 대등한 지위를 부여해야 한다고 보았다.

기존의 연구에서는 조사 · 어미 결합형 명사의 형성에 대해서 주로 합성이나 파생 혹은 단어화의 관점을 보여 주었으나, 이 책에서는 이러한 단어의 형성 방식을 더 구체적으로 살펴보았다. 이들 조사 · 어미 결합형 명사는 통시적 단어화나 공시적 단어화에 의해 형성되었으며, 이를 기반으로 하여 유추의 틀에 의해서 형성된 것도 있음을 주장하였다. 이는 기존 연구보다 더 면밀한 검토를 진행하여 단어 형성 방식에 있어서 더 상세한 견해를 제시하였다는 점에서 의의가 있다. 또한 기존의 연구에서는 주로 단어의 형성에 초점을 맞추어 논의를 진행하여 한국어 조사 · 어미 결합형 명사의 의미적 특성을 밝힌 논의는 많지 않다. 이 책은 이들 단어의 형성뿐만 아니라 해당 통사적 구성과 비교하여 그 의미 특성을 검토하였다는 점에서 기존의 논의와 차이를 보인다.

조사, 어미가 단어 형성에 적극적으로 참여한다는 것은 교착어인 한국어의 특성을 보여 준다는 점에서 이를 전면적으로 살펴본 이 책은 의의를 갖는다. 이 책의 주요 관심사는 아니지만 앞서 언급한 바와 같이 조사 · 어미 결합형 명사는 한국어뿐만 아니라 다른 교착어에서도 존재하는 것이다. 따라서 이를 별도의 유형으로 설정하면 향후의 유형론 연구에도 기반이 될 수 있다. 이는 유형론적으로 한국어를 포함하는 교착어의 공통점일 수도 있고 한편으로는 교착어의 특수성을 보여 주는 것일 수도 있기 때문이다.

이 책에서는 명사 형성 체계 내의 조사·어미 결합형 명사에 대해서는 상세하게 다루었으나, 축약에 의한 명사 형성이나 전성에 의한 명사 형성 등에 대해서는 자세하게 논의하지 못했다는 한계가 있다. 또한 조사·어미 결합형 명사가 통사부에서 형성된다고 언급했으나 이에 대한 상세한 논의를 하지 못했다는 아쉬움이 있다. 그리고 이 책에서는 조사·어미 결합형 명사 중에서 그 예가 많이 보이는 유형에 대해서만 다루었는데, '짓고땡', '무시로객주', '이래서야정국(政局)' 등처럼 조사나 어미가 명사 형성에 참여하지만 그 수가 적은 유형에 대해서는 자세한 논의를 진행하지 못했다는 점 역시 이 책의 한계이다. 한편, 조사·어미 결합형 명사의 의미를 위주로 하는 논의도 필요한데, 이와 관련된 문제는 모두 후속 과제로 삼고자 한다.

참고문헌

강신·김기선·김기성·김학선(2009), 『현대몽골어와 한국어의 문법 비교연구』, 한국문화사.

고수경(2014), 『일본어의 신어·유행어 연구』, 인문사.

고영근(1972), 「현대국어의 접미사에 대한 구조적 연구(1)-확립기준을 중심으로」, 『서울대학교논문집』 18, 고영근(1989), 495-534 재록.

고영근(1999), 『국어형태론연구』, 서울대학교 출판부.

고영근·구본관(2018), 『우리말 문법론(개정판)』, 집문당.

고영근(2018가), 『한국어와 언어 유형론』, 월인.

고영근(2018나), 『우리말 문법, 그 총체적 모습』, 집문당.

구본관(1992), 「생성문법과 국어 조어법 연구 방법론」, 『주시경학보』 9, 탑출판사, 50-77.

구본관(1996), 「중세 국어 형태」, 『국어의 시대별 변천 연구』, 국립국어연구원, 56-113.

구본관(1998), 『15세기 국어 파생법에 대한 연구』, 태학사.

구본관(2002), 「조어 능력과 조어법 연구 방법론」, 『언어의 이론과 분석(1)』, 태학사, 129-171.

구본관(2005), 「한국어의 형태론과 어휘론」, 『외국어로서의 한국어학』, 한국방송통신대학교 출판부, 76-122.

구본관 외(2015), 『한국어 문법 총론 I -개관, 음운, 형태, 통사』, 집문당.

구본관 외(2016), 『한국어 문법 총론 II -의미, 화용, 텍스트, 어휘, 규범, 15세기 한국어, 한국어사, 문자』, 집문당.

권재일(2012), 『한국어 문법론』, 태학사.

김광해·김동식(1993), 『국어 사전에서의 합성어 처리에 관한 연구』, 국립국어연구원 연구 보고서.

김동식(1994), 「복합명사를 찾아서」, 『국어학』 24, 국어학회, 385-401.

김동찬(2005), 『조선어단어조성론』, 사회과학출판사.

김선효(2009), 「의사관형구조 '에의'의 형성 과정과 요인」, 『국어학』 55, 국어학회, 105-124.

김승곤(2018), 『국어형태론』, 경진출판.

김승호(1992), 「어휘화」, 『부산한글』 11, 한글학회 부산학회, 97-127.

김영석(1998), 『영어형태론』, 한국문화사.

김영석·이상억(1992), 『현대형태론』, 학연사.

김완진(1957), 「-n, -l동명사의 통사론적 기능과 발달에 대하여」, 『국어연구』 2, 국어연구회.

김용선(2008), 「국어 신어의 어기에 대하여」, 『개신어문연구』 27, 개신어문학회, 5-40.

김유범(2011), 「통사성과 합성어의 유형 변화」, 『한국어학』 53, 한국어학회, 119-143.

김인균(2004), 「[N-V-이/음/기/개] 구성의 합성명사 분석」, 『형태론』 6.1, 형태론, 89-107.

김인균(2005), 『국어의 명사 문법 I 』, 역락.

김인택(2003), 「동사 어근 구성 합성어 형성의 특징: V+{은, 는, 을}+N, V+아+V 형을 중심으로」, 『한민족어문학』 43, 한민족어문학회, 5-22.

김일병(2000), 『국어 합성어 연구』, 역락.

김창섭(1983), 「'줄넘기'와 '갈림길'형 합성명사에 대하여」, 『국어학』 12, 국어학회, 73-99.

김창섭(1984), 「형용사 파생 접미사들의 기능과 의미」, 『진단학보』 60, 진단학회, 145-161. [이병근·채완·김창섭 편(1993)에 재수록]

김창섭(1996), 『국어의 단어형성과 단어구조 연구』, 태학사.

김창섭(2006), 「국어의 'N+N'형 합성명사 연구」, 한국학 장기 기초 연구 과제 결과 보고서.

김창섭(2008), 『한국어 형태론 연구』, 태학사.

김혜지(2014), 「국어의 [명사+동사+-(으)ㅁ/이/기] 형 단어의 형성 연구-구성 문법 이론을 중심으로-」, 이화여자대학교 석사학위논문.

김혜지(2016), 「축약형 단어와 유추」, 『형태론』 18.2, 형태론, 183-216.

남기심(2001), 『현대국어 통사론』, 태학사.

남기심·고영근(2011), 『표준국어 문법론(제3판)』, 탑출판사.

남기심·고영근·유현경·최형용(2019), 『표준 국어문법론』, 한국문화사.

남풍현(1977), 「국어 처격조사의 발달」, 『國語國文學論叢(李崇寧先生古稀紀念論叢)』, 탑출판사. [남풍현(1999)에 재수록].

남풍현(1999), 『國語사를 위한 구결연구』, 태학사.

노명희(1997), 「한자어 형태론」, 『국어학』 29, 국어학회, 309-339.

노명희(2003), 「구에 결합하는 접미한자어의 의미와 기능」, 『한국어 의미학』 13, 한국어의미학회, 69-95.

노명희(2006), 「최근 신어의 조어적 특징」, 『새국어생활』 16.4, 국립국어연구원, 31-46.

노명희(2010), 「혼성어 형성 방식에 대한 고찰」, 『국어학』 58, 국어학회, 255-281.

노명희(2013), 「국어의 탈문법화 현상과 단어화」, 『국어학』 67, 국어학회, 107-143.

문금현(2009), 「관용 표현의 생성과 소멸」, (홍사만 외) 『국어 형태·의미의 탐색』, 553-581.

박상훈·리근영·고신숙(1986), 『우리 나라에서의 어휘정리』, 사회과학출판사.

박수영(2016), 『헝가리어 어휘와 조어법』, HUINE: 한국외국어대학교 지식출판원.

박영섭(1998), 『(초간본) 두시언해 어휘자료집』, 박이정.

박진호(1994), 「통사적 결합 관계와 논항구조」, 서울대학교 석사학위논문.

박진호(1999), 「형태론의 제자리 찾기」, 『형태론』1.2, 형태론, 319-340.

박진호(2003), 「관용 표현의 통사론과 의미론」, 『국어학』 41, 국어학회, 360-419.

박창원(1997), 「사잇소리와 사이시옷(Ⅰ)」, 『이화어문논집』 15, 이화어문학회, 461-482.

박창원(2004), 「사잇소리의 공시론과 통시론」, 『한국(조선)어교육연구』 2, 중국한국(조선)어교육연구학회, 531-565.

박철주(2005), 「『대명률직해』의 처격 및 구격 조사에 대한 고찰」, 『한글』 269, 한글학회, 5-51.

배해수(2003), 「<과거> 명칭의 분절 구조 고찰(1)-<단위>를 중심으로」, 『한국학

연구』 19, 고려대학교 한국학연구소, 183-244.

사회과학원 언어학연구소 어휘연구실(1974), 『단어만들기연구』, 사회과학출판사.

徐泰龍(1980), 「動名詞와 後置詞 {은}{을}의 基底意味」, 『진단학보』 50, 진단학회, 97-120.

손뢰(2015), 「현대한국어 비통사적 합성어 연구」, 서울대학교 박사학위논문.

송원용(1998), 「활용형의 단어 형성 참여 방식에 대한 연구」, 서울대학교 석사학위논문.

송원용(2002가), 「국어 어휘부와 단어 형성 체계에 대한 연구」, 서울대학교 박사학위논문.

송원용(2002나), 「문장형 고유명의 형태론」, 『문법과 텍스트』, 서울대학교 출판부, 277-294.

송원용(2005), 『국어 어휘부와 단어 형성』, 태학사.

송원용(2007), 「국어의 단어형성체계 재론」, 『震檀學報』 104, 震檀學會, 105-126.

송철의(1992), 『국어의 파생어형성 연구』, 태학사.

시정곤(1994/1998), 『국어의 단어형성 원리(수정판)』, 한국문화사.

시정곤(1999), 「'X+음'의 정체는 무엇인가?」, 『형태론』 1.1, 형태론, 133-141.

시정곤(2006), 『현대국어 형태론의 탐구』, 월인.

시정곤(2008), 「국어 형태론에서 단어형성 전용요소의 설정에 대한 타당성 연구」, 『한국어학』 38, 한국어학회, 83-107.

심재기(1979), 「관형화의 의미기능」, 『어학연구』 15.2, 서울대학교 어학연구소, 109-121.

沈在箕(1981), 「國語 語彙의 統辭的 機能變換에 關한 研究」, 서울대학교 박사학위논문.

심재기(1986), 「한국어 관용 표현의 화용론적 연구」, 『관악어문연구』 11, 서울대 국문과, 27-54.

심재기(2000), 『국어 어휘론 신강』, 태학사.

심현숙(2011), 『조선어합성어 연구』, 박이정.

안병희·이광호(1990), 『중세국어문법론』, 학연사.

안상철(1998), 『형태론』, 민음사.

오규환(2008), 「현대 국어 조사 결합형의 단어화에 대한 연구」, 서울대학교 석사
　　학위논문.

오규환(2013), 「단어 형성 과정으로서의 어휘화」, 『국어학』 68, 국어학회, 323-
　　366.

오규환(2016), 「한국어 어휘 단위의 형성과 변화 연구」, 서울대학교 박사학위논문.

오규환(2017), 「형성소와 구성소, 다시 생각하기」, 『어문연구』 45.4, 한국어문교육
　　연구회, 61-83.

오규환 · 김민국 · 정한데로(2014), 「한국어 형태론의 보편성과 특수성을 찾아서:
　　최형용(2013)을 중심으로」, 『형태론』 16.2, 형태론, 241-281.

오민석(2011), 「문장형 단어형성요소의 형성과 특성」, 『민족문화논총』 48, 영남대
　　학교 민족문화연구소, 239-264.

왕사우(2016), 「한국어 'N1+의+N2'형 단어에 대한 고찰」, 『형태론』 18.2, 형태론,
　　273-296.

왕사우(2017), 「유형론적 관점에서 본 'N+genitive marker+N'형 단어」, 『언어와
　　정보 사회』 31, 서강대학교 언어정보연구소, 217-249.

왕사우(2018가), 「한국어 'X+에(ㅅ)+X'형 명사에 대한 연구」, 『어문연구』 46.1,
　　한국어문교육연구회, 191-216.

왕사우(2018나), 「한국어 종결어미 결합형 명사에 대한 연구」, 한국어문교육연구
　　회 · 고려대학교 BK21플러스 한국어문학 미래인재육성사업단 공동국제학
　　술대회 발표논문집, 85-95.

왕사우(2018다), 「다른 언어와의 비교를 통한 한국어 동철대립어 연구」, 『국어국
　　문학』 185, 국어국문학회, 37-66.

왕사우(2020), 「한국어 종결어미 결합형 명사에 대한 연구」, 『한국(조선)어교육연
　　구』 16, 중국한국(조선)어교육연구학회, 169-189.

왕사우(2021), 「한국어 조사 · 어미 결합형 식물 명칭의 형성 연구」, 『형태론』 23.
　　2, 형태론, 128-149.

왕사우(2022), 「韓國語 助詞 · 語尾 結合型 名詞의 意味 透明性 및 單語 認知」,
　　『어문연구』 50.2, 한국어문교육연구회, 61-87.

이광호(2004), 『근대 국어 문법론』, 태학사.

李男德(1985), 『韓國語 語源 研究 I -原始韓國語의 探求-』, 이화여자대학교 출판부.

이동석(2011), 「일부 국어 관형 표현의 일본어 영향설에 대하여」, 『우리어문연구』 39, 우리어문학회, 241-273.

이병근·채완·김창섭 편(1993), 『형태』, 태학사.

이상욱(2004), 「'-음', '-기' 명사형의 단어화에 대한 연구」, 서울대학교 석사학위논문.

이상욱(2007), 「임시어의 위상 정립을 위한 소고」, 『형태론』 9.1, 형태론, 47-67.

이선영(2006), 「한국어의 'NP1+엣+NP2' 구성과 'NP1+ㅅ+NP2' 구성」, 『형태론』 8.2, 형태론, 295-311.

이선영(2017), 「국어의 접사화에 대한 단견」, 『한국학연구』 44, 인하대학교 한국학연구소, 399-421.

이선웅(2012), 『한국어 문법론의 개념어 연구』, 월인.

이승희(2009), 「중세국어 'NP1 앳 NP2' 구성의 의미 유형에 대한 고찰」, 『국어학』 54, 국어학회, 197-223.

이양혜(2000), 『국어의 파생접사화 연구』, 도서출판 박이정.

이양혜(2001), 「국어 의존명사의 접사화 연구」, 『언어과학』 8.1, 한국언어과학회, 117-139.

이양혜(2005), 「인지언어학적 접근 방법에 따른 합성어의 의미 변화 연구」, 『우리말연구』 17, 우리말학회, 123-149.

이양혜(2006), 「우리말 접사의 형태론적 고찰」, 『우리말연구』 19, 우리말학회, 85-111.

李永魯(2006), 『새로운 韓國植物圖鑑 I 』, 敎學社.

李永魯(2006), 『새로운 韓國植物圖鑑 II 』, 敎學社.

이익섭(1965), 「국어 복합명사의 IC 분석」, 『국어국문학』 30, 국어국문학회, 121-129.

이익섭(1975), 「국어조어론의 몇 문제」, 『동양학』 5, 단국대학교 동양학연구원, 155-165.[이병근·채완·김창섭 편(1993)에 재수록]

이익섭·임홍빈(1983), 『국어 문법론』, 학연사.

이익섭·채완(1999), 『국어 문법론 강의』, 학연사.

이정애(2010), 「국어 항진명제에 대한 의미 연구」, 『한국어 의미학』 33, 한국어의미학회, 179-202.

이재인(2001), 「국어 형태론에서 '어근' 개념」, 『배달말』 28.1, 배달말학회, 93-112.

이정훈(2008가), 『조사와 어미, 그리고 통사구조』, 태학사.

이정훈(2008나), 「단어 형성 원리에 대한 고찰 -핵 계층 이론적 접근-」, 『시학과 언어학』 15, 시학과언어학회, 205-240.

이희승(1958), 『국어학개설』, 민중서관.

임근석(2005), 「연어와 관용표현의 판별 기준에 대한 고찰」, 『우리말 연구 서른 아홉 마당』(임홍빈 외 38인 공저), 태학사, 981-1006.

임동훈(2005), 「한국어의 조사」, 『외국어로서의 한국어학』, 한국방송통신대학교 출판부, 178-215.

임동훈(2009), 「'-을'의 문법 범주」, 『한국어학』 44, 한국어학회, 55-81.

임동훈(2015), 「보조사의 의미론」, 『국어학』 73, 국어학회, 335-373.

임동훈(2016), 「한국어의 어미」, 『한국어 교원을 위한 한국어학』, 한국방송통신대학교 출판 문화원, 272-308.

임홍빈(1974), 「명사화의 의미특성에 대하여」, 『국어학』 2, 국어학회, 83-104.

임홍빈(1981), 「사이시옷 問題의 解決을 위하여」, 『국어학』 43, 국어학회, 1-35.

임홍빈(1997), 「국어 굴절의 원리적 성격과 재구조화: '교착소'와 '교착법'의 설정을 제안하여」, 『관악어문연구』 22.1, 서울대학교 국어국문학과, 93-163.

전상범(1995), 『형태론』, 한신문화사.

전혜영(1997), 「여성 관련 은유 표현에 대한 연구: 속담·속언을 중심으로」, 『이화어문논집』 15, 이화어문학회, 483-505.

전혜영(2005), 「연어 구성에 나타난 남녀 은유의 양상」, 『여성학논집』 22.1, 한국여성연구원, 53-77.

전혜영(2006), 「한국어 은유표현의 교육」, 『Korean 연구와 교육』 2, Korean 교육 연구 국제협의회: 이화여자대학교 한국어문학연구소, 93-107.

전혜영(2010), 「한국인의 [옷] 은유에 나타나는 개념화 양상: '입다/벗다' 동사를 중심으로」, 『한국문화연구』 19, 이화여자대학교 한국문화연구원, 129-162.

전혜영(2012), 「구어 담화에 나타나는 'X는 X다' 표현의 화용 양상」, 『국어학』 64, 국어학회, 273-299.

정한데로(2009), 「국어 복합어의 등재와 어휘화 연구」, 서강대학교 석사학위논문.

정한데로(2010), 「복합어 분석에 의한 단어의 변화」, 『어문연구』 38.3, 한국어문교육연구회, 103-128.

정한데로(2011), 「임시어의 형성과 등재: '통사론적 구성의 단어화'를 중심으로」, 『한국어학』 52, 한국어학회, 211-241.

정한데로(2015), 『한국어 등재소의 형성과 변화』, 태학사.

정한데로(2016), 「규칙과 유추, 다시 생각하기」, 『어문연구』 44.3, 한국어문교육연구회, 99-126.

정한데로(2018가), 「남북한 단어형성론에 관한 고찰-김동찬(2005)를 중심으로-」, 『형태론』 20.1, 형태론, 1-28.

정한데로(2018나), 「통사론적 구성과 단어 형성-'통사적 합성어'와 '통사론적 구성의 단어화'를 중심으로-」, 『어문연구』 46.3, 한국어문교육연구회, 91-123.

조남호(2001), 『두시언해 어휘 색인』, 태학사.

조은영(2009), 「현대국어 어휘적 연어의 형성과 의미」, 이화여자대학교 석사학위논문.

趙宰亨(2008), 「소위 複合格助詞 "엣"의 通時的 考察」, 『語文研究』 36.2, 한국어문교육연구회, 193-216.

주지연(2008), 「발화문의 어휘화와 사전 기술」, 『한국사전학』 11, 한국사전학회, 175-195.

지경래(1995), 『일본어 문법 개설』, 태학사.

채완(1979), 「명사화소 '-기'에 대하여」, 『국어학』 8, 국어학회, 95-107.

채현식(2000), 『유추에 의한 복합명사 형성 연구』, 서울대학교 박사학위논문.

채현식(2003가), 「대치에 의한 단어형성」, 『형태론』 5.1, 형태론, 1-21.

채현식(2003나), 『유추에 의한 복합명사 형성 연구』, 태학사.

채현식(2006가), 「규칙과 유추의 틀」, 『이병근선생퇴임기념국어학논총』, 태학사, 567-583.

채현식(2006나), 「합성명사에서의 의미 전이와 관습화」, 『한국언어문학』 58, 한국언어문학회, 5-23.

채현식(2006다), 「은유표현의 해석과 유추-심리과정을 중심으로-」, 『한말연구』 19, 한말연구학회, 377-397.

채현식(2012), 「계열관계에 기반한 단어 분석과 단어 형성」, 『형태론』 14.2, 형태론, 208-232.

최규수·서민정(2008), 「조어법과 통사론의 관계에 대하여」, 『한글』 279, 한글학회, 61-87.

최규일(2009), 『한국어 어휘형성법』, 제주대학교 출판부.

최윤지(2013), 「파생과 합성, 다시 생각하기-복합어 구성요소의 교차 분류를 위한 시론」, 『국어학』 66, 국어학회, 265-306.

최현배(1971), 『우리말본』, 정음문화사.

최형용(1999), 「국어의 단어 구조에 대하여」, 『형태론』 1.2, 형태론, 245-260.

최형용(2003가), 『국어 단어의 형태와 통사: 통사적 결합어를 중심으로』, 태학사.

최형용(2003나), 「'줄임말'과 통사적 결합어」, 『국어국문학』 135, 국어국문학회, 191-220.

최형용(2004), 「단어 형성과 음절수」, 『국어국문학』 138, 국어국문학회, 183-205.

최형용(2005), 「의미 중심 단어 형성론-황화상, 『국어 형태 단위의 의미와 단어 형성』(2001) 다시 읽기-」, 『형태론』 7.2, 형태론, 469-488.

최형용(2010), 「전문용어의 형태론: 지침으로서의 전문 용어 형성 원칙을 중심으로」, 『한중인문학연구』 31, 한중인문학회, 293-323.

최형용(2013), 『한국어 형태론의 유형론』, 박이정.

최형용 외(2015), 『한국어 연구와 유추』, 역락.

최형용(2016), 『한국어 형태론』, 역락.

최형용(2018), 『한국어 의미 관계 형태론』, 역락.

崔炯龍·劉婉瑩(2015), 「韓·中·日 品詞 對照를 위한 品詞 分類 基準 設定」, 『語文研究』 43.2, 한국어문교육연구회, 117-149.

崔炯龍·劉婉瑩(2016), 「韓國語와 日本語의 副詞 統辭的 結合語에 대하여」, 『語文研究』 44.3, 한국어문교육연구회, 67-97.

한정한(2009), 「단어를 다시 정의해야 하는 시급한 이유들」, 『언어』 34.3, 한국언어학회, 761-788.

한정한(2010), 「관용구의 문법범주」, 『어문논집』 61, 민족어문학회, 315-349.

한주희(2016), 「통사적 구성의 단어화」, 『지명학』 24, 한국지명학회, 123-143.

허북구·박석근(2002), 『재미있는 우리 꽃 및 이름의 유래를 찾아서』, 중앙생활사.

허웅(1966), 「서기15세기 국어를 대상으로 한 조어법의 서술방법과 몇 가지 문젯점」, 『동아문화』 6, 서울대학교 동아문화연구소, 1-53.

허웅(1975/1983), 『우리 옛말본』, 샘문화사.

허철구·김명광·조지연·한명주·정한데로(2014), 『단어와 어휘부』, 역락.

허철구(2015), 「단어 형성 단위로서의 어미」, 『배달말』 56, 배달말학회, 105-140.

홍윤표(1994), 『근대국어연구 I 』, 태학사.

홍종선(2004), 「명사화」, 『새국어생활』 14.2, 국립국어연구원, 167-185.

황화상(2001), 『국어 형태 단위의 의미와 단어 형성』, 월인.

황화상(2002), 「국어 접사의 기능과 형태 범주: 복합어 내부의 개재 접사를 중심
　　　　으로」, 『언어』 27.4, 한국언어학회, 683-702.

황화상(2003), 「조사의 작용역과 조사 중첩」, 『국어학』 42, 국어학회, 115-140.

황화상(2008), 「접사, 단어형성 그리고 어휘부: 최형용(2005)에 대한 답변」, 『형
　　　　태론』 10.1, 형태론, 157-167.

황화상(2009), 「잠재어와 접사-'갈림길'형 복합명사를 중심으로-」, 『한말연구』 25,
　　　　한말연구학회, 377-398.

황화상(2011), 『현대국어 형태론』, 지식과교양.

황화상(2012), 『국어조사의 문법』, 지식과교양.

金蓮麗(2012), 「現代韓國語新詞的構詞法研究」, 中央民族大學 碩士學位論文.

于建平·張春梅(2007), 「語言擬人化與擬物化背後的體驗互動與隱喻思維」, 『燕
　　　　山大學學報哲學社會科學版』 8.2, 54-57.

趙阿平(2015), 「滿語詞彙語義研究」, 『西北民族研究』 84, 118-143.

上野義雄(2016), 『現代日本の文法構造·形態論編』, 早稻田大学出版部.

玉村文郎(1988), 「複合語の意味」, 『日本語学』 7.5, 23-32.

中屋晃(2016), 「複合語「名詞+名詞」型の分類」, 『北星論集』 55.2, 37-45.

Allen, M.(1978), "Morphological Investigations," Phd dissertation, University
　　　　of Connecticut.

Andrew Carstairs-McCarthy(2002), *An Introduction to English Morphology:*
　　　　Words and Their Structure, Edinburgh University Press. [문지순·권
　　　　영국·이기석 공역(2016), 『영어 형태론 입문: 단어와 그 구조』, 한국문

화사.]

Andrew Spencer(1991), *Morphological theory: an introduction to word structure in generative grammar,* Oxford & Cambridge, MA: Basil Blackwell. [전상범·김영석·김진형(1994), 형태론, 한신문화사.]

Bauer, L.(1997), "Evaluative morphology: in search of universals", *Studies in Language,* 21, 533-575.

Benjamin Elson & Velma Pickett(1988), Beginning *Morphology and Syntax* (Revised edition), Summer Institute of Linguistics. [한영목 옮김 (1995), 『형태·통사론의 이해』, 한국문화사.]

Bloomfield, L.(1933), *Language,* New York: Holt, Rinehart and Winston.

Chung-kon Shi(2015), "Word Formation," In *The Handbook of Korean Linguistics,* L. Brwon and J. Yeon eds., Wiley Blackwell, 61-78.

Croft, W. A.(1991), *Syntactic Categories and Grammatical Relations: The Cognitive Organization of Information,* University of Chicago Press.

Di Sciullo, A. M. & E. Williams(1987), *On the Definition of Word,* Cambridge. MA : MIT Press.

Dixon, R. M. W. & A. Y. Aikhenvald(eds.)(2002), *Word: A Cross-Linguistic Typology,* Cambridge: Cambridge University Press.

Francis Katamba(1993), *Morphology,* Basingstoke, England : Macmillan. [김경란·김진형 옮김(1995), 형태론, 한신문화사.]

Halle, M.(1973), "Prolegomena to a theory of word-formation," *LI* 4, 3-16.

Haspelmath, M.(2002), *Understanding Morphology,* Arnold.

Haspelmath, M. & Sims, A. D.(2010), *Understanding Morphology*(2nd ed), Hodder Education. [오규환 외 역(2015), 형태론의 이해, 역락.]

Hockett Charles, F.(1954), "Two models of grammatical description," *Word* 10, 210-231.

Hockett Charles, F.(1958), A *Course in Modern Linguistics,* New York: Macmillan.

Jörg Meibauer(2007), "How marginal are phrasal compounds? Generalized insertion, expressivity, and I/Q-interaction," *Morphology* 17, 233-

259.

Katamba Francis(1994), *English Word*, NY: Routledge.

Kroeger, P. R.(2005), *Analyzing Grammar: An Introduction*, Cambridge University Press.

Lakoff, G & M. Johnson(1980), *Metaphors We Live By*, Chicago: The University of Chicago Press.

Livio Gaeta(2010), "Synthetic compounds-With special reference to German," In *Cross-Disciplinary Issues in Compounding*, Edited by Sergio Scalise and Irene Vogel, 219-236. John Benjamins Publishing Company.

Lyons, J.(1977), *Semantics* Ⅰ, Ⅱ, Cambridge University Press.

P. H. Matthews(1991), *Morphology*(2nd ed), New York : Cambridge University Press.

P. H. Matthews(2014), *The Concise Oxford Dictionary of Linguistics*(3rd Edition), Oxford University Press.

Song, J. M.(2011), "Verbal Inflections in Korean and Mongolian: a Contrastive Analysis", *The Journal of Studies in Language*, 27.1, 99-116.

Valerie Adams(2001), *Complex Words in English*, New York : Longman.

Zeki Hamawand(2011), *Morphology in English-Word Formation in Cognitive Grammar*, Continuum.

Zwicky, A. M., & Pullum, G. K.(1987), "Pain morphology and expressive morphology," In J.Aske, N. Beery, L. Michaelis, & H. Filip(Eds), *Proceedings of thirteenth annual Meeting of the Berkeley linguistic society* (pp. 330-340), Berkeley: Berkeley Linguistic Society.

부록

\<부록 1\> 조사 결합형 명사의 목록

격조사 결합형 명사	**관형격 조사 '의' 결합형 명사**
	꿩의밥, 김의털, 꿩의다리, 닭의덩굴, 범의귀, 닭의난초, 닭의장풀, 도둑놈의갈고리, 남의눈, 남의집살이, 남의나이, 남의달, 반의반, 별의별, 닭의어리; 스승의 날, 경찰의 날; 철의 삼각지, 베르누이의 정리, 가격우선의 원칙, 가격의 일원화, 가상변위의 원리, 가속도의 법칙, 가압류의 집행, 가압류의 취소, 가비의 이, 가우스의 기호, 철의 장막, 만유인력의 법칙; 판도라의 상자, 그림의 떡
	처소격 조사 '에(ㅅ)' 결합형 명사
	귀에지, 귀에짓골, 눈에놀이, 앞에총; 뇌성에 벽력, 눈에 안경, 눈위에 혹, 오금에 바람, 옥에 티, 개밥에 도토리, 개밥에 달걀; 열에 아홉, 백에 하나; 제자리에서; 귀엣고리, 귀엣말, 귀엣머리, 눈엣가시, 몸엣것, 배안엣저고리, 배안엣짓, 뒤엣것, 소금엣밥, 옷엣니, 웃음엣말, 웃음엣소리, 웃음엣짓, 입엣말, 한솥엣밥, 속엣것, 속엣말, 앞엣것, 장(醬)엣고기
보조사 결합형 명사	**보조사 '도' 결합형 명사**
	나도감(전남방언), 나도개감채, 나도개미자리, 나도개피, 나도겨이삭, 나도겨풀, 나도고사리삼, 나도국수나무, 나도그늘사초, 나도기름새, 나도냉이, 나도닭의덩굴, 나도댑싸리, 나도딸기광이, 나도물통이, 나도물통이, 나도미꾸리, 나도미꾸리낚시, 나도바람꽃, 나도바랭이, 나도박달, 나도밤나무, 나도밤나뭇과, 나도방동사니, 나도범의귀, 나도별사초, 나도사프란, 나도생강, 나도송이풀, 나도수영, 나도승마, 나도씨눈난, 나도양지꽃, 나도여로, 나도옥잠화, 나도은조롱, 나도잔디, 나도잠자리난, 나도제비난, 나도진퍼리고사리, 나도파초일엽, 나도팽나무버섯, 나도풍란, 나도하수오, 나도황기, 나도히초미; 너도개미자리, 너도개미자릿과, 너도고랭이, 너도바람꽃, 너도밤나무, 너도방동사니, 너도양지꽃, 너도제비난, 너도밤나무좀; 예도옛날, 예도옛적

<부록 2> 어미 결합형 명사의 목록

	1. '-(으)ㅁ' 결합형 명사
명사형 어미 결합형 명사	**1-1. '-(으)ㅁ'이 최종 단어의 직접구성요소가 아닌 경우:** 가림담, 가려움증, 가림새, 가림집, 가림판, 가심질, 갈림길, 감침실, 거름종이, 거스름돈, 거침돌, 걸음나비, 걸음낚시, 길림돌, 걸음마, 걸음밤, 걸음시위, 걸음새, 걸음짐작, 걸음짓, 걸음품, 걸침기와, 곰국, 곰탕, 구김살, 구름판, 꿈수, 꿈땜, 노림수, 놀음놀이, 놀음놀이판, 놀음바치, 놀음상, 놀음쟁이, 놀음차, 놀음판, 높임법, 높임말, 누름단추, 낮춤말, 누름단추, 누름돌, 누름양, 누름틀, 느림보, 느림뱅이, 다림판, 다림질, 닮음소리, 닮음꼴, 다툼질, 닦음새, 데림사람, 돌림감기, 돌림노래, 돌림병(-빵), 돌림판, 디딤기계, 디딤돌, 따름수, 따옴표, 딸림소리, 딸림음, 딸림조각, 딸림화음, 떨림소리, 떨림수, 떨림판, 돛줄임줄, 뒷걸음질, 뜀틀, 마름자, 마침꼴, 마침법, 마침표, 막음돌, 막음벽돌, 말놀음질, 말다툼질, 말없음표, 말줄임표, 맞춤말(-옷), 맞춤법, 매김말, 맺음말, 모음곡, 모음악보, 모줄임천장, 물음표, 버팀줄, 보찜만두, 볶음밥, 부림말, 비가림막, 비김수, 비침무늬, 속임낚시, 속임낚시질, 속임수, 쉼터, 쉼표, 시킴꼴, 싸움닭, 씻김굿, 알림장, 어림셈, 올림말, 울림소리, 웃음가마리, 웃음거리, 웃음거리극, 웃음극, 웃음기, 웃음꽃, 웃음꾼, 웃음바다, 웃음보, 웃음보따리, 웃음빛, 웃음살, 웃음소리, 웃음엣말, 웃음엣소리, 웃음엣짓, 웃음주머니, 웃음집, 웃음통, 웃음판, 울림구멍, 울림도, 울림소리, 울림주, 울림통, 으름장, 입힘줄, 장금장치, 지름길, 지름시조, 젖힘선, 차림표(-새), 핌성, 뜀틀; 감침질, 꺾임새, 꾸밈새, 내림세, 눈떨림증, 느림보, 담금질, 되새김질, 마름질, 만듦새, 모베름꾼, 목마름증, 믿음성, 박음질, 밝힘증, 버팀목, 붙임성, 배림꾼, 생김새, 쓰임새, 옮보, 이음새, 앉음새, 어렴성, 오름세, 얽음뱅이, 졸음증, 지짐질, 쥐물림증, 침흘림증, 코안막힘증, 피부마름증, 행동잃음증, 흘림체, 헹굼성, 헹굼틀, 흠질 **1-2. '-(으)ㅁ'이 최종 단어의 직접구성요소인 경우:** 동사의 명사형: 가르침, 가뭄, 갈음, 갚음, 거름, 걸음, 고름, 굶주림, 그림, 그을음, 꿈, 놀림, 느낌, 뉘우침, 다짐, 달음, 닮음, 도움, 되새김, 땜, 띔, 뜸, 맞춤, 모임, 무침, 묶음, 물음, 믿음, 받침, 벌음, 보살핌, 보탬, 볶음, 비웃음, 삶, 새김, 싸움, 숨, 앎, 얼음, 울음, 움직임, 웃음, 잠, 조림, 졸음, 주름, 죽음, 지짐, 짐, 찜, 춤, 튀김, 흐름 형용사의 명사형: 간지럼, 거름, 게으름, 괴로움, 귀여움(귀염), 그리움, 기쁨,

노여움(노염), 느낌, 두려움, 무서움(무섬), 미끄럼, 미움, 반가움, 부끄러움
(부끄럼), 서글픔, 서러움, 수줍음, 슬픔, 쓰라림, 아픔, 어둠, 외로움, 즐거움,
어두움; 가을뿌림, 길닦음, 끝막음, 낯가림, 눈가림, 눈속임, 딱지붙임, 땅띔,
때매김, 두벌솎음, 마음가짐, 말막음, 먼지떨음, 목누름, 목마름, 몸가짐, 몸
놀림, 무릎꿇림, 무릎맞춤, 반올림, 발돋움, 발뺌, 밤샘, 보리누름, 보쌈, 붓놀
림, 사탕발림, 산내림, 산울림, 손바꿈, 손바뀜, 술적심, 앞가림, 입가심, 옷차
림, 입막음, 조바꿈, 조옮김, 집뒤짐, 칼부림, 탈바꿈, 판가름, 팔놀림; 가을뿌
림, 두벌솎음

2. '-기' 결합형 명사

2-1. '-기'가 최종 단어의 직접구성요소가 아닌 경우:

겹치기압연, 겹치기이음, 겹쳐잡기자세, 고리꿰기판, 구멍뚫기끌, 구멍파기
끌, 굽혀펴기운동, 꾸미기체조, 그물집기노래, 긁기경도, 길치기춤, 김매기틀,
깎기끌, 끝보기낚시, 낫치기운동, 넋건지기굿, 널뛰기판, 높이뛰기틀, 돋보기
눈, 돋보기안경, 돋보기장사, 듣보기장사치, 말뚝기놀음, 멀리보기눈, 모내기
꾼, 모내기놀음, 모심기놀음, 바투보기눈, 베어넣기주머니, 보기신경, 보기기
관, 보기신경상, 보기신경엽, 보기표, 보기감각, 보내기번트, 복판치기놀음,
새쫓기노래, 어릿보기눈, 풀보기날

2-2. '-기'가 최종 단어의 직접구성요소인 경우:

걷기, 걸기, 겨루기, 겹치기, 곱하기, 굳히기, 그리기, 기울기, 꺾기, 꿰매기,
끝내기, 나누기, 내기, 누르기, 다듬기, 다지기, 달리기, 더하기, 던지기, 덮치
기, 돋보기, 되치기, 되팔기, 뒤집기, 뜀뛰기, 말하기, 맛보기, 맞서기, 보기,
보태기, 빼기, 손보기, 쓰기, 읽기, 조르기, 짜깁기; 굳기, 굵기, 밝기, 빠르기,
얼뜨기, 크기; 가을심기, 가지치기, 개미핥기, 거름주기, 겉보기, 곁순치기,
겹치기, 공차기, 공이치기, 공치기, 구멍치기, 구슬치기, 굽깎기, 글쓰기, 그
네뛰기, 글짓기, 금치기, 길트기, 꼬리잡기, 꼬리치기, 꿀뜨기, 끝순치기, 나
래치기, 누에치기, 단동치기, 단접기, 단짜기, 달붙기, 담배치기, 돈치기, 돌
쌓기, 뒤트기, 딱지치기, 땅뺏기, 땅파기, 띠잇기, 말재기, 목조르기, 물타기,
발차기, 밭매기, 벌치기, 돌치기, 벽치기, 배지기, 베매기, 비석치기, 손빚기,
술래잡기, 실뜨기, 실뽑기, 실잣기, 씨나기, 안잠자기, 알까기, 양치기, 알뜯
기, 앞넘기, 엿치기, 옆트기, 자치기, 전내기, 젖떼기, 줄넘기, 줄타기, 진뺏기,
집짓기, 코잇기, 코잡기, 코줍기, 판짜기, 풀베기, 활쏘기, 해붓기, 흙갈기, 흙
넣기

	1. '-(으)ㄴ' 결합형 명사
관형사형 어미 결합형 명사	**1-1. 동사+'-(으)ㄴ' 결합형 명사:** 굳은대, 굳은돌, 굳은밀, 굳은살, 굳은쌀, 굳은수시렁이, 굳은납, 굳은목, 굳은씨앗, 굳은어깨, 굳은입천장, 굳은초전도체, 굳은흰자질, 늙은것, 늙은이, 들은귀, 들은풍월, 뜬계집, 뜬공, 뜬구름, 뜬구조, 뜬금, 뜬당김그물, 뜬도배, 뜬기초, 뜬돈, 뜬마음, 뜬머슴, 뜬벌이, 뜬색시, 뜬생각, 뜬세상, 뜬소경, 뜬소문, 뜬용, 뜬잎, 뜬자망, 뜬잠, 뜬장여, 뜬재물, 뜬주낙, 뜬창방, 뜬판수, 뜬풀, 마른걸레, 마른반찬, 마른신, 마른안주, 묵은곡식, 묵은눈, 묵은닭, 묵은돼지, 묵은땅, 묵은똥, 묵은먹, 묵은빚, 묵은셈, 묵은쌀, 묵은장, 묵은해, 미친개, 미친것, 미친년, 미친놈, 미친바람, 미친병, 빈말, 빈속, 빈손, 산낙지, 산멱통, 산목숨, 산벼락, 산부처, 산송장, 선걸음, 선길, 선돌, 선떡, 선밥, 선술집, 선잠, 식은땀, 식은죽, 앉은걸음, 앉은검정, 앉은굿, 앉은게웜, 앉은벼락, 앉은일, 앉은자리, 앉은잠, 앉은장사, 앉은장수, 앉은절, 앉은키, 앉은혜엄, 앉은버꾸놀이, 앉은사위, 앉은상, 앉은소리, 앉은좁쌀풀, 지난가을, 지난겨울, 지난날, 지난달, 지난밤, 지난번, 지난봄, 지난여름, 지난주, 지난해, 찐만두, 찐보리, 찐빵, 찐쌀 **1-2. 동사+'-느-+ㄴ' 결합형 명사:** 감는목, 감는붕대, 노는계집, 듣는힘, 떠는잠, 맺는말, 먹는장사, 세는나이, 쉬는화산, 싣는무게, 씹는담배, 우는살, 우는소리, 웃는쇠, 죽는소리, 죽는시늉, 지새는달; 받는이, 배우는이, 노는꾼; 감는수, 감는줄기, 곱하는수, 기는미나리아재비, 기는줄기, 꼬리감는원숭이, 꼴없는이름씨, 꼴있는이름씨, 끓는거품소리, 끓는점, 끓는점법, 나누는수, 나뉘는수, 나는다람쥐, 나는물, 내리는물고기, 노젓는소리, 녹는쇠, 녹는열, 녹는염, 녹는점, 놓는꼴, 단발령넘는사위, 더는수, 더하는수, 들어누르는표, 떠는목, 떠는소리, 떠는음, 매는꼴, 매는법, 맺는상, 메기는소리, 문잡는굿, 미는끌, 받는소리, 밤에피는선인장, 배기는가락, 배끄는소리, 볶는염불, 볶는염불장단, 볶는타령, 붓는병, 살없는창, 성문여는굿, 쉬는표, 실없는유카, 쓰는소리, 아가미썩는병, 아는수, 어는점, 우는토끼, 잇는수, 자라는평판, 자루없는잎, 중허리드는자진한잎, 지르는낙시조, 지르는편자진한잎, 타는점, 풀베는소리, 풀써는소리 **1-3. 형용사+'-(으)ㄴ' 결합형 명사:** 가는가래, 가는갈퀴, 가는개발나물, 가는베, 가는체, 가는허리, 검은가죽버섯, 검은개선갈퀴, 검은건반, 검은깨, 검은담비, 검은빛, 검은색, 검은약, 검은자위, 검은콩, 검은팥, 고린내, 고린전, 고린짓, 곧은결, 곧은금, 곧은길, 곧은맥,

곧은밑씨, 곧은불림, 곧은솔기, 곧은뿌리, 곧은줄기, 곧은창자, 굽은고리, 굽은귀고리, 굽은베, 굽은붓버섯, 굽은사슬말, 굽은소금, 굽은체, 궂은고기, 궂은날, 궂은비, 궂은살, 궂은소리, 궂은쌀, 궂은일, 긴개별꽃, 긴개싱아, 긴갯금불초, 긴경마, 긴말, 긴대답, 긴바늘, 긴사설, 긴긴날, 긴긴낮, 긴긴밤, 긴긴해, 노란누룩곰팡이, 노란빛, 노란색, 노란실잠자리, 노란잠자리단감, 단것, 단내, 단맛, 단물, 단술, 단잠, 더운돌, 더운물, 더운밥, 더운색, 더운술, 더운약, 더운점심, 더운죽, 더운찜질, 더운피, 된밥, 된서리, 된장, 된서방, 된바람, 둥근갈퀴, 둥근납판, 둥근달, 둥근마, 둥근면, 둥근매듭풀, 둥근박테리아, 둥근상, 둥근찌, 먼나라, 먼눈, 먼동, 먼발치, 먼빛(으로), 먼일, 먼바다, 선무당, 밝은기침, 밝은자리, 밝은화성, 밝은화음, 붉은가시딸기, 붉은강낭콩, 붉은개구리밥, 붉은색, 붉은빛, 붉은팥, 붉은피톨, 선소리, 센가락, 센말, 센물, 센바람, 센박, 센소리, 센숫돌, 센입천장, 센홀소리, 싼값, 싼거리, 싼이자, 싼홍정, 얄은꾀, 얄은맛, 얄은수, 어린것, 어린기, 어린나무, 어린년, 어린놈, 어린누에, 어린눈, 어린뿌리, 어린순, 어린싹, 어린아이, 어린양, 어린이, 어린잎, 어린줄기, 작은계집, 작은골, 작은놈, 작은누나, 작은달, 작은댁, 작은되, 작은동맥, 작은동서, 작은따님, 작은딸, 작은딸기나무, 작은마누라, 작은마마, 작은멋쟁이, 작은매부, 작은며느리, 작은바늘, 작은방, 작은북, 작은사랑, 작은사위, 작은설, 작은아버지, 작은악절, 작은집, 작은창자, 작은형, 잔걱정, 잔말, 잔병, 잔소리, 잔심부름, 잔일, 잔재미, 잔가지, 잔털, 잔기침, 잔뼈, 잦은걸음, 잦은방귀, 젊은것, 젊은이, 진걸레, 진눈, 진밥, 진버짐, 진음식, 진일, 진흙, 짠맛, 짠물, 짠바다, 짠바람, 짧은뜨기, 짧은목, 짧은바늘, 짧은소리, 찬감각, 찬물, 찬바람, 찬밥, 찬비, 찬술, 찬찜질, 큰가래, 큰가시고기, 큰각시취, 큰개고사리, 큰계집, 큰골, 큰굿, 큰기침, 큰달, 큰댁, 큰동맥, 큰되, 큰딸, 큰마누라, 큰바늘, 큰방, 큰북, 큰비, 큰사람, 큰사랑, 큰사위, 큰상, 큰아기, 큰아버지, 큰어머니, 큰언니, 큰오빠, 큰집, 큰창자, 흰갈퀴, 흰건반, 흰누룩, 흰담비, 흰대극, 흰떡, 흰머리, 흰모시, 흰무늬, 흰밥, 흰빛, 흰색, 흰소리, 흰수작, 흰엿, 흰옷, 흰자(위), 흰죽, 흰피톨, 푸른곰팡이, 푸른갯골풀, 푸른바다거북, 푸른빛, 푸른색, 푸른얼음

2. '-(으)ㄹ' 결합형 명사[동사+'-(으)ㄹ' 결합형 명사]

건널목, 걸낫, 걸대, 걸등, 걸망, 걸상, 걸쇠, 길짐승, 날도, 날개, 날걸, 날밥, 날숨, 날웆, 날짐승, 날벌레, 날것, 내릴톱, 돋을걸상, 돋을무늬, 돋을볕, 돋을새김, 돋을양지, 들것, 들그물, 들기술, 들낚시, 들머리, 디딜널, 디딜방아, 디딜포, 디딜폴무, 땔감, 땔거리, 땔나무, 밀낫, 밀대, 밀돌, 볼거리, 볼꼴, 볼일, 볼품, 빨낚시, 빨대, 빨병, 빨판, 살길, 살날, 살맛, 샐녘, 샐빛, 솟을나무, 솟을대공, 솟을대문, 솟을동자, 솟을무늬, 솟을문, 솟을빗살문, 솟을살문, 솟을새김, 솟을지붕, 솟을화반, 쓸데, 쓸모, 열쇠, 죽을맛, 죽을병, 죽을상, 죽을죄, 죽을힘, 쥘대, 쥘부채, 쥘손, 쥘쌈지, 쥘힘, 지닐성, 지닐재주, 탈것

연결어미 결합형 명사	연결어미 '-아/어' 결합형 명사
	말라깽이, 비켜덩이, 살아생이별, 살아생전, 살아평생, 섞어찌개, 을러방망이, 풀쳐생각, 걸어매듭(북한말); 꺾어쟁이, 따라쟁이, 잘라뱅이, 짤라뱅이, 얼거배기(방언), 얻어배기(방언), 얻어뱅이(방언), 까까머리, 까까중
종결어미 결합형 명사	종결어미 '-다, -해, -해요, -구려, -자, -료(-리오), -더라, -지마, -라' 결합형 명사
	궁금해놀이, 나가요걸, 떴다방, 몰라박수, 안다박수, 싸구려판, 섰다판, 일하기싫어병, 뚫어뻥, 카더라괴담, 카더라기사, 카더라뉴스, 카더라다이어트, 카더라방송, 카더라보도, 카더라식, 카더라통신; 걸어총, 긁어주, 받들어총, 받들어칼, 배째라식, 보라장기, 부셔이즘, 세워총, 세워칼, 안돼공화국, 우로어깨걸어총, 좌로어깨걸어총, 헤쳐모여식, 묻지마방화, 묻지마재수, 묻지마채권, 묻지마테러, 묻지마식, 묻지마검색, 묻지마관광, 묻지마데이트, 묻지마범죄, 묻지마살인, 묻지마상한가, 묻지마선물, 묻지마수주, 묻지마시험, 묻지마여행, 묻지마원단, 묻지마청약, 묻지마폭행, 묻지마택배, 묻지마투자, 묻지마파업, 묻지마현상; 매죄료장수, 신기료장수, 신기료가게, 신기료궤짝, 신기료기술, 신기료대학생, 신기료사내, 신기료아저씨, 신기료아줌마, 신기료영감, 신기료장사, 신기료큰아버지, 신기료할아버지; 먹자골목, 먹자판, 먹자타령, 놀자판, 먹자거리, 먹자길, 먹자단, 먹자라인, 먹자몰, 먹자빌딩, 먹자상가, 먹자촌, 먹자클럽, 먹자타운, 사자세(勢), 사자전략, 사자주(株), 사자주문, 팔자세, 팔자전략, 팔자주, 팔자주문, 하자모임, 하자센터, 하자클럽, 하자학교, 나몰라라식, 싸구려판

왕사우 王思宇

중국 요녕성(遼寧省) 해성시(海城市) 출생
이화여자대학교 국어국문학과 문학박사(2019)
중국 중산대학교 국제통번역대학 한국어학과 박사후 연구원(2020~2022)
현재 중국 중산대학교 국제통번역대학 한국어학과 연구원

〈주요 논문〉

「한국어 'N1+의+N2'형 단어에 대한 고찰」(2016)
「유형론적 관점에서 본 'N+genitive marker+N'형 단어」(2017)
「한국어 'X+에(ㅅ)+X'형 명사에 대한 연구」(2018)
「다른 언어와의 비교를 통한 한국어 동철대립어 연구」(2018)
「한국어 조사·어미 결합형 식물 명칭의 형성 연구」(2021)
「韓國語 助詞·語尾 結合型 名詞의 意味 透明性 및 單語 認知」(2022)

한국어 조사·어미 결합형 명사 연구

초판 1쇄 인쇄 2023년 1월 26일
초판 1쇄 발행 2023년 2월 10일

지 은 이 왕사우 王思宇
펴 낸 이 이대현
펴 낸 곳 도서출판 역락

책임편집 임애정
편   집 이태곤 권분옥 강윤경
디 자 인 안혜진 최선주 이경진
마 케 팅 박태훈

펴 낸 곳 도서출판 역락 / 서울시 서초구 동광로46길 6-6 문창빌딩 2층(우-06589)
전   화 02-3409-2058 FAX 02-3409-2059
이 메 일 youkrack@hanmail.net
홈페이지 www.youkrackbooks.com
등   록 1999년 4월 19일 제303-2002-000014호

ISBN 979-11-6742-441-9 93710
字數 269,659字